난중일기

돋을새김 푸른책장 시리즈 **019**

난중일기 [개정판]

초판 발행 2011년 2월 28일
개정 1쇄 2018년 2월 15일

지은이 | 이순신
편저자 | 김경수
발행인 | 권오현

펴낸곳 | 돋을새김
주소 | 서울시 종로구 이화동 27-2 부광빌딩 402호
전화 | 02-745-1854~5 팩스 | 02-745-1856
홈페이지 | http://blog.naver.com/doduls
전자우편 | doduls@naver.com
등록 | 1997.12.15. 제300-1997-140호

인쇄 | 금강인쇄(주)(031-943-0082)

ISBN 978-89-6167-238-2 (03900)
Copyright ⓒ 2011, 김경수

값 13,000원

돋을새김
푸른책장
시 리 즈
0 1 9

난중일기

이순신 지음 | 김경수 편저

돋을새김

"죽으려고 하면 살고, 살려고 하면 죽는다."

충무공 이순신(1545~1598)

이충무공난중일기부서간첩임진장초李忠武公亂中日記附書簡帖壬辰狀草(국보 제76호)
「난중일기」는 이순신이 임진왜란 때 진중에서 작성한 친필 일기로, 이순신의 친필 초고
본과 「이충무공전서」에 전하는 판본이 있다. 초고본에는 수군통제에 관한 군사 비책과
전황을 보고한 장계의 초안 등이 상세히 수록되어 있어 당시의 군사제도를 연구하는 데
매우 가치 있는 자료로 평가된다. 서간첩 1책과 「임진장초」 1책을 합하여 총9책으로 되
어 있다.

무과급제 교지

1576년(선조 9) 3월 이순신이 무과시험에서 병과丙科 제4인자로 합격했을 때 받은 과거 급제 증서이다.

이원익(1547~1634)

조선 중기의 명신. 호는 오리梧里. 1569년 문과에 급제하여 우의정, 영의정을 지냈다. 임
진왜란 때 대동강 서쪽을 잘 방어하여 호성공신扈聖功臣이 되었으며, 대동법을 시행하여
공부貢賦를 단일화했다. 이순신이 원균의 모함으로 옥에 갇혔을 때 선조에게 주청하여
이순신이 백의종군하는 데 결정적인 역할을 하였다. 저서로는 「오리집」, 「오리일기」 등이
있다.

협판안치(와키자카 야스하루, 1554~1626)

임진왜란 중 이순신의 한산도해전에서 대패한 무장으로 익히 알려져 있으나, 같은 시기 벌어진 용인 전투에서는 2천의 병력으로 전라 감사 이광이 이끄는 5만의 조선군을 물리친 바 있다.

구귀가륭(구키 요시타카, 1542~1600)

일본의 수군 무장으로 임진왜란에 참전했으나 안골포해전에서 이순신에게 대패했다.

거북선 그림(이순신 종가 소장본)

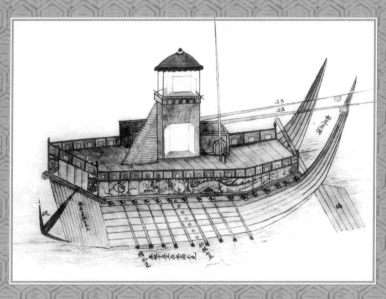

「각선도본」에 실린 판옥선 그림
조선 수군의 주력 전투함으로, 갑판 위에 '판옥'이라는 장대가 있어 '판옥선'이라는 이름이
붙었다. 노를 젓는 1층과 함포를 발사하는 2층으로 되어 있어 전투에 효율적이다.

거북선 해전도

2004년 8월 17일 미국 뉴욕에서 공개된 고서화. 용의 머리와 거북의 몸체 형태를 한 3층
구조의 거북선 네 척과 판옥선 한 척이 자세히 그려져 있다. 1867년 일본 니가타현 인근
의 성벽을 허물 때 발견되었는데 17세기경 제작된 것으로 보인다.

조선전역해전도

오타 덴요(1884~1946)라는 유명한 일본의 역사화가가 1940년경 구일본 해군의 요구로 그린 그림. 조선의 경상우도 수군과 일본 수군 간의 해전을 그린 것으로 알려져 있다. 원균이 조선 수군 전체를 지휘했던 시기의 유일한 전투인 '칠천량 패전'을 배경으로 하고 있다.

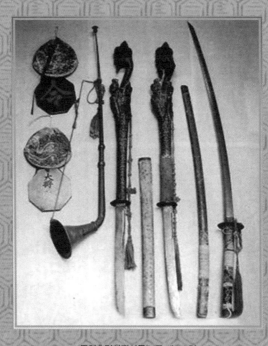

통영충렬사팔사품(보물 제440호)

명나라 수군의 도독 진린에게 이순신의 전공을 들은 명나라 황제가 이순신에게 내린 8가지 물건들이다. 도독인(손잡이가 달린 도장)을 제외하고는 모두 한 쌍씩 보냈는데 호두령패, 귀도, 참도, 독전기(지휘관이 전투를 독려하기 위해 사용하는 깃발), 홍소령기(문관에게 명령을 내리는 신호기), 남소령기(무관에게 명령을 내리는 신호기), 곡나팔(목이 구부러진 구리 나팔)을 하사했다. 현재 경남 통영시 충렬사에 보관되어 있다.

차례

일러두기

1. 일기는 『이충무공전서』에 실린 전서본 일기와 국보 제76호인 서체 일기 두 종류가 있는데, 내용상에는 다음과 같은 차이가 있다.

    (1) 서체 일기에는 빠졌으나 전서본에는 있는 부분: 임진년 1월 1일~4월 22일, 을미년, 무술년 10월 8일~10월 12일

    (2) 두 일기에 모두 없는 날: 임진년 4월 23일~4월 30일, 5월 5일~5월 28일, 6월 11일~8월 23일, 8월 28일~12월 29일, 계사년 1월 1일~1월 29일, 3월 23일~4월 29일, 9월 16일~윤12월 30일, 갑오년 11월 29일~12월 30일, 을미년 12월 21일~12월 30일, 병신년 10월 12일~12월 29일, 정유년 1월 1일~3월 30일, 무술년 1월 5일~9월 14일, 10월 13일~11월 7일, 11월 18일~11월 19일

    (3) 중복된 날: 정유년 8월 4일~10월 8일

    이 책은 서체 일기를 대상으로 했지만, 서체 일기에 없는 내용은 정조 19년(1795)에 14권 내각판으로 간행된 전서본에서 보충했다.

2. 중복된 정유년 일기는 제5책 정유(4월 1일~10월 8일)와 제6책 정유(8월 5일~12월 30일)를 1과 2로 나누어 실었다.

3. 현대어 번역은 노산 이은상의 완역본 『난중일기』를 저본으로 했다. 그의 번역이 워낙 수려하여 그대로 따르더라도 무리가 없다고 생각되지만, 한문 이해가 자유롭지 못한 세대에게는 여전히 어려운 표현들이 많아 수정했다.

4. 이순신 당시 사용되던 어려운 한자 표현은 의미 전달 과정에 문제가 없다고 생각되는 한 모두 현대식 표현으로 바꾸었다.

5. 이 책은 '행복한책읽기'에서 출간된 『평역 난중일기』(2004)의 개정판이다.

임진년

壬辰年

1592년, 선조 25

정월

1일 맑음. 새벽에 아우 여필(뒤에 우신으로 개명)과 조카 봉, 아들 회가 와
서 이야기를 나누었다. 어머님 곁을 떠나서 두 번이나 남도에서 설
을 쇠니 간절한 그리움을 이길 수 없다. 군관 이경신이 병사兵使의
편지와 설 선물, 그리고 장편전長片箭[1] 등 여러 가지 물건을 가지고
와서 바쳤다.

2일 맑음. 명종 비 인순왕후 심씨의 제삿날이라 업무를 보지 않았다. 김
인보와 함께 이야기했다.

3일 맑음. 관청에 나가서 별방군別防軍[2]을 확인하고, 각 고을과 포구에
보내는 공문을 작성했다.

4일 맑음. 관청에 나가서 업무를 보았다.

5일 맑음. 후동헌(개인 집무실)에서 업무를 보았다.

6일 맑음. 관청에 나가서 업무를 보았다.

7일 아침에는 맑다가 늦게부터 눈비가 내렸다. 조카 봉이 아산으로 떠났
다. 임금께 새해에 올리는 문서를 가지고 갈 남원 유생이 들어왔다.

---

1 조선에서 독자적으로 개발한 긴 화살. 사정거리는 300~350보(270~315미터) 정도로, 화살
중에서 가장 멀리 날아갔다.
2 별조방군別助防軍의 간략한 호칭.

8일 맑음. 객사[3] 관청에 나가서 업무를 보았다.

9일 맑음. 아침을 먹은 뒤에 객사 관청에 나가서 임금께 올리는 글을 봉해 보냈다.

10일 하루 종일 비가 내렸다. 방답(여천군 돌산면)의 신임 첨사僉事가 들어왔다.

11일 하루 종일 가랑비가 내렸다. 늦게 관청에 나가서 업무를 보았다. 선생원(여천군 율촌면 신풍리)의 돌 뜨는 곳을 보고 온 이봉수가 "이미 큰 돌 17덩어리에 구멍을 뚫었다"고 보고했다. 서문 밖 인공 연못이 4발[4]쯤 무너졌다. 심사립과 함께 이야기했다.

12일 궂은비가 개지 않았다. 식사 후에 객사 관청에 나갔다. 본영과 각 포구에 소속된 진무[5]들의 활쏘기 시험을 보았다.

13일 아침에 날이 흐렸다. 관청에 나가서 업무를 보았다.

14일 맑음. 관청에 나가서 업무를 본 뒤에 활을 쏘았다.

15일 흐렸지만 비는 오지 않았다. 새벽에 망궐례望闕禮[6]를 드렸다.

16일 맑음. 관청에 나가서 업무를 보았다. 각 고을의 여러 벼슬아치들과 고을의 색리[7]들이 인사를 왔다. 방답의 병선 군관과 담당 관리들

---

3 각 고을에 설치했던 관사.

4 팔을 양옆으로 벌렸을 때 한쪽 손끝에서 다른 쪽 손끝까지의 길이. 한 발은 약 1.32미터.

5 각 군영에 두었던 군사 실무 담당 관직.

6 음력 초하루와 보름에 각 지방의 관원이 궐패에 절하던 의식. 나무패에 임금과 궁궐을 의미하는 '궐闕'자를 새겨 각 고을 관아의 객사에 봉안하고 예를 올렸다.

7 관아의 벼슬아치 밑에서 곡물을 출납하고 간수하는 일을 맡아보던 사람.

이 병선을 고치지 않았으므로 곤장을 때렸다. 우후[1], 가수假守(임시 관리)가 제대로 단속하지 않아 이 지경에 이른 것이니 참으로 해괴하기 그지없다. 자기 한 몸 살찌울 일만 하고 이런 일은 돌아보지 않으니, 앞일도 짐작할 만하다. 토병[2] 석공 박몽세가 돌 뜨는 곳에 가서 이웃집 개에게 해를 끼쳤기에 곤장 80대를 때렸다.

17일 맑았으나 겨울과 같이 추웠다. 아침에 순찰사[3]와 남원 수령을 보좌하는 향리에게 편지를 보냈다. 저녁에 쇠사슬을 박는 데 필요한 구멍 뚫은 돌을 실어 오는 일로 배 4척을 선생원으로 보냈는데, 김효성이 거느리고 갔다.

18일 맑음. 관청에 나가서 업무를 보았다. 여도(고흥군 점암면 요호리)의 천자선天字船(제1호선)이 돌아갔다. 무예 성적이 뛰어난 자들에 대한 장계[4]와 함께 대가[5]를 청하는 명단을 봉해 감영에 보냈다.

19일 맑음. 관청에서 업무를 본 뒤에 각 군대를 점검했다.

20일 맑았지만 바람이 세게 불었다. 정상적인 격식을 갖추어 공무를 집행하였다.

21일 맑음. 관청에 나가 업무를 보았다. 감목관[6]이 와서 묵었다.

---

1 각 도의 병마를 지휘하는 병마절도사와 수군을 통솔하는 수군절도사를 보좌하는 부지휘관.
2 각 지역에 사는 사람들로 조직된 그 지방의 군사.
3 병란이 있을 때 왕명으로 지방의 군무를 순찰하던 임시 관직.
4 지방에 나가 있는 신하가 자기 관하의 중요한 일을 왕에게 보고하던 일.
5 자기 대신 아들이나 사위, 동생, 조카 등이 품계를 올려 받도록 하던 일.
6 목장에 관한 일을 맡아보던 종6품의 무관 벼슬.

22일 맑음. 아침에 광양 현감 어영담이 방문했다.

23일 맑음. 둘째 형님(요신)의 제삿날이라 업무를 보지 않았다. 사복시(임금의 말을 관리하던 관청)에서 수령해 기르던 말을 올려 보냈다.

24일 맑음. 맏형(희신)의 제삿날이라 업무를 보지 않았다. 순찰사의 답장을 보니, 고부 군수 이숭고를 유임시켜 달라고 올린 장계 때문에 비판을 받아 사임장을 냈다고 한다.

25일 맑음. 관청에 나가서 업무를 마친 뒤에 활을 쏘았다.

26일 맑음. 관청에 나가 업무를 마쳤다. 흥양 현감 배흥립, 순천 부사 권준과 함께 활을 쏜 뒤에 이야기했다.

27일 맑음. 오후에 광양 수령 어영담이 왔다.

28일 맑음. 관청에 나가 업무를 보았다.

29일 맑음. 관청에 나가 업무를 보았다.

30일 흐렸지만 비는 오지 않았다. 초여름과 같이 따뜻했다. 관청에 나가 업무를 마친 뒤에 활을 쏘았다.

2월

1일 맑음. 망궐례를 드렸다. 안개비가 잠깐 뿌리다가 늦게 갰다. 선창으로 나가 쓸 만한 널조각을 고르는데, 때마침 수장水場 안에 피라미 떼가 몰려들기에 그물을 쳐서 2천여 마리를 잡았다. 참 대단했다. 그대로 우후 이몽구를 데리고 전투선 위에 앉아서 술을 마시면서 봄 경치를 즐겼다.

2일 맑음. 관청에 나가서 업무를 보았다. 쇠사슬을 매는 데 쓸 만한 크고 작은 돌 80여 개를 실어 왔다. 활 10순巡[1]을 쏘았다.

3일 맑음. 새벽에 우후가 각 포구의 부정한 사실을 조사하기 위해 배를 타고 나갔다. 업무를 마친 뒤에 활을 쏘았다. 제주도 사람이 아들딸 여섯 식구를 데리고 도망쳐 나와서 금오도에 배를 대었다가 방답 순환선(경비선)에 붙잡혔다. 사환을 올려 보냈기에, 문초한 후 순천으로 보내어 가두어 두라고 공문을 써 보냈다. 이날 저녁 화대석火臺石 4개를 실어 올렸다.

4일 맑음. 관청에 나가서 업무를 마친 뒤에 북봉(여수 종고산) 봉화대 쌓는 곳으로 올라가 보니 축대 자리가 좋아서 무너질 것 같지 않았다. 이봉수가 부지런히 일했음을 짐작할 수 있었다. 하루 종일 구경하다가 해질 무렵에 내려와서 인공 연못 구덩이를 돌아보았다.

5일 맑음. 관청에 나가서 업무를 마친 뒤에 활 18순을 쏘았다.

6일 맑았으나 하루 종일 바람이 세게 불었다. 관청에 나가서 업무를 보았다. 순찰사의 편지 두 장이 왔다.

7일 맑았으나 바람이 세게 불었다. 관청에 나가서 업무를 보았다. 발포(고흥군 도화면 내발리) 만호[2]가 부임하였다는 공문이 왔다.

8일 맑았으나 바람이 세게 불었다. 관청에 나가서 업무를 보았다. 이날

---

1 '순'은 화살을 다섯 발 쏘는 것을 말한다.
2 각 도의 여러 진에 배치한 종4품의 무관 벼슬.

거북선에 쓸 돛베 29필을 받았다. 정오에 활을 쏘았다. 조이립과 변존서가 겨루었는데 조이립이 이기지 못했다. 우후가 방답에서 돌아왔는데, 방답 첨사가 방비에 진력하더라고 극찬하였다. 관청 뜰에 화대火臺 돌기둥을 세웠다.

9일 맑음. 새벽에 쇠사슬을 꿸 긴 나무를 베어 올 일로 이원룡에게 두산도(여천군 돌산읍 돌산도)로 군사를 데리고 가도록 했다.

10일 안개비가 내리면서 갰다 흐렸다 했다. 관청에 나가서 업무를 보았다. 김인문이 감영에서 돌아왔다. 순찰사의 편지를 보니 통사(통역관)들이 뇌물을 많이 받고 명나라에 무고하여 병사를 청하는 일까지 했다고 한다. 그뿐 아니라 명나라에서 우리가 왜와 함께 딴 뜻을 품는 것이 아닌가 의심하게 하였으니, 그 흉측함은 참으로 이를 데가 없었다. 통사들이 이미 잡혔다고는 하지만 해괴하고 억울하여 견딜 수가 없다.

11일 맑음. 식사 후에 배 위로 나가 새로 뽑은 군사들을 검열했다.

12일 맑고 바람도 잔잔했다. 식사 후에 관청에 나가서 업무를 보고 해운대로 자리를 옮겨 활을 쏘았다. 꿩 사냥을 구경하는데 매우 조용했다. 군관들이 모두 일어나서 춤을 추고 조이립은 시를 읊었다. 저녁이 되어서야 돌아왔다.

13일 맑음. 전라 우수사 이억기의 군관이 왔기에 화살대 큰 것과 중간 것 100개와 쇠 50근을 보냈다.

14일 맑음. 아산에 계신 어머님께 문안드리기 위해 나장 2명을 보냈다.

15일 비바람이 몹시 불었다. 관청에 나가서 업무를 보았다. 석공들이 새로 쌓은 인공 연못의 구덩이가 많이 무너졌기에, 석공들에게 벌을 주고 다시 쌓게 했다.

16일 맑음. 관청에 나가서 업무를 본 뒤에 활 6순을 쏘고, 새로 들어온 군인과 임무를 마친 군사들을 검열했다.

17일 맑음. 세종 임금의 제삿날이라 업무를 보지 않았다.

18일 날이 흐렸다.

19일 맑음. 순시를 떠나 백야곶(여천군 화양면 백도)의 감목관이 있는 곳에 이르니 승평 부사 권준이 자기 아우를 데리고 와서 기다리고 있었다. 기생도 함께 왔다. 비가 온 뒤라 산에 꽃이 활짝 피어 경치가 매우 아름다웠다. 날이 저물 무렵 이목구미(여천군 화양면 이목리)로 와서 배를 탔다. 여도에 이르니 영주 현감 배흥립과 여도 권관權管(변경의 각 진에 두었던 종9품 무관) 황옥천이 나와서 맞았다. 방비 상태를 검열했다. 흥양 현감은 내일 제사가 있어서 먼저 갔다.

20일 맑음. 아침에 전반적인 방어 상태와 전투선을 점검하였다. 모두 새로 만들었고, 모든 무기 역시 어느 정도 완비되어 있었다. 늦게 출발하여 영주에 이르니, 좌우에 핀 산꽃과 교외의 풀들이 마치 그림 같았다. 옛날에 영주瀛洲(중국 전설에 나오는 세 신산 중 하나)가 있었다더니 이 같은 경치였던가.

21일 맑음. 업무를 마친 뒤에 주인이 자리를 베풀고 활을 쏘았다. 조방장[1] 정걸이 방문했다. 능성 현감 황숙도도 와서 함께 술을 마셨다. 배

---

1 주장主將을 도와서 적의 침입을 방어하는 장수. 주로 관할 지역 내에 있는 무예를 갖춘 수령

수립도 와서 술을 나누다가 밤이 깊어서야 헤어졌다. 신흥헌에게 전날 심부름하던 삼반하인三班下人[2]들에게 술을 나누어 먹이도록 했다.

22일 아침에 업무를 마친 뒤 녹도로 갔다. 황숙도가 동행했다. 먼저 흥양 전선소(고흥군 풍양면 당두리)에 이르러 배와 기구를 직접 점검하고, 그길로 녹도로 가서 새로 쌓은 봉두峯頭의 문루門樓로 올라갔다. 경치가 경내에서 가장 아름다웠다. 만호 정운이 애쓴 정성을 알 수 있었다. 흥양 현감 황능성, 만호 등과 취하도록 마시고 대포 쏘는 것도 보았다. 어두워 촛불을 밝히고도 한참을 있다가 헤어졌다.

23일 흐림. 늦게 배가 출발하여 발포에 이르자 바람이 크게 불어 배가 갈 수 없었다. 간신히 성 머리에 대고는 배에서 내려 말을 탔다. 비가 많이 쏟아져 일행 모두가 꽃비에 젖었다. 발포로 들어서니 해가 이미 저물었다.

24일 가랑비가 온 산에 가득 내려 지척을 분간하기 어려웠다. 비를 맞으며 길을 떠나 마북산 밑 사량에 이르렀다. 사도에 이르니, 흥양 현감이 이미 와 있었다. 전투선을 검열하고 나니 날이 저물어 그대로 머물렀다.

25일 흐림. 전쟁 준비에 여러 가지 결함이 많아 군관과 색리들에게 벌을 주었으며, 첨사는 잡아들이고 교수[3]는 내보냈다. 방비가 다섯 포

이 이 임무를 맡는다.

2 지방 관아에 딸린 아전, 군노, 사령, 급창 등의 하급 관리.

3 지방 유생의 교육을 맡아보던 종6품 벼슬.

구 중에서 가장 못하건만 순찰사가 표창하는 공문서를 올렸기 때문에 죄상을 검사하지 못하니, 참으로 기가 막혀 웃을 일이다. 바람이 크게 불어 배가 떠날 수 없으므로 머물렀다.

26일 이른 아침에 출발하여 개이도에 이르니 여도 배와 방답의 환영선 迎逢船이 나와서 기다렸다. 해가 저물어서야 방답에 이르러 공사례[1]를 마친 뒤에 병기를 점검했다. 장편전은 쓸 만한 것이 하나도 없어서 걱정했으나 전투신은 어느 정도 완전해서 다행이었다.

27일 흐림. 아침 점검을 마친 뒤 북봉北峯에 올라가 지형을 바라보았다. 외롭고 위태로운 섬이라 사방에서 적의 공격을 받을 수 있고, 성안의 연못 또한 지극히 엉성하여 참으로 걱정스러웠다. 첨사가 애는 썼으나, 미처 시설을 갖추지 못했으니 어찌하랴. 늦게야 배를 타고 경도京島에 이르니, 여필, 조이립과 함께 군관, 우후 등이 술을 싣고 마중을 나왔다. 함께 즐기다가 해가 진 뒤에야 돌아왔다.

28일 흐렸으나 비는 오지 않았다. 관청에 나가 업무를 본 뒤에 혼자 활을 쏘았다.

29일 맑았으나 바람이 거세게 불었다. 관청에 나가 업무를 보았다. 순찰사의 공문이 왔는데, 중위장을 순천 부사로 교체하라는 것이었다. 참으로 한심한 일이다.

---

1 무관이 상관을 처음 만났을 때 공식적인 인사와 사적인 인사를 행하는 절차.

3월

1일 망궐례를 올렸다. 식사 후에 별방군과 정규병을 검열하고 하번군[2]
은 검열 후에 보냈다. 업무를 마친 뒤에 활 10순을 쏘았다.

2일 흐리고 바람이 불었다. 중종 비 장경왕후 윤씨의 제삿날이라 업무
를 보지 않았다. 승군僧軍 백 명이 돌을 주웠다.

3일 저녁 내내 비가 왔다. 오늘은 명절(삼월 삼짇날)이다. 그러나 비가 내
려서 답청(봄에 파랗게 난 풀을 밟으며 산책함)을 할 수 없었다. 조이립,
우후, 군관 등과 함께 이야기하며 관청에서 술을 마셨다.

4일 맑음. 아침에 조이립을 전별[3]하고 객사 대청에 나가서 업무를 마쳤
다. 그런 뒤 서문 밖 인공 연못 구덩이와 성벽을 더 올려 쌓는 곳을
순시했다. 승군들이 돌 줍는 일을 성실히 하지 않아 우두머리를 잡
아다 매를 때렸다. 아산으로 문안 갔던 나장이 돌아왔다. 어머님이
평안하시다니 다행이다.

5일 맑음. 관청에 나가서 업무를 보았다. 군관들은 활을 쏘았다. 서울에
갔던 진무가 해질녘에 돌아왔다. 좌의정 유성룡이 편지와 함께 『증
손전수방략增損戰守方略』이라는 책을 보냈다. 책을 보니 해전과 육전,
불로 공격하는 방법 등에 관한 것이 상세하게 정리되어 있었다. 참
으로 대단한 저술이다.

---

2 일정 기간 동안 군복무를 마치고 귀향한 사람.

3 잔치를 베풀어 작별한다는 뜻으로, 보내는 쪽에서 예를 차려 작별하는 것을 말한다.

6일 맑음. 아침을 먹은 뒤에 나가 군사와 무기를 검열하였다. 깨지고 헐어서 쓸모없게 된 활, 갑옷, 투구, 화살통, 환도還刀가 많았기 때문에 색리와 궁장(활 만드는 사람), 이를 살피는 하급 관리 등의 죄를 다스렸다.

7일 맑음. 관청에 나가서 업무를 보고 활을 쏘았다.

8일 비. 종일 비가 왔다.

9일 비. 종일 비가 왔다. 관청에 나가서 업무를 보았다.

10일 맑지만 바람이 불었다. 관청에 나가서 업무를 본 뒤에 활을 쏘았다.

11일 맑음.

12일 맑음. 식사 후에 배 위로 나가서 경강선(한강에 근거를 두고 각 지방을 왕래하는 배)을 점검했다. 배를 타고 소포(여수시 종화동 종포)로 나가다가, 때마침 동풍이 몹시 불고 격군(노 젓는 군사)도 없어서 다시 돌아왔다. 곧장 관청으로 와서 업무를 보고 활 10순을 쏘았다.

13일 아침에는 흐렸다. 순찰사에게 편지가 왔다.

14일 하루 종일 큰 비가 내렸다. 이른 아침에 순찰사 이광을 만날 일로 순천으로 갔는데 비가 몹시 내려 앞을 분간할 수 없었다. 간신히 선생원에 도착하여 말을 버리고 해농창평(순천시 해룡면 해창리)에 이르렀다. 길바닥에 물이 석 자(약 90센티미터)나 괴어 있는 데다가 길이 험하고 걷기 어려워서 겨우 고을에 도착할 수 있었다. 저녁에 순찰사와 만나 그동안 나누지 못했던 이야기를 했다.

15일 흐린 채 가랑비가 오더니 저녁에 갰다. 다락[1] 위에서 활을 쏘았다. 군관들은 편을 나누어 활을 쏘게 했다.

16일 맑음. 순천 부사가 환선정喚仙亭에서 술자리를 베풀었다. 겸하여 활도 쏘았다.

17일 맑음. 새벽에 순찰사에게 작별을 고하고, 선생원에 이르러 말을 먹인 뒤에 본영으로 돌아왔다.

18일 맑음. 관청에 나가서 업무를 보았다.

19일 맑음. 관청에 나가서 업무를 보았다.

20일 비가 많이 내렸다. 늦게 관청에 나가서 업무를 보고 각 향리의 재정 상태를 살폈다. 순천 관내를 수색하고 검토하는 일을 기한 내에 마치지 못했기 때문에 대리장수와 담당 색리, 도훈도[2] 등의 죄상을 따진 뒤에 벌을 논의했다. 사도 첨사 김완에게도 모일 것을 약속하는 공문을 보냈는데, 혼자서 반나절 동안 내나로도와 외나로도. 대평도와 소평도를 모두 수색·검토하고 그날로 포구에 돌아왔다고 보고하니 지나치게 거짓이 심하다. 이 사실을 확인할 일로 흥양 현감과 사도 첨사에게 공문을 보냈다. 몸이 몹시 불편해 일찍 들어왔다.

21일 맑음. 몸이 불편해 아침내 누워 앓다가 늦게야 관청에 나가서 업무를 보았다.

22일 맑음. 성 북쪽 봉우리 밑에 물길을 내는 일로 우후와 군관 10명을

---

1 누樓처럼 집 위에 구축하거나 바닥을 높이 올려 만든 구조물.
2 향교에서 유학 교육을 담당하는 문관을 훈도라고 하며, 각 지방의 책임자를 도훈도라고 한다.

나누어 보냈다. 식사 후에 관청에 나가서 업무를 보았다.

23일 아침에 흐리다가 저녁에 갰다. 식사 후에 관청에서 업무를 보았다. 보성에서 바쳐야 할 널빤지를 아직도 보내지 않았기 때문에 담당 향리에게 다시 공문을 띄워 독촉하게 했다. 순천에서 온 상사上使(심부름꾼) 소국진에게 매 80대를 때렸다. 순찰사가 편지를 보내어 말하되 "발포 권관은 군사를 거느릴 만한 재목이 못 되므로 처치하겠다"고 하기에, 아직은 갈지 말고 그대로 유임시켜 방비를 맡기라고 답장을 보냈다.

24일 맑음. 세종 비 소헌왕후 심씨의 제삿날이라 업무를 보지 않았다. 우후가 수색·검토한 뒤에 무사히 돌아왔다. 순찰사와 도사의 답장을 송희립이 가져왔다. 순찰사의 편지에 이런 내용이 있었다. "영남 관찰사 김수의 편지에 '대마도주가 문서를 보내, 이미 배 1척을 내어 보냈는데 만일 귀국에 도착하지 않았다면 반드시 바람에 부서진 것이리라'고 하였다니 그 말이 극히 음흉하고 사악하다. 동래東萊에서 서로 바라보이는 바다라 그럴 리가 만무한데 말을 이렇게 꾸며내니 그 간사함을 헤아리기 어렵다."

25일 맑았으나 큰 바람이 불었다. 관청에 나가서 업무를 본 뒤에 활 10순을 쏘았다. 경상 병사가 평산포에 도착하지 않고 바로 남해로 갔다고 했다. 만나지 못해 유감스럽다는 뜻의 답장을 보냈다. 새로 쌓은 성을 순시해 보니 남쪽의 가장자리가 9발(270센티미터) 정도 무너져 있었다.

26일 맑음. 우후와 송희립이 남해로 갔다. 늦게 관청에 나가서 업무를 본 뒤에 활 15순을 쏘았다.

27일 맑고 바람이 없었다. 아침을 일찍 먹은 뒤에 배를 타고 소포로 갔
다. 쇠사슬을 가로질러 매는 것을 감독하면서, 하루 종일 기둥 나
무 세우는 것을 보았다. 그리고 거북선에서 대포 쏘는 것도 시험
했다.

28일 맑음. 관청에서 업무를 보았다. 활 10순을 쏘았는데, 5순은 모두
맞고, 2순은 네 번 맞고, 3순은 세 번 맞았다.

29일 맑음. 세조 비 정희왕후 윤씨의 제삿날이라 업무를 보지 않았다.
아산으로 문안 보냈던 나장이 돌아왔다. 어머님이 평안하시다니 정
말로 다행한 일이다.

4월

1일 흐림. 망궐례를 드렸다. 업무를 본 뒤에 활 5순을 쏘았다. 별조방군
을 검열했다.

2일 맑음. 식사 후에 몸이 몹시 불편하더니 점점 더 아팠다. 하루 종일
고통이 계속되었고 또 밤새도록 신음했다.

3일 맑음. 기운이 떨어지고 어지러워 밤새도록 고통스러웠다.

4일 맑음. 아침에야 비로소 통증이 조금 가라앉는 것 같았다.

5일 맑더니 늦게 비가 조금 왔다. 관청에 나가서 업무를 보았다.

6일 맑음. 진해루에 나가서 업무를 본 뒤에 군관들을 시켜 활을 쏘게 했

다. 아우 여필과 전별했다.

7일 중종 비 문정왕후 윤씨의 제삿날이라 업무를 보지 않았다. 오전 10
시경에 비변사[1]에서 비밀 공문이 왔다. 영남 관찰사 김수와 우병사
가 임금께 올린 장계에 대한 공문이었다.

8일 흐렸지만 비는 오지 않았다. 아침에 어머님께 보내는 물건을 쌌다.
늦게 여필이 떠나고 홀로 창가 아래에 앉아 있으니 온갖 생각이 들
었다.

9일 아침에 흐리더니 늦게는 맑았다. 관청에 나가서 업무를 보았다. 방
응원方應元이 군 입대에 대한 공문서를 작성해 보냈다. 군관들이 활
을 쏘았다. 광양 현감 어영담이 수색·검토에 대한 일로 배를 타고
왔다가 어두워져서야 돌아갔다.

10일 맑음. 식사 후에 관청에 나가서 업무를 보았다. 활 10순을 쏘았다.

11일 아침에 흐리더니 늦게는 맑았다. 업무를 본 뒤에 활을 쏘았다. 순
찰사 이광의 편지와 별록(별도의 기록)을 순찰사의 군관 남한이 가져
왔다. 이날 비로소 돛을 단 배를 만들었다.

12일 맑음. 식사 후에 배를 타고 거북선에서 지자포와 현자포를 쏘아
보았다. 순찰사의 군관 남한이 살펴보고 갔다. 정오에 관청으로 가
서 활 10순을 쏘았다. 관청으로 올라가면서 노대석(말을 타고 내릴 때
사용하는 큰 돌)을 보았다.

---

1 군사행정을 맡아보던 관아. 중종 때 삼포왜란의 대책으로 설치한 뒤, 전시에만 두었다가
1555년(명종 10)에 상설 기관이 되었으며, 임진왜란 이후에는 의정부를 대신하여 정치의
중추 기관이 되었다.

13일[2] 맑음. 관청에 나가서 업무를 마친 뒤에 활 15순을 쏘았다.

14일 맑음. 관청에 나가서 업무를 마친 뒤에 활 10순을 쏘았다.

15일 맑음. 성종 비 공혜왕후 한씨의 제삿날이라 업무를 보지 않았다. 순찰사에게 보내는 답장과 별록을 써서 곧바로 역졸(역에 근무하는 하급 관리)을 시켜 보냈다. 해질 무렵에 영남 우수사 원균의 통지문이 왔는데 "왜선 90여 척이 와서 부산 앞 절영도에 대었다"고 하였다. 이와 함께 경상 좌수사 박홍의 공문이 왔는데 "왜선 350여 척이 이미 부산포 건너편에 도착했다"는 내용이다. 이에 즉각 임금께 장계를 올리고 순찰사와 병사, 전라 우수사 이억기에게도 공문을 보냈다. 영남 관찰사의 공문도 왔는데 동일한 내용이었다.

16일 밤 열 시쯤 영남 우수사 원균의 공문이 왔는데, "부산진이 이미 함락되었다"고 했다. 분하고 원통한 마음을 이길 수 없었다. 곧 임금께 장계를 올리고, 삼도三道[3]에도 공문을 보냈다.

17일 날이 궂고 비가 오더니 늦게서야 맑았다. 영남 우병사 김성일이 공문을 보냈는데 "왜적이 부산을 함락시킨 뒤에 그대로 머물면서 물러가지 않는다"고 했다. 늦게 활 5순을 쏘았다. 연장 근무를 하는 수군과 새로 근무하기 위해 달려온 수군이 속속 방어 진지로 왔다.

18일 아침에는 흐렸다. 이른 아침 관청에 나가서 업무를 보았다. 순찰사의 공문이 왔는데 "발포 권관이 이미 파직되었으니 임시장수를

2 임진왜란이 발발한 날이다. 이순신은 이틀 후 경상 우수사 원균의 통지문을 보고 나서야 왜군의 침략을 알게 된다.

3 전라 좌도와 전라 우도, 경상 우도를 말한다.

정해서 보내라"고 하여 바로 나대용을 정해 보냈다. 오후 두 시경에 영남 우수사의 공문이 왔는데 "동래도 함락되었고 양산의 조영규와 울산의 이언함이 도와주러 성에 들어왔다가 모두 패했다"고 했다. 분통함을 이루 다 말할 수 없다. 또 "경상 좌병사 이각과 경상 좌수사 박홍이 군사를 이끌고 동래 후방까지 왔다가 즉시 군사를 돌렸다"고 하니 더욱 원통했다. 저녁에 순천 군사를 거느린 병방兵房 향리가 석보창에 머무르고 있으면서 군사들을 거느리고 오지 않으므로 잡아다가 가두었다.

19일 맑음. 아침에 품방品防에 인공 연못을 파고 쇠사슬 구멍을 뚫는 일로 군관을 정해 보냈다. 아침을 먹은 뒤에 동문 위로 나가서 품방의 일을 직접 감독하고 재촉했다. 오후에 상격대上隔臺를 순시했다. 이날 입대하러 온 군사 700명을 일하는 곳에서 검열했다.

20일 맑음. 관청에 나가서 업무를 보았다. 영남 관찰사가 공문을 보내 "거센 적들이 몰아치므로 그 앞을 대적해 낼 도리가 없고, 승리한 기세를 타고 마구 치달리는 모양이 마치 무인지경에 들어온 것 같다"고 하면서 나에게 전투선을 정비하여 후원해 줄 것을 요청했다.

21일 맑음. 성두군(성곽 꼭대기에 세우는 군사) 세울 일로 과녁터에 앉아서 명령을 내렸다. 오후에 순천 부사 권준이 달려와서 약속을 듣고 갔다.

22일 새벽에 탐망도 하고 부정한 사례를 조사할 일로 군관들을 내보냈다. 배응록은 절갑도로 가고, 송일성은 금오도로 갔다. 그리고 이경복, 송한련, 김인문 등은 두산도의 적대목敵臺木을 실어 내리는 일

34

로 각각 군인 50명씩을 인솔해 가게 하고, 남은 군사들은 품방의 건설 공사를 시켰다.

5월

1일 수군들이 본영 앞바다에 모두 모였다. 흐렸지만 비는 오지 않았으며 남풍만 많이 불었다. 진해루에 앉아서 방답 첨사 이순신李純信, 흥양 현감 배흥립, 녹도 만호 정운 등을 불렀다. 모두 매우 분하고 격동하여 자기 한 몸을 잊어버릴 정도였으니 과연 의로운 사람들이라 할 만하다.

2일 맑음. 삼도 순변사[1] 이일과 우수사 원균의 공문이 왔다. 군관 송한련이 남해에서 돌아와서 "남해 현감 기효근, 미조항 첨사 김승룡, 상주포·곡포·평산포의 만호 김축 등이 왜적의 소문을 한번 듣고는 벌써 도망쳐 버렸고, 온갖 군기軍器 등 쓰던 물건도 모두 버려서 남은 것이 없다"고 했다. 참으로 경악할 일이다. 정오에 바다로 나가 진을 치고 여러 장수들과 함께 적을 치자고 약속하였는데, 모두 즐거이 나갈 뜻을 밝혔다. 그런데 낙안 군수 신호만은 피하려고 하여 안타까웠다. 군법이 있는데 설령 물러나 피하려 한들 될 일인가. 저녁에 방답의 첩입선(첩입한 지역을 왕래하는 배) 3척이 앞바다에

---

1 임금의 명을 받아 변방의 군사와 정무를 돌아보고 조사하기 위해 파견된 특사.

닿았다. 비변사의 명령이 내려왔다. 창평 현령이 부임했다는 공식 편지를 바쳤다. 이날 밤 군대 비밀 구호는 용호龍虎, 대답할 말은 산수山水라 했다.

3일 가랑비가 오전 내내 내렸다. 새벽에 경상 우수사의 답장이 왔다. 오후에 광양 현감 어영담과 흥양 현감 배흥립을 불러다가 이야기하는 중에 분한 마음을 모두 드러냈다. 본도 우수사 이억기가 수군을 끌고 와서 함께 다짐했다. 방답의 판옥선이 첩입군疊入軍을 싣고 오는 것을 보고 우수사 원균이 온다고 좋아했으나 군관을 보내어 알아보니 방답의 배였다. 크게 실망했다. 조금 뒤에 녹도 만호가 보자고 하기에 불러들였다. 그의 말이 "우수사는 오지 않고 왜적은 점점 서울 가까이 다가가니 분한 마음 이길 길이 없거니와, 만일 기회를 늦추다가는 후회해도 소용없다"는 것이었다. 이 때문에 곧 중위장 이순신을 불러 내일 새벽에 떠날 것을 약속하고 장계를 작성했다. 이날 여도의 수군 황옥천이 집으로 도망갔는데, 잡아다가 목을 베어 효시(군중에 보이기 위해 달아 놓음)했다.

4일 맑음. 날이 밝자마자 출발하여 미조항 앞바다에 이르렀을 때 다시 약속했다. 우척후 김인영, 우부장 김득광, 중부장 어영담, 후부장 정운 등은 오른편으로부터 개이도에 들어가 수색하여 토벌하고 다른 대장선大將船들은 평산포, 곡포, 상주포를 지나서 미조항에 대기로 하였다.

29일 맑음. 전라 우수사 이억기가 오지 않아 혼자 여러 장수들을 거느리고 새벽에 떠나서 곧장 노량에 도착했다. 미리 만나기로 약속한 곳에서 경상 우수사와 만났다. 왜적이 있는 곳을 물으니 사천 선창에 있다고 했다. 곧바로 쫓아가 보니 왜인들은 이미 상륙해서 산 위에 진을 쳤고 배는 산 밑에 정박시켜 놓았는데, 전쟁에 임하는 태세가 매우 당당했다. 나는 여러 장수들을 독전(싸움을 감독하고 사기를 북돋워 줌)하며, 일제히 달려들어 화살을 퍼붓고 여러 가지 총통[1]을 바람과 천둥같이 쏘았더니 적들이 두려워 물러났다. 화살에 맞은 자가 몇백 명인지 알 수 없고 왜적의 머리도 많이 베었다. 군관 나대용이 탄환에 맞았으며, 나 또한 왼쪽 어깨 위에 맞은 탄환이 등을 뚫고 나갔지만 중상은 아니었다. 활을 쏘는 군인과 육탄전을 벌인 군인 중에서도 총알에 맞은 자가 많았다. 적의 배 13척을 불태우고 물러 나왔다.

6월

1일 맑음. 사량 뒷바다에 진지를 구축하고 밤을 지냈다.

2일 맑음. 아침에 출발하여 바로 당포 앞 선창에 이르니 적의 배 20여 척이 정박해 있어 둘러싸고 전투를 시작했다. 적의 배 중 큰 것 1척은 우리 판옥선만 한데, 배 위에는 누각을 꾸며서 높이가 두 길(사람 키 정도의 길이)이나 되는 듯했다. 왜군의 장수는 누각 위에 당당하게

---

1 화전, 화통, 화포와 같이 화약의 힘으로 탄약을 쏘는 무기.

앉아 끄떡도 하지 않았다. 화살과 크고 작은 승자총통[1]을 퍼부었다. 왜군의 장수가 화살에 맞자 왜군 병사들은 놀라면서 한꺼번에 흩어졌다. 아군의 여러 장수와 병사들이 일제히 화살을 쏘아 대자 거꾸러지는 자가 얼마인지 그 수를 알 수 없었다. 모든 적군을 무찔러 섬멸시켰다. 조금 뒤에 큰 왜선 20여 척이 부산에서 들어오다가 우리 군사를 보고는 개도로 물러갔다.

3일 맑음. 아침에 여러 장수들을 재차 격려하여 개도 앞뒤에서 협공하였다. 왜적은 패하여 달아나 버려 남은 자들이 거의 없었다. 고성 등지로 가 보고 싶었으나, 우리 군대의 형세 역시 약하기 때문에 분함을 참고 머물러 밤을 지냈다. 수군을 거느리고 돛을 달고서 왔다. 광병들이 무척 기뻐하였다. 내일 군사를 합치기로 약속하고 잤다.

4일 맑음. 우수사 이억기가 오기를 고대하면서 여러 가지 생각으로 머뭇거리고 있었는데, 정오에 우수사가 여러 장수를 거느리고 나타났다. 진중의 장병들이 매우 기뻐하였다. 군사를 합치기로 거듭 약속한 뒤에 착양포에서 잤다.

5일 아침에 떠나 고성 당항포에 이르니, 판옥선만 한 왜선 1척이 있었다. 배 위의 누각이 높았고, 왜적의 장수가 그 위에 앉아 있었다. 그리고 중간 배는 12척이고 작은 배는 20척이었다. 일시에 공격하

---

1 선조 초기에 김지가 세종 때 만든 소총의 단점을 개량하여 발전시킨 것으로, 총의 부리를 길게 하여 사정거리를 늘리고 명중률을 높였다. 승자총통의 종류에는 승자총통, 차승자총통, 소승자총통, 별승자총통, 쌍승자총통 등이 있었다.

면서 화살을 쏘았는데 화살에 맞아 죽은 자가 얼마인지 알 수 없었다. 왜군 장수 7명의 머리를 베었다. 남은 왜군 병사는 육지로 달아났지만 그 수는 얼마 되지 않았다. 우리 군사의 기세가 크게 올라갔다.

6일 맑음. 전선의 동정을 살피며 그대로 묵었다.

7일 맑음. 아침에 출발하여 영등포 앞바다에 이르렀을 때 적선이 율포에 있다는 말을 들었다. 복병선伏兵船을 시켜 살펴보게 하였더니, 적선 5척이 우리 군사가 오는 것을 눈치채고 남쪽 바다로 급히 달아났다는 것이다. 우리 배들이 일제히 추격하였다. 사도 첨사 김완, 우후 이몽구, 녹도 만호 정운 등이 각각 1척씩 잡았다. 사살한 왜군의 머리는 모두 36급(전쟁에서 죽인 적군의 머리를 세는 단위)이었다.

8일 맑음. 우수사 이억기와 함께 일에 대해 의논하며 바다에서 잤다.

9일 맑음. 바로 천성天城, 가덕加德에 이르니 적의 배가 한 척도 없었다. 두세 번 수색한 뒤에 당포로 와서 밤을 지냈다. 새벽에 출발해 미조항 앞바다로 왔다. 우수사와 함께 잠시 이야기를 나눴다.

10일 맑음.

8월

24일 맑음. 객사에서 영공(당상관을 높여 부르던 호칭) 정걸과 함께 아침을 먹고 곧 침벽정으로 옮겼다. 우수사 이억기와 점심을 같이 먹었는데, 정 조방장丁助防將도 함께했다. 오후 4시에 출발하였다. 노를 힘차게 젓도록 재촉하여 노량 뒷바다에 이르러 닻을 내렸다. 다시 자정에 달빛을 타고 배를 이동하여 사천 모사랑포에 이르렀다. 날은 이미 밝았지만 새벽 안개가 사방에 자욱하여 지척을 분간하기 어려웠다.

25일 맑음. 오전 8시쯤 안개가 걷혔다. 삼천포 앞바다에 이르렀을 때 평산포 만호가 공장卒狀(자신의 관직명이 쓰인 문서)을 바쳤다. 당포에 이르러 경상 우수사 원균과 함께 배를 정박하고 이야기했다. 오후 4시께 당포에 이르러 그곳에서 잤다. 밤이 이슥해지자 비가 잠시 내렸다.

26일 맑음. 견내량에 이르러 배를 멈추고 우수사와 함께 이야기를 했다. 순천 부사 권준도 왔다. 저녁에 배를 옮겨 각호사(거제) 앞바다에 이르러 잤다.

27일 맑음. 영남 우수사 원균과 함께 의논하고, 배를 옮겨 거제 칠내도에 이르자 웅천 현감 이종인이 와서 이야기했다. 들으니 왜적의 머리 35급을 베었다고 했다. 저물 무렵에 제포와 서원포를 건넜는데 밤 10시쯤 되었다. 서풍이 차게 불어 나그네의 마음이 산란했으며 이날 밤에는 꿈자리도 어지러웠다.

28일 맑음. 새벽녘에 앉아서 꿈을 생각해 보니 처음에는 나쁜 것 같았으나 도리어 좋은 것이었다. 가덕으로 갔다.

계
사
년

癸巳年
1593년, 선조 26

2월

1일 하루 종일 비가 왔다. 발포 만호 황정록, 여도 권관 김인영, 순천 부
사 권준이 들어왔다. 발포 진무 최이가 두 번이나 군사 규율을 어
겼기에 처형했다.

2일 늦게 갬. 녹도의 임시장수, 사도 첨사 김완, 흥양 현감 배흥립 등의
배가 들어왔으며 낙안 군수 신호도 왔다.

3일 맑음. 여러 장수들이 거의 모였으나 보성 군수 김득광은 아직 오지
않았다. 탄식할 일이다. 동쪽 상방上房(관청의 우두머리가 있던 방)에 나
가 순천, 낙안, 광양의 수령들과 한참 동안 의논했다. 이날 경상도
에서 온 공문을 보면, 포로로 잡혔다가 돌아온 김호걸과 나장 김수
남 등 명부에 올린 수군 80여 명이 도망갔다고 한다. 그리고 뇌물
을 많이 받고 잡아오지 않았다고 하므로, 군관 이봉수와 정사립 등
을 비밀히 보내어 70여 명을 잡아다가 각 배에 나눠 주고, 김호걸
과 김수남은 그날로 처형했다. 오후 8시부터 비바람이 크게 불어
배를 겨우 보호할 수 있었다.

4일 늦게 갬. 성 동쪽이 9발이나 무너졌다. 관청에 나가서 업무를 보았
다. 오후 6시께 큰 비가 쏟아지기 시작하더니 밤새도록 그치지 않
고 바람조차 몹시 불어 배를 겨우 보호할 수 있었다.

42

5일 경칩驚蟄이라 둑제纛祭를 지냈다. 비가 억수같이 쏟아지더니 늦게야 갰다. 아침을 먹고 중간 대청으로 나가서 업무를 보았다. 보성 군수 김득광이 밤을 새워 육지에서 달려왔다. 뜰아래에 붙잡아 놓고 기일을 어긴 죄를 물으니, 명나라의 군사를 접대할 사무를 맡은 순찰사와 도사都事 등이 강진·해남 등지의 고을에서 왔기 때문이라고 진술했다. 이 역시 업무의 하나이기 때문에 대리장수와 도훈도 그리고 담당 하급 관리들을 대신 처벌했다. 이날 저녁에는 서울에서 온 친구 이언형을 송별하기 위한 술자리를 베풀었다.

6일 아침에는 흐리더니 늦게 갰다. 동트기 전에 첫 나발을 불고, 날이 밝을 무렵에 둘째, 셋째 나발을 불고 나서 배를 풀고 돛을 달았다. 그러나 정오에는 바람이 거꾸로 불어 날이 저물어서야 사량에 정박하고 그곳에서 잤다.

7일 맑음. 새벽에 떠나 곧바로 견내량에 이르니 경상 우수사 원평중(평중은 원균의 자)이 먼저 와 있어 함께 이야기했다. 기숙흠이 방문했다. 이영남과 이여념도 왔다.

8일 맑음. 아침에 영남 우수사 원균이 내 배로 와서 전라 우수사 이억기가 약속 시간에 늦은 잘못을 크게 말하며, 지금 곧 먼저 떠나겠다고 했다. 내가 애써 말려 기다리게 하고 "오늘 안으로는 도착할 것이다"라고 약속했더니 과연 정오에 돛을 나부끼면서 들어왔다. 진지 안에 있는 사람들 중 이를 바라보고 기뻐하지 않는 이가 없었다. 그러나 맞아들이고 본즉, 거느리고 온 배가 겨우 40척 미만이었다. 이날 오후 4시쯤에 출발하여 초저녁에 칠천도에 이르렀다.

본영에 편지를 보냈다.

9일 첫 나발을 불고 둘째 나발을 불고 나서 하늘을 보니 비가 내릴 것 같아 떠나는 것을 그만두었다. 하루 종일 큰 비가 내려 떠나지 않고 그대로 머물렀다.

10일 아침에는 흐렸으나 늦게 맑아졌다. 오전 6시쯤에 배를 띄워 바로 웅천 웅포에 이르니, 적의 배들이 줄지어 정박하고 있었다. 두 번이나 바다로 끌어내려고 했으나 이미 우리 수군을 두려워하는 터라 나올 듯하다가는 도로 들어가 버려 끝내 무찌르지 못하였다. 정말로 억울하다. 밤 10시쯤에 다시 영등포 뒤 소진포에 이르러 배를 정박하고 밤을 지냈다.

11일 흐림. 아침에 순천의 연락선探候船(각 지방에서 출전한 부대와 연락하기 위해 왕래하는 배)이 돌아가는 편에 본영에 편지를 보냈다. 군사를 쉬게 하고 그대로 머물렀다.

12일[1] 아침에는 흐렸으나 늦게 맑아졌다. 삼도 군사가 일제히 새벽에 떠나 곧바로 웅천 웅포에 도착했으나 적들은 어제와 마찬가지로 나왔다 물러갔다 하였다. 아무리 꾀어 보아도 바다로 나오지 않았다. 그래서 두 번이나 뒤쫓아갔으나 두 번 모두 섬멸하지 못했다. 참으로 억울한 일이다. 이날 저녁에 도사都事가 우후에게 통지를 보냈다. 명나라 장수에게 줄 군용품을 배정한 것이라고 한다. 초저녁에 다시 칠천도에 이르자 비가 쏟아지기 시작해서 밤새 그치

---

1 행주대첩이 있었던 날이다.

지 않았다.

13일 비가 억수같이 쏟아지더니 저녁 8시쯤에야 그쳤다. 순천 부사, 광양 현감, 방답 첨사 등을 불러 토벌에 대해 의논했다. 어란포 만호 정담수가 방문했다. 활과 화살을 만드는 수공업자 대방과 옥지 등이 돌아갔다.

14일 맑음. 증조부의 제삿날이다. 본영의 전쟁 상황을 알리기 위해 이른 아침에 연락선이 도착했다. 아침을 먹은 뒤 삼도 군사들을 모아 놓고 전략을 논의하는데, 영남 수사 원균은 병으로 오지 못하고 전라 좌우도 여러 장수들만 모여서 약속했다. 다만 우후가 술주정으로 망령된 말을 했다. 기막힌 꼴을 어찌 모두 말할 것인가. 어란포 만호 정담수와 남도포 만호 강응표도 마찬가지였다. 큰 적을 무찌르는 일로 논의하는 자리에 이렇게까지 술을 함부로 마시니, 그들의 사람됨에 분함을 이길 수 없었다. 가덕 첨사 전응린이 방문했다.

15일² 아침에는 맑더니 저녁에는 비가 왔다. 날씨는 따뜻하고 또한 바람도 조용해서 과녁을 치고 활을 쏘았다. 순천 부사 권준, 광양 현감 어영담. 사량 만호 이여념, 소비포 권관 이영남, 영등포 만호 우치적 등이 왔다. 이날 순찰사 이광에게서 공문이 왔는데 "명나라에서 또 해군을 보내니 미리 알아서 처리하라"는 것이었다. 또 순영³ 영

---

2 이날부터 2월 22일까지 벌인 싸움이 웅천해전이다.
3 순찰사가 직무를 보던 관아.

리[1]의 알림 문서에서는 "2월 1일 명나라 군대가 서울을 수복하였고 왜적은 모두 섬별되었다"고 했다. 저녁에 원평중(원균)이 방문했다.

16일 맑았으나 늦은 아침부터 큰 바람이 불었다. 풍문에 의하면 영의정 정철이 사신으로 북경에 간다고 했다. 사신의 여비로 올려 보내는 물품 명세서를 정원명에게 부치면서, 그것을 사신 가는 일행에게 전하라고 하였다. 오후에 우수사가 보러 와서 함께 식사를 하였다. 순천, 방답 등이 또한 방문했다. 밤 10시경에 신환과 김대복이 임금이 내린 글 2통과 부찰사(임시 파견 관리)의 공문을 가져왔다. 그 편에 "명나라 군사들이 바로 송도(개성)를 치고, 이달 6일에는 반드시 서울에 있는 왜적을 함락시킬 것"이라는 소식을 들었다.

17일 흐리기만 하고 비는 오지 않았으나 하루 종일 동풍이 불었다. 이영남, 허정은, 정담수, 강응표 등이 방문했다. 오후에는 우수사 이억기와 진도 군수로 새로 부임한 성언길을 보았다. 그리고 우수사와 함께 영남 수사 원균의 배에 갔다가 선전관宣傳官이 임금의 유지(명령서)를 가지고 왔다는 연락을 듣고 배를 재촉하여 진으로 돌아왔다. 오는 도중에 선전관의 신분증을 확인하고 배로 맞아들여 임금의 지시를 받아 본즉, "급히 적들이 돌아갈 길목으로 나가서 물길을 끊고 도망치는 적을 몰살하라"는 내용이었다. 즉시 글을 받았다는 내용의 문서를 써 주었는데, 시간이 새벽 2시쯤 되었다.

18일 맑음. 이른 아침에 군사를 이동하여 웅천에 이르니 적의 형세는

---

1 관아에서 행정 실무를 맡아 보던 사람.

여전했다. 사도 첨사 김완을 복병장伏兵將으로 임명하고, 여도 만호, 녹도 임시장수, 좌우 별도장別都將, 좌우 돌격장突擊將, 광양 2호선, 흥양 대리장수, 방답 2호선 등을 거느리고 송도에 매복하게 하고 모든 배들이 적선을 유인하게 하였다. 이에 적선 10여 척이 뒤따라 나왔다. 경상도 복병선 5척이 재빨리 먼저 나가 적을 쫓았다. 다른 복병선도 뛰어 들어가 수없이 쏘아 대니, 죽은 왜적의 수는 알 수 없고 목을 벤 것은 1급이었다. 적의 기세가 크게 꺾여 다시는 쫓아 나오지 못하였다. 날이 저물기 전, 여러 장수들을 거느리고 원포로 가서 물을 길었다. 어두운 틈을 이용하여 영등포 뒷바다로 돌아왔다. 사화랑에 진지를 구축하고 밤을 지냈다.

19일 맑음. 서풍이 크게 불었다. 배를 띄울 수 없어서 그대로 머무르고 떠나지 못했다. 남해 수령에게 붓과 먹을 보냈더니 고맙다는 인사를 보내왔다. 고여우와 이효가도 방문했다. 그대로 사화랑에 진을 치고 있었다.

20일[2] 맑음. 새벽에 배를 띄우자 동풍이 약간 불었으나, 적과 교전할 때에는 바람이 크게 불어 배끼리 부딪쳐 깨질 지경이었는데 어찌할 방법이 없었다. 이에 호령하여 호각을 불고, 초요기招搖旗[3]를 세워 전투를 중지시켰다. 다행히 배가 크게 상하지는 않았다. 그러나 흥양의 1척, 방답의 1척, 순천의 1척, 본영의 1척이 깨졌다. 날이 저

---

2 명나라 군대가 들어왔다.

3 대장이 장수들을 부르고 지휘하는 데 쓰던 신호용 군기.

물기 전에 소진포에 돌아와 물을 길어 놓고 밤을 지냈다. 이날 사슴 떼가 동서로 달아났는데, 순천 부사 권준이 사슴 한 마리를 잡아 보내왔다.

21일 흐리고 큰 바람이 불었다. 소비포의 이영남과 사량의 이여념이 방문했다. 또한 우수사 원 영공(원균)과 순천, 광양 등도 방문했다. 저녁에 비가 오더니 한밤중에 그쳤다.

22일 새벽에 구름이 끼더니 동풍이 크게 불었다. 그러나 적을 치는 일이 급했기 때문에 곧 출발하여, 사화랑에 이르러 바람이 멎기를 기다렸다. 바람이 조금 멎는 듯하기에 다시 재촉하여 웅천에 이르러 두 명의 승장僧將(삼혜와 의능)과 의병(성응지)을 제포로 보내서 상륙할 것처럼 하였다. 그리고 우도右道 여러 장수의 배 중에서 변변치 못한 것을 골라 동쪽으로 보내어 역시 상륙할 것처럼 꾸미게 하였다. 이러한 전략에 왜적들은 갈팡질팡했다. 이때를 틈타 전선을 모두 모아서 무찌르니 적들은 세력이 나뉘고 약해져서 거의 섬멸당하였다. 발포 2호선과 가리포 2호선이 명령도 안 했는데 돌입했다가 얕은 곳에 걸려서 적들에게 습격을 당했다. 마음이 분하여 가슴이 찢어질 것만 같다. 얼마 뒤에 진도 지휘선 역시 적에게 포위되어 구할 수 없는 지경이 되었는데 우후가 바로 들어가 구원해 냈다. 경상도의 좌위장左衛將과 우부장右部將은 못 본 체하며 끝내 구원해 내지 않았으니, 그 괘씸함은 이루 말할 수 없다. 참으로 통분, 통분했다. 이 때문에 경상도 수사 원균에게 질문도 했는데 실로 한심한 일이었다. 오늘의 억울함을 무슨 말로 다 하랴. 이 모두가 경상도

수사 원균 때문이다. 돛을 달고 소진포로 돌아와서 잤다. 아산에서 보낸 아들 뇌와 분의 편지가 웅천 진지에 도착했다. 어머님의 편지도 왔다.

23일 흐리기는 했으나 비는 오지 않았다. 아침에 우수사가 방문했고, 식사 후에는 원 수사(원균)가 왔으며, 순천, 광양, 가덕, 방답 등도 왔다. 이른 아침에는 소비포, 영등, 와량 등이 방문했는데 원 수사의 음험하고 흉악한 품은 이를 데가 없었다. 최천보가 양화로부터 와서 명나라 군사의 소식을 자세히 전하고 중앙에서 파견된 관리의 편지와 서류를 전하고 밤에 돌아갔다.

24일 맑음. 새벽에 아산과 온양에 보낼 편지와 집에 보낼 편지를 써서 보냈다. 아침에 배를 띄워 영등포 앞바다에 이르렀다. 비가 몹시 내려 배를 댈 수가 없기에 배를 돌려 칠천량으로 돌아왔다. 비가 그치자 우수사 이 영공(이억기), 순천, 가리포, 성 진도珍島(성언길)와 함께 뱃놀이를 하면서 조용히 이야기했다. 초저녁에 배 만드는 기구를 보내 달라는 패자牌子[1]를 작성했고 흥양에 보내는 공문을 써 보냈다. 양미 90되로 자염(말갈기)을 바꾸어 보냈다.

25일 맑음. 바람이 불순하므로 그대로 칠천량에 머물렀다.

26일 큰 바람이 불어 하루 종일 머물러 있었다.

27일 맑았으나 바람이 세게 불었다. 우수사 이 영공과 함께 이야기했다.

28일 맑고 바람도 없었다. 새벽에 떠나 가덕에 이르니 웅천의 적은 움

---

1 윗사람이 아랫사람에게 보내는 문서.

츠리고 저항할 생각도 못하고 있었다. 우리 배가 김해강(부산시 강서구 서 낙동강) 아래쪽 독사리목(부산시 강서구 녹산동)으로 향했는데, 우부장이 변고를 알리므로 여러 배들이 돛을 달고 급히 가서 작은 섬을 둘러쌌다. 경상 수사의 군관과 가덕 첨사의 사후선伺候船 등 2척이 섬에 출몰하여 들락날락하면서 태도가 엉뚱하기에 묶어서 원 수사에게 보냈다. 그런데 원 수사의 본뜻은 군관을 보내어 어부가 건진 사람의 머리를 찾아내는 데 있었으므로 수사가 크게 화를 냈다. 초저녁에 아들 염이 왔다. 사화랑에서 잤다.

29일 흐림. 바람이 심해질까 염려스러워 배를 칠천량으로 옮겼다. 우수사 이 영공이 방문했다. 순천, 광양 등도 왔다. 영남 수사도 방문했다.

30일 종일 비. 뜸[1] 아래 웅크리고 앉아 있었다.

3월

1일 잠깐 맑다가 저녁에는 비가 왔다. 방답 첨사 이순신李純信이 왔다. 순천 부사 권준은 병으로 오지 못했다.

2일 하루 종일 비가 내렸다. 뜸 아래 앉아 있노라니 온갖 생각이 가슴속에 치밀어 올라 마음이 어지러웠다. 이응화를 불러 한참을 이야

---

1 짚, 띠, 부들 등으로 거적처럼 엮어 만든 물건. 비와 바람 그리고 볕을 막는 데 쓴다.

기한 뒤 순천 배로 보내서 수령의 병세를 알아보게 했다. 이영남과 이여념이 왔다. 그들에게서 원 영공(원균)의 비리를 들으니 한탄이 절로 흘러나왔다. 이영남이 왜군의 작은 칼을 놓고 갔다. 그에게 들으니 강진 사람 둘이 살아서 돌아왔는데 고성으로 붙들려 가서 문초를 받고 왔다고 한다.

3일 아침에 비가 내렸다. 오늘은 답청절踏靑節(봄날 푸른 풀을 밟는 풍속일)인데 흉악한 적들이 물러가지 않아 군사를 거느리고 바다에 있어야 했다. 그나마 명나라 군사들이 서울로 들어왔다는 소식조차 듣지 못하니 답답하기 그지없다. 하루 종일 비가 내렸다.

4일 비로소 비가 갰다. 우수사 이 영공(이억기)이 와서 종일 이야기했다. 원 영공도 왔다. 순천의 병이 심하다고 한다. 듣자 하니 함경도로 들어간 왜적이 설한령(함경남도와 평안북도 경계의 총전령)을 넘어섰으며, 명나라 장수 이여송李如松[2]이 개성까지 왔다가 다시 평안도로 돌아갔다고 한다. 분하고 억울하여 참을 수 없었다.

5일 맑았지만 바람이 몹시 불었다. 순천 부사 권준이 병 때문에 돌아간다기에 아침에 직접 만나보고 전송했다. 탐후선(적의 동태를 살피는 배)이 왔다. 내일을 기하여 적을 치자고 약속했다.

6일 맑음. 새벽에 떠나서 웅천에 이르니 적은 육지로 도망쳐 산 중턱에

---

2 명나라의 무장. 임진왜란이 일어나자 '방해어왜총병관'에 임명되어 출병했으며, 다음해 5월 평양을 급습하여 소서행장(고니시 유키나가)의 군을 격파했다. 퇴각하는 왜군을 추격했으나 고양시 벽제관에서 소조천륭경(고바야카와 다카카게)에게 대패하였으며 그 후로는 평양성을 거점으로 화의교섭 위주의 소극적인 활동을 하다가 그해 말에 철군했다.

진지를 구축했다. 관군들이 쇠탄환과 화살을 비가 퍼붓듯이 쏘아
대니 죽은 자가 무척 많았다. 포로로 잡혀 갔던 사천 여인 한 사람
을 빼앗아 왔다. 칠천량에서 잤다.

7일 맑음. 우수사 이억기와 이야기했다. 초저녁에 출발하여 걸망포에
이르니 벌써 날이 새었다.

8일 맑음. 한산도로 돌아와 아침을 먹고 나니 광양, 낙안, 방답 등이 왔
다. 방답 첨사(이순신)와 광양 현감(어영담)은 술과 안주를 마련해 가
지고 왔고, 우수사(이억기)도 왔다. 어란포 만호(정담수)도 쇠고기로
만든 음식 두 가지를 보내왔다. 저녁에 비가 왔다.

9일 궂은비가 종일 내렸다. 원식이 방문했다가 갔다.

10일 맑음. 아침을 먹은 후에 배를 띄워 사량으로 갔는데, 행재소[1]로부
터 온 낙안 사람이 "명나라 군사들이 진작 송경(개성)까지 왔는데,
연일 비가 와서 길이 질어 행군하기가 어려우므로 날이 개기를 기
다렸다가 서울로 들어가기로 약속했다"고 한다. 이 말을 듣고 기쁨
을 이기지 못했다. 첨사 이홍명이 방문했다.

11일 맑음. 아침을 먹은 후에 원 수사(원균)와 이 수사(이억기)가 와서 함
께 술을 마시며 이야기했다. 원 수사는 몹시 취하여 관청으로 돌아
갔다. 본영의 탐후선이 왔다. 돼지 세 마리를 잡아 왔다.

12일 맑음. 아침에 각 고을에 보낼 공문을 처리하였다. 본영 병방 이응
춘도 공문을 정리해 가지고 갔다. 염과 나대용, 덕민, 김인문도 본

---

1 임금이 궁을 떠나 머무르던 곳. 이때 선조는 의주에 있었다.

영으로 돌아갔다. 식사 후에 우수사 이억기의 개인 방에서 바둑을 두었다.

14일 맑음. 여러 배들을 출동시켜서 배 만들 재목을 실어 오도록 했다.

15일 맑음. 우수사(원균)가 왔다. 우수사의 여러 장수들과 관덕정에서 활을 쏘았는데, 우리 편 장수들이 이긴 것이 66분分이었다. 우수사가 떡과 술을 장만해 가지고 왔다. 저물어서 비가 크게 쏟아지기 시작하더니 밤새도록 쏟아졌다.

16일 늦게 날이 개었다. 여러 장수들이 활을 쏘았는데 또 우리 편 장수들이 이긴 것이 30여 분이었다. 원 영공(원균)도 왔다가 매우 취해 가지고 돌아갔다. 낙안 군수 신호가 아침에 왔기에 고부로 가는 편지를 주어 보냈다.

17일 맑음. 종일토록 큰 바람이 불었다. 우수사와 활을 쏘았다. 아주 형편이 없으니 우스운 일이다. 신경황이 와서 "임금의 유지를 가져온 선전관 채진과 안세걸이 본영에 왔다"고 했다. 그는 곧 돌아갔다.

18일 맑음. 모진 바람이 종일토록 불어 사람이 마음대로 들어오고 나가지 못했다. 소비포 이영남과 아침을 함께 먹었다. 우수사와 장기를 두어 이겼다. 남해 기효근도 방문했다. 저녁에 돼지 한 마리를 잡아 왔다. 밤에 비가 내렸다.

19일 종일 비가 왔다. 우수사와 같이 이야기했다.

20일² 맑음. 우수사와 함께 이야기했다. 오후에 "선전관이 임금의 유지

---

2 빼앗겼던 서울을 수복했다.

를 가지고 온다"는 소식을 들었다.

21일 맑음.

22일 맑음.

5월

1일 맑음. 새벽에 망궐례를 드렸다.

2일 맑음. 선전관 이춘영이 임금의 유지를 가지고 왔다. 내용은 "물길을 끊어 도망가는 적을 죽이라"는 것이었다. 이날 보성 군수 김득광, 발포 만호 황정록이 왔고, 다른 장수들은 정한 기일을 바꾸었기 때문에 모이지 않았다.

3일 맑음. 우수사 이억기가 수군을 거느리고 왔는데 많이 뒤떨어져서 탄식했다. 선전관 이춘영이 돌아가고, 다른 선전관 이순일이 왔다.

4일 맑음. 오늘은 어머님 생신이었으나 적을 토벌하는 일 때문에 가서 축수祝壽(오래 살기를 기원함)의 술잔을 바치지 못하였다. 평생의 한이다. 우수사와 여러 군관들과 함께 진해루에서 활을 쏘았다. 순천 부사와도 약속했다.

5일 맑음. 선전관 이순일이 경상도에서 돌아왔기에 아침을 대접했다. 명나라에서 나에게 은청금자광록대부銀靑金紫光祿大夫의 직품을 주었다고 하는데 아마 잘못 들은 소문일 것이다. 늦게 우수사, 순천, 광양, 낙안과 함께 술을 마시면서 이야기했으며, 군관들의 편을 갈라

54

활을 쏘게 했다.

6일 맑음. 아침에 신정과 조카 봉이 해포에서 왔다. 늦게 큰 비가 쏟아
지더니 하루 종일 그치지 않았다. 개천에 물이 넘쳐 농민들의 우환
을 덜어 주니 다행이다. 저녁 내내 친척 신씨와 이야기했다.

7일 흐렸지만 비는 오지 않았다. 우수사 이억기와 함께 아침을 먹고 진
해루에서 업무를 처리했다. 배에 올라 떠나려는데 도망갔던 발포의
수군이 잡혔다. 그를 처형시킨 뒤, 입대에 관한 사무를 태만히 한
죄로 순천의 이방도 처형하려다가 그대로 두었다. 미조항에 이르자
동풍이 크게 불고 파도가 높게 일어 간신히 배를 대고 잤다.

8일 흐렸지만 비는 오지 않았다. 새벽에 떠나 사량 앞바다에 이르렀다.
만호 이여념이 나오기에 우수사가 있는 곳을 물었다. 이여념이 말
하길 우수사는 창신도에 있는데 군사들이 모이지 않아 미처 배를
타지 못했다고 했다. 이어서 당포에 이르니 이영남이 방문해서 우
수사 원균의 잘못이 많다고 자세히 말하는 것이었다.

9일 흐림. 아침에 떠나 걸망포에 이르자 바람이 고르지 않았다. 우수사,
가리포 첨사 구사직 등과 앉아서 군사에 관한 일을 이야기했다. 저
녁에 원 수사(원균)가 배 2척을 거느리고 왔다.

10일 흐렸지만 비는 오지 않았다. 아침에 출발하여 견내량에 이르러 흥
양(고흥) 군사를 점검하고, 약속 날짜를 어긴 여러 장수들을 처벌했
다. 우수사와 가리포 첨사가 와서 함께 이야기했다. 조금 있으니
선전관 고세충이 임금의 유지를 가지고 왔다. 내용은 "부산으로 가
서 돌아가는 적들을 무찌르라"는 것이었다. 부찰사의 군관 민종의

가 서류를 가지고 찾아왔다. 저녁에 경상도 우후 이의득과 이영남이 방문해서 함께 이야기하다가 밤 늦게 헤어졌다. 봉사奉事[1] 윤제현이 본영에 이르렀다고 편지를 보내왔다. 본영에서 기다리고 있으라고 답장을 보냈다.

11일 맑음. 선전관 고세충이 돌아갔다. 늦게 우수사의 진지에 갔더니, 이홍명과 가리포 첨사가 와 있었다. 바둑을 두었다. 뒤이어 순천과 광양이 왔다. 가리포 첨사가 술과 고기를 내놓았다. 얼마 지나서 영등포로 적을 탐색하러 갔던 군사가 돌아와 보고했다. 내용은 "가덕 바깥 바다에 적선이 무려 200여 척이나 머무르고 있으며 웅천은 전일과 마찬가지"라는 것이었다. 선전관이 돌아갈 때 임금의 유지를 집행하는 일과 관련하여 도원수[2], 체찰사[3] 등에게 보내는 3건의 공문서를 만들었고, 그것을 가지고 가는 사람도 함께 보냈다. 이날 남해도 방문했다.

12일 맑음. 본영의 탐후선이 들어왔다. 그 편에 순찰사의 공문과 시랑 송응창의 연락 사항을 담은 문서를 가지고 왔다. 사복시의 말 다섯 필을 명나라에 보내기 위해서 올려 보내라는 지시가 있으므로 병방 진무를 보냈다. 늦게 영남(원균)이 왔다. 선전관 성문개가 방문해서 피란 중인 임금의 사정을 자세히 전했다. 통곡하고 통곡할 일이다.

---

1 관상감, 돈령부, 훈련원 등에 둔 종8품 벼슬.

2 전쟁이 났을 때 군무를 통괄하던 임시 무관 벼슬.

3 지방에 군란이 있을 때 임금을 대신하여 그곳에 가서 일반 군무를 맡아보던 임시 벼슬.

새로 만든 쇠총통을 비변사에 보내는 동시에 검은 흑각궁(소의 뿔로 만든 활)과 화살을 주었는데, 성문개가 순변사 이일의 사위이기 때문이다. 저녁 때 이영남과 윤동구가 방문했고 고성 현령 조응도도 왔다. 이날 새벽에는 체탐인體探人(좌우도를 살피는 사람)을 정해 영등 등지로 보냈다.

13일 맑음. 조그마한 산등성이 위에 과녁을 치고 순천, 광양, 방답, 사도, 우후와 발포 등 여러 장수들과 활을 쏘아 승부를 다투다가 날이 저물어 배로 내려왔다. 밤에 들으니 경상도 우수사에게 선전관 도언량이 왔다고 했다. 이날 밤 달빛은 배 위에 가득 차 있는데, 혼자 앉아 있으니 이 생각 저 생각에 온갖 근심이 가슴속에 치밀었다. 잠이 오지 않다가 닭이 울어서야 어렴풋이 잠들었다.

14일 맑음. 선전관 박진종과 선전관 영산령 예윤이 임금의 유지를 가지고 왔다. 그들에게서 피란 중인 임금의 사정과 명나라 장수들이 하는 짓을 들었다. 참으로 통탄스러웠다. 우수사 이억기의 배를 타고 선전관과 이야기하며 술을 두어 잔 나누었다. 영남 수사 원균이 와서 술주정을 부리므로 배 안의 모든 장병들이 놀라고 분개했다. 그 고약스러움은 이루 다 말할 수가 없었다. 영산령이 취해 넘어져 정신을 못 차리니 우습다. 이날 밤 두 선전관이 돌아갔다.

15일 맑음. 아침에 낙안 군수 신호가 왔다. 조금 있다가 윤동구가 그의 대장 원균이 임금께 올리려는 문서 초본을 가지고 왔는데, 내용의 고약함은 이루 다 말할 수가 없었다. 순천 부사 권준과 광양 현감 어영담이 방문했다. 늦은 아침에 조카 해와 아들 울이 봉사 윤제현과 함께 왔다. 정오 무렵 과녁을 걸어 놓은 곳으로 가서 순천, 광양, 사도, 방답 등이 승부를 겨루는데, 나도 함께 쏘았다. 저녁에 배에 돌아와 윤 봉사와 세세한 상황을 서로 이야기했다.

16일 맑음. 아침에 적량 만호 고여우, 감목관 이효가, 이응화, 강응 표 등이 왔다. 각 고을의 공문서와 소송 관련 사항을 처리해 주었다. 조카 해와 아들 회가 함께 돌아갔다. 몸이 몹시 불편하여 베개를 베고 누워서 신음하던 중에 "명나라 장수가 중도에서 늦추며 머뭇거리는 것은 무슨 다른 속셈이 있는 것 같다"는 말을 들었다. 나라를 위한 걱정이 많았던 차에 이와 같은 일도 있으니 더욱더 한심스러워 눈물이 났다. 점심 때 윤 봉사에게서 관동 아주머니가 양주천천으로 피란 갔다가 거기서 세상을 떠났다는 말을 듣고 울음이 나는 것을 참을 수 없었다. 어찌 세상일이 이렇게도 차가운고. 장례는 누가 맡아서 치렀을까? 대진大進이 먼저 세상을 떠났다고 하니 더욱더 가슴 아프다.

17일 맑음. 새벽에 큰 바람이 불었다. 아침에 순천, 광양, 보성, 발포와 이응화가 방문했다. 변존서는 병 때문에 돌아갔다. 경상도 수사가 군관을 시켜 진양(진주)의 긴급 보고서를 보냈는데, 내용은 제독 이여송이 지금 충주에 있다는 것이다. 그런데 적도들은 사방으로 흩어져 분탕질을 치고 있으니 통분하고 통분할 일이다. 종일토록 큰 바람이 불어 마음이 산란했다. 고성 현령이 군관을 보내어 문안하고 또 약술과 쇠고기 음식 한 꼬치와 꿀통을 보냈는데, 복중服中(상복을 입는 기간)이라 받기가 미안했다. 정으로 보낸 것이라 돌려보낼 수도 없어 군관들에게 주었다. 몸이 몹시 불편해 일찍 선실로 들어갔다.

18일 맑음. 이른 아침 몸이 몹시 불편하여 온백원溫白元[1] 네 알을 먹었다. 아침을 먹은 후에 우수사와 가리포가 왔다. 이윽고 설사를 하고 나니 조금 편안해진 듯하다. 종 목년이 해포에서 와서 어머님이 평안하시다는 소식을 전했다. 답장과 함께 미역 5동(둥글게 말아 놓은 것을 세는 단위)을 보냈다. 이날 접반사接伴使(외국 사신을 접대하던 임시 벼슬)에게 적의 형세에 관한 3건의 공문서를 만들어 보냈다. 전주 부윤 권율이 공문을 보냈는데, 이번에 순찰사의 직임까지 겸하게 되었다고 했다. 그런데 도장이 찍히지 않았으니 그 까닭을 모르겠다. 방답 첨사가 왔다. 대금산과 영등 등지의 탐망군(전세를 살피는 군인)들이 와서 보고하는 말이 "왜적들이 나타나기는 하나 그리 대단한 것은 없다"고 한다. 새로 협선挾船[2] 2척을 만드는데 못이 없다고 했다.

19일 맑음. 윤 봉사와 함께 아침을 먹었다. 여러 장수들이 자꾸 권하여 억지로 고기를 먹었는데 더욱 비감할 뿐이다. 순찰사가 공문을 보내왔는데, 명나라 장수 유원외柳員外의 통지문에 의하면 "명나라 군대가 부산 바다 어귀를 이미 끊어서 막았다"고 했다. 공문을 받았다는 확인서를 쓰고 또 업무에 관한 보고서도 쓴 뒤에 보성 사람을 시켜서 보냈다. 순천이 쇠고기를 비롯한 먹을 것 7가지를 보내왔

---

1 10여 종의 약재를 분말로 만들어 만든 환약으로 만성위염, 소화불량, 황달, 신장염 등에 효능이 있었다.

2 판옥선의 부속선으로 사용된 중형 군용선.

다. 방답과 이홍명, 기숙흠이 방문했다. 영등의 정찰 군인이 와서 다른 변고는 없다고 보고했다.

20일 맑음. 새벽에 대금산 탐망군의 보고가 영등과 동일하였다. 순천과 소비포 권관이 다녀갔다. 오후에 정찰 군인이 와서 아뢰기를 "왜선은 형적도 없다"고 하기에, 본영 군관에게 왜적의 물건을 실어 오는 것과 관련한 편지를 써서 흥양 사람에게 보냈다.

21일 맑음. 새벽에 출발하여 거제의 유자도가 있는 바다에 이르니 대금산 정찰 군인이 와서 적의 출입이 여전하다고 한다. 저녁에 우수사와 오랫동안 이야기했다. 이홍명이 다녀갔다. 오후 2시경부터 비가 내려 농작물이 약간의 생기를 띠었다. 이영남이 다녀갔다. 원 수사(원균)가 거짓 내용으로 공문을 돌려 부대를 크게 동요시켰다. 진 중에서도 이렇게 속이니 그 음흉하고 고약한 것을 이루 말할 수 없다. 밤에 바람이 미친 듯이 불고 또 비가 내렸다. 새벽녘에 이르러 거제 선창에 배를 대니 곧 22일이다.

22일 비가 내렸다. 사람들이 크게 흡족해 했다. 늦은 아침에 나대용이 본영에서 돌아왔는데 시랑 송응창의 통지문과 그의 파견원, 본도도사, 상호군을 지낸 선전관 등이 온다는 기별을 가지고 왔다. "송시랑의 파견원이 전쟁 상황을 살펴보는 일로 들어온다"고 하므로 곧 우후를 정해 영접하도록 내보냈다. 오후에는 칠천량으로 옮겨 왔다. 접대 절차를 문의하기 위해 나대용을 보냈다. 저녁에 방답 첨사가 와서 명나라 관리를 접대할 일에 대해 말했다. 경상 우수사의 군관 김준계가 와서 저희 장수의 의견을 전하고 갔다. 하루 종일 비가 그치지 않았다. 흥양 군관 이호가 사망했다는 보고를 받았다.

23일 새벽에는 흐리고 비가 안 오더니 늦게는 비가 오락가락했다. 우수
사와 이홍명이 왔다. 경상 우병사 선거이의 군관이 와서 적의 형세
를 전했다. 또 본도 병사의 편지와 서류가 왔는데 "창원의 적을 토
벌하려고 하지만 적의 형세가 사나워서 경솔하게 나가지 못한다"
고 했다. 저녁때 아들 회가 와서 전하기를 "명나라 관원이 영문에
와서 배를 타고 이곳으로 들어온다"고 했다. 어두워진 후에 경상도
수사가 와서 명나라 관원 접대하는 일을 논의했다.

24일 비가 오다 개다 했다. 아침에 진지를 거제 앞 칠천량 어귀로 옮겼
다. 나대용이 명나라 관원을 사량 뒷바다에서 발견하고 와서 "명나
라 관원과 통역관 표헌, 선전관 목광흠이 함께 온다"고 보고했다.
오후 2시경에 명나라 관원 양보가 진문에 당도하자 우별도장 이설
에게 맞이하게 하여 배까지 인도해 오니 무척 기뻐했다. 내 배에
오르도록 청해 황제의 은혜를 두 번 세 번 사례하고 마주 앉기를 청
했다. 그러나 굳이 사양하며 앉지 않고 선 채로 한 시간 넘게 이야
기하며 우리 수군이 장하다고 칭찬하였다. 선물을 주자 처음에는
굳이 사양하는 듯하다가 결국 받고는 무척 기뻐하며 두 번 세 번 감
사했다. 아들 회가 밤에 본영으로 돌아갔다.

25일 맑음. 명나라 관원과 선전관들은 어제 취한 술이 쉽게 깨지 않는
모양이었다. 아침에 다시 통역관 표헌을 청하여 명나라 장수가 무
엇이라 했는지 물었다. 그런데 명나라 장수의 말은 알아들을 수 없
고 다만 왜적을 쫓아 보내려고만 한다고 했다. 그리고 송 시랑이

수군의 허실虛實을 알고자 하여 그가 데리고 온 야불수夜不收(정탐병) 양보를 보낸 것인데 수군이 이렇게도 장하니 기쁘기 그지없다고 하였다. 늦게 명나라 관원이 본영으로 돌아갔는데, 증명서로 준 것도 있다. 정오에 거제 앞 유자도 바다 어귀로 진을 옮기고 우수사와 함께 한참 동안 군사 일을 의논했다. 광양과 최천보, 이홍명이 와서 바둑을 두었다. 저녁 때 조붕이 와서 이야기를 나누다가 갔다. 초저녁에 영남에서 오는 명나라 사람 2명과 우감사右監司 영리營吏 1명, 접반사接伴使 군관 1명이 진문에 이르렀으나 밤이 깊어 들이지 않았다.

26일 비. 아침에 명나라 사람을 만나 보니, 그는 절강絶江의 포수砲手 왕경득이었다. 글자는 조금 알고 있으나 한참 동안 서로 이야기해도 알아듣지 못하여 답답했다. 순천 부사 권준이 노루고기를 차려 놓았다. 광양과 우수사 이 영공(이억기)이 와서 함께 이야기하면서 지냈다. 가리포 첨사 구사직도 오라고 했지만 오지 않았다. 비가 저녁 내내 내리더니 밤새도록 내리며 그치지 않았다. 밤 10시에 큰 바람이 불어 배가 요동쳤다. 우수사의 배와 부딪칠 뻔 한 것을 겨우 구했는데, 발포 만호 황정록이 탄 배와 부딪쳐 부서질 뻔했다. 송한련 군관이 탄 협선은 발포 배와 부딪쳐서 많이 부서졌다고 한다. 늦은 아침에 경상도 우수사가 왔다가 갔다. 순변사 이빈이 공문을 보냈는데 지나친 말이 많으니 가소롭다.

27일 바람과 비에 부딪치기 때문에 진지를 유자도로 옮겼다. 협선 3척의 행방이 묘연하더니 늦게야 들어왔다. 순천과 광양이 와서 노루

고기를 차렸다. 경상도 우병사 최경회의 답장이 왔다. 내용을 보면, 원 수사가 송경략(송응창)이 보낸 화전(불화살)을 혼자서 쓰려고 꾀하고 있다는 것이다. 우습다. 전라도 병사 선거이의 편지도 왔다. 창원의 적들을 오늘 토벌하려고 했는데 궂은비가 개지 않아 미처 치지 못했다고 했다.

28일 하루 종일 비가 내렸다. 순천과 이홍명이 와서 이야기했다. 광양 사람이 장계를 가지고 돌아왔는데, 독운[1] 임발영은 위에서도 아주 옳지 않게 여기므로 조사하여 처벌하라는 분부가 있었다. 그리고 수군의 일족一族 징발에 대한 일도 그 전과 같이 하라는 명령이 있다고 했다. 비변사의 공문이 왔는데 광양 현감은 그대로 유임시킨다는 것이었다. 관보를 가지고 왔기에 들여다보니 통분함을 이기지 못하겠다. 용호장龍虎將 성응지에게 배를 바꾸어 탈 수 있게 하기 위한 명령서를 써 주어 본영으로 보냈다.

29일 비. 방답 첨사와 영등 만호 우치적이 왔다. 접반사 김수, 도원수 김명원, 순변사 이빈, 순찰사 권율, 병사 선거이, 방어사 이복남 등에게 공문을 보냈다. 오후 8시경에 변유헌과 이수 등이 방문했다.

30일 하루 종일 비가 내렸다. 오후 4시에 잠깐 개는 듯하더니 다시 내렸다. 아침 무렵 봉사 윤제현, 변유헌에게 왜적에 관한 일을 물었다. 이홍명이 방문했다. 원 수사(원균)가 송경략이 보낸 화전을 혼자 쓰려고 꾀하다가 병사에게 공문을 보내 화전을 나누어 보내라고 하자

---

1 '독운어사'의 줄임말. 사람이나 물자를 징발하기 위해 중앙에서 파견한 관리.

공문서도 내려 하지 않고 무리한 말만 자꾸 지껄이더라고 한다. 가소롭다. 명나라 고관이 보낸 화전 1,530개를 나눠 보내지 않고 독차지하려고 하다니 그것은 말로 할 수 없는 일이다. 저녁때 조붕이 와서 이야기했다. 남해 기효근의 배가 내 배 곁에 대었는데, 그 배 속에 어린 색시를 싣고서 남이 알까봐 두려워했다. 가소롭다. 나라가 이처럼 위급할 때 예쁜 여인을 태우고 놀기까지 하니 그 사람 됨은 말할 것이 없다. 그러나 그 대장이라는 원 수사부터 그러하니 어찌하랴. 윤 봉사는 일이 있어서 본영으로 돌아갔다. 군량미 14섬을 실어 왔다.

6월

1일 아침에 탐후선이 들어왔다. 어머님의 편지를 받아보니 평안하시다고 한다. 정말 다행이다. 아들의 편지와 조카 봉의 편지도 함께 왔다. 명나라 관원 양보가 왜적의 물건을 보고 아주 좋아하면서 말 안장 하나를 가지고 갔다고 한다. 순천과 광양이 방문했다. 탐후선이 왜의 물건을 가져왔다. 충청 수사 정걸이 와서 조용히 이야기했다. 나대용, 김인문, 방응원, 조카 봉도 왔다. 그 편에 어머님이 안녕하시다는 기별을 들었다. 다행이다. 충청 수사와 함께 조용히 이야기하다가 저녁까지 대접했다. 황정욱, 이영이 강가에 나가서 함께 이야기한다는 말을 들었다. 한심스러운 일이 아닐 수 없다. 이날의 날씨는 맑았다.

2일 맑음. 아침에 본영의 공문을 처리해 보냈다. 온양의 강용수가 진중에 와서 이름을 말하고는 경상도 본영으로 갔다. 판옥선과 군관 송두남, 이경조, 정사립 등이 본영으로 돌아갔다. 아침 식사 후 순찰사 군관이 공문을 가지고 와서 적의 정세를 물었다. 우수사와 상의해서 답변을 보냈다. 강용수가 왔기에 양식 5말을 주어 보냈다. 원견이 함께 왔다고 한다. 정 영공이 내 배에 와서 이야기하는데 가리포 첨사 우경 구사직이 와서 함께 이야기했다. 저녁에 송아지를 잡아서 나눠 먹었다.

3일 새벽에는 맑더니 늦게 큰 비가 왔다. 지휘선을 연기로 그을리기 위해 다른 배로 옮겨 탔다. 활을 쏘려고 하는데 큰 비가 내리기 시작했다. 배에 비가 새지 않는 곳이 없어 마른 곳을 골라서 앉을 수 없으니 한심스러웠다. 평산포 만호 김축, 소비포 권관 이영남, 방답 첨사 이순신 등이 방문했다. 해가 저문 시간에 순찰사 권율, 순변사 이빈, 병사 선거이, 방어사 이복남 등의 답장이 왔는데 딱한 사정이 많았다. 각 도의 군사가 많아야 5천 명을 넘지 못하고 군량미 역시 거의 떨어져 간다고 했다. 침략군의 발악이 날로 더해 가는데 각 지역의 사정이 이러하니 어찌하랴. 매우 안타깝다. 밤이 되기 전에 지휘선의 침실로 돌아왔다. 비가 밤새도록 왔다.

4일 온종일 비가 왔다. 식사 전에 순천 부사 권준이 왔다. 식사 후에는 충청 수사 정 영공과 이홍명, 광양 현감 어영담이 와서 종일토록 군사에 관련된 이야기를 나누었다.

5일 종일토록 비가 쏟아져서 사람들이 배 밖으로 머리를 내밀기 어려웠다. 오후에 우수사 이억기가 와서 해가 진 뒤에 돌아갔다. 날이 저물자 바람이 불기 시작했는데 매우 사나워 배를 겨우 구할 수 있었다. 이홍명이 왔다가 저녁을 먹고 돌아갔다. 경상도 수사 원균이 "웅천의 적이 감동포로 들어올지도 모른다"고 하면서 들어가 공격하자고 공문을 보냈다. 그 흉계가 가소롭다.

6일 해가 들다 비가 오다 했다. 순천이 방문했다. 보성 군수 김득광이 교체되고 그 자리에 김의검이 임명되었다고 한다. 충청 수사가 와서 함께 이야기했다. 이홍명과 방답이 왔다가 곧 돌아갔다. 저녁에 본영 탐후인이 왔는데 어머님이 평안하시다고 했다. 또 흥양에서 오던 말이 낙안에서 죽었다고 하니 참으로 가엾다.

7일 흐렸지만 비는 오지 않았다. 순천과 광양, 우수사, 충청 수사, 이홍명 등이 와서 하루 종일 함께 이야기했다. 본도 우수사 우후 이정충이 저녁에 와서 서울 소식을 상세히 전했다. 그 사정이 가증스럽고 한탄스럽기 짝이 없다.

8일 잠깐 맑더니 바람이 순하지 못했다. 경상도 수사의 우후 이의득이 군관을 시켜서 살아 있는 전복을 선물했기에 구슬 30개를 답례로 보냈다. 군관 나대용이 병이 나서 본영으로 돌아갔다. 병선 진무 유충서도 병으로 사임하고 육지로 올라갔다. 광양과 소비포가 왔다. 광양이 쇠고기를 내와서 함께 먹었다. 탐후선이 들어왔다. 아전 11명을 처벌했다. 옥과玉果의 향소鄕所에서 지난해부터 수군을 잡아서 보내는 일을 성실히 하지 않아서 도피자의 수가 거의 100여

명이다. 그나마 매번 거짓말로 꾸며 왔기 때문에 이날 목을 베어서 일반에게 보였다. 거친 바람은 그치지 않고 마음속도 산란하다.

9일 맑음. 지루하던 비가 처음으로 맑게 갰다. 모든 장병들이 기뻐했다. 순천과 광양이 방문해서 개장을 차려 놓았다. 심기가 불편하여 하루 종일 배에 누워 있었다. 서류를 접수했다는 접반관의 확인서가 왔다. 제독 이여송이 다시 충주로 왔다는 말을 들었다. 본군 의병 성응지가 돌아올 때 본영의 군량미 50섬을 실어 왔다.

10일 맑음. 우수사 이억기와 가리포 구사직이 와서 군사에 대한 계책을 자세히 논의했다. 순천도 왔다. 삿자리(갈대를 엮어서 만든 자리) 20닢을 짰다. 저녁에 영등포의 정찰 부대가 와서 보고하기를 "웅천의 적선 4척이 본토(일본)로 돌아갔고, 또 김해 바다 어귀에 있던 150여 척 중 19척이 본토로 돌아가고 그 나머지는 부산으로 향했다"고 한다. 새벽 2시경 원 수사(원균)의 공문이 왔는데 "내일 새벽에 나아가 적을 치자"는 것이었다. 그의 흉계와 시기심은 말로 표현할 수가 없다. 이날 밤에는 대답하지 않았다. 네 지역 고을의 군량에 대한 공문을 만들어 보냈다.

11일 비가 오다 개다 했다. 아침에 왜적을 토벌할 공문을 만들어 영남 수사 원균에게 보냈다. 그러나 술에 취해 정신이 없다고 핑계를 대면서 대답이 없었다. 낮 12시쯤에 충청 수사 정걸의 배로 가려고 했으나, 충청 수사가 내 배에 와서 앉기에 잠깐 이야기하다가 헤어졌다. 그 길로 우수사의 배로 갔다. 가서 보니 가리포, 진도 김만수, 해남 위대기 등이 우수사와 함께 술자리를 차려 놓고 있었다. 나도 두어 잔 마시고 돌아왔다. 탐후인이 와서 보고서를 바치고 갔다.

12일 비가 오다 개다 했다. 아침에 흰 머리카락 몇 개를 뽑았다. 흰머리가 난 것이 큰일은 아니지만, 다만 위로 늙으신 어머님이 계시기 때문이다(그래서 송구스럽다). 하루 종일 혼자 앉아 있었다. 사량 이여념이 다녀갔다. 밤 10시에 변존서와 김양간이 들어왔다. 행궁의 소식을 들으니, 세자께서 편찮으시다고 하여 걱정스럽기 짝이 없다. 종 갓동과 철매가 병으로 죽었다. 참으로 가엾다. 중 해당이 왔다. 밤에 원 수사의 군관이 와서 명나라 군인 5명이 들어왔다고 전하고 갔다.

13일 맑음. 늦게 잠깐 비가 오다가 그쳤다. 명나라 사람 왕경과 이요가 와서 수군의 형세가 어느 정도인지 보고 갔다. 그들의 말을 통해서 "이 제독(이여송)이 진격해서 토벌하지 않아 명나라 조정으로부터 문책당했다"는 이야기를 들었다. 조용히 이야기하는 중에 감격스러운 점이 많았다. 저녁에 세포細浦로 진지를 옮기고 거기서 머물렀다.

14일 비가 오다 개다 했다. 아침에 낙안 신호가 방문했다. 가리포를 불러 아침을 함께 먹었다. 순천과 광양도 왔다. 광양이 노루고기를 내왔다. 전운사轉運使[1] 박충간의 공문과 편지가 왔다. 경상 좌수사의 공문과 동도 우수사의 공문도 도착했다. 저물 무렵에 비바람이 크게 치더니 조금 뒤에 그쳤다.

---

1 세곡의 운반을 주관한 전운서의 관원. 조운사라고도 했다.

15일[2] 비가 오다 개다 했다. 우수사, 충청 수사, 순천, 낙안, 방답 등을 불러 함께 햇과일을 먹고 놀다가 해가 저물어서야 헤어졌다.

16일 잠깐 비가 왔다. 늦게 낙안 군수를 통하여 진해 공문서을 얻어 보니 "함안에 있는 각 도의 대장들이 '왜적들이 황산동에 나가 진을 쳤다'는 소문을 듣고 모두 후퇴하여 진양(진주)과 의령을 지킨다"고 한다. 참으로 놀라운 일이다. 순천, 광양, 낙안 등이 왔다. 초저녁에 영등의 동정을 살피는 군사가 와서 아뢰기를 "김해와 부산에 있던 적선 500여 척이 안골포, 웅포, 제포 등지로 들어왔다"고 했다. 그대로 모두 믿을 수는 없지만 적군들이 합세하여 다른 곳을 침범할 계획도 없지 않을 것이므로 우수사(이억기)와 정 수사(정걸)에게 공문을 보냈다. 밤 10시경에 대금산의 동정을 살피는 군사가 와서 보고한 것도 그와 유사한 내용이어서 송희립을 경상 우수사에게 보내어 의논하였다. 그런즉, 내일 새벽에 수군을 거느리고 오겠다는 것이었다. 적의 전략은 참으로 헤아릴 길이 없었다.

17일 비가 오다 개다 했다. 이른 아침에 원 수사, 우수사, 정 수사 등이 와서 의논했다. 함안에 있던 각 도의 여러 장수들이 모두 진주로 물러가 지킨다는 말은 과연 사실이었다. 식사 후에 이억기의 배로 가서 하루 종일 이야기했다. 조붕이 창원에서 와서 적의 형세가 대단하다고 전했다.

18일 비가 오다 개다 했다. 아침에 탐후선이 들어왔는데 닷새 만이었

---

2 2차 진주성전투가 있던 날이다.

다. 매우 잘못되었기에 곤장을 때려 보냈다. 오후에 경상 우수사의 배로 가서 군사 일을 함께 의논했다. 술을 연거푸 몇 잔 마신 뒤에 몹시 취해서 돌아왔다. 부안扶安의 용인龍仁이 와서 자기 어머니가 갇혔다가 풀려났다고 말했다.

19일 비가 오기도 하고 개기도 했다. 큰 바람이 그치지 않고 불었으므로 진을 오양역烏楊驛 앞으로 옮겼으나 바람이 불어 배를 정박할 수 없었다. 진지를 다시 고성역포固城亦浦(통영시 용남면)로 옮겼다. 봉과 변유헌 두 조카를 본영으로 돌려보내 어머님의 안부를 알아 오게 했다. 왜나라 물건과 명나라 장수가 선사한 물건 그리고 기름 등을 본영으로 실어 보냈다. 각 도에 공문을 발송했다.

20일 흐리고 바람이 세게 불었다. 제삿날이라 종일토록 혼자 앉아 있었다. 저녁 때 방답, 순천, 광양이 방문했다. 조붕이 자신의 조카 응도와 함께 왔다. 이날, 배 만들 재목을 운반해 오고 그대로 역포에서 잤다. 밤에는 바람도 잔잔했다.

21일 맑음. 새벽에 진지를 한산도의 망하응포로 옮겼다. 점심때 원연이 방문했다. 우수사를 청해서 함께 앉아 술을 몇 잔 마시고 헤어졌다. 아침에 아들 회가 들어왔다. 어머님이 평안하시다는 소식을 들었다. 참으로 다행이다.

22일 맑음. 처음으로 전투선을 만들기 위해 자귀질(자귀로 나무를 다듬는 일)을 시작했다. 목수 214명이 일을 했다. 본영에서 72명, 방답에서 35명, 사도에서 25명, 녹도에서 15명, 발포에서 12명, 여도에서 15명, 순천에서 10명, 낙안에서 5명, 흥양과 보성에서 각 10명씩을 보냈다. 방답에서 처음에는 15명밖에 보내지 않아 담당한 군관과 담당 관리를 처벌했는데 그 정황이 아주 간사하고 교활했다. 지휘선의 제2호선 급수군 손걸을 본영으로 돌려보냈는데 못된 짓을 많이 하고 돌아다니다가 갇혔다기에 붙잡아 오라고 했다. 그런데 이미 들어와 인사를 하므로 제 마음대로 드나든 죄를 다스리고, 그와 함께 우후의 군관 유경남도 처벌했다. 오후에 가리포가 왔다. 적량赤梁의 고여우와 이효가도 왔다. 저녁 때 소비포 이영남이 다녀갔다. 초저녁에 영등의 전세를 살피는 군사가 와서 보고하되 "별다른 일은 없고, 다만 적선 2척이 온천溫川(칠천도)으로 들어가기에 살펴보고 돌아왔다"고 했다.

23일 맑음. 이른 아침에 목수를 점검했는데 결근한 사람이 한 사람도 없었다. 새 배에 쓸 밑판을 모두 만들었다.

24일 식사 후부터 큰 바람이 불더니 저녁까지 그치지 않았다. 저녁에 영등의 정세를 살피는 군사가 와서 아뢰기를 "적선 500여 척이 23일 밤에 소진포로 들어갔는데 선봉은 칠천량에 이르렀다"고 했다. 밤에 대금산 정찰 부대가 와서 동일한 내용을 보고했다.

25일 종일 큰 비가 내렸다. 아침을 먹은 뒤 우수사와 함께 적을 토벌할 일에 대해 의논하던 중에 가리포와 경상도 우수사가 와서 함께 논의했다. 듣자니, 진주가 포위당했는데 아무도 진격하지 못한다고 했다. 연일 비가 내려서 적들이 물에 막혀 행패를 부리지 못하는 것을 보면 하늘이 호남을 돕는 것이었다. 다행이다. 낙안의 군량 130섬 9말을 나누어 주었다. 또 순천의 군량 200섬은 받아서 찧는다고 한다.

26일 큰 비가 오고 남풍까지 크게 불었다. 아침에 복병선이 여러 가지 정황을 보고하되 "적의 중간 배와 작은 배 각 1척이 오양역 앞까지 이르렀다"고 했다. 호각을 불어 닻을 들게 하고 모두 적도赤島에 이르러 진을 쳤다. 순천의 군량 150섬 9말을 받아들여서 의능의 배에 실었다. 저녁 때 김붕만이 진주에서 적의 형세를 정탐하고 와서 고하되 "무수한 적의 무리들이 동문 밖에서 진을 쳤는데, 연일 큰 비가 와서 물에 막혔으되 독을 내어 싸우고 있다. 그러나 지금 큰물이 적진을 휩쓸려고 하기에 적들이 밖으로 구원병과 양식을 댈 길이 없는 만큼, 만일 대군이 합력해서 무찌른다면 단숨에 섬멸할 수 있을 것이다"라고 했다. 그런데 이미 적들의 양식이 떨어졌으니 우리 군사는 편안히 앉아서 고달픈 적을 맞게 된 셈이었다. 그 형세가 백전백승을 기약할 수 있는 것이다. 하늘이 이렇게 우리를 도우니, 수로水路의 적이 5, 6백 척으로 공격해 오더라도 우리 군사를 당해 낼 수 없을 것이다.

27일 비가 오다 개다 했다. 낮 12시경에 적선 2척이 견내량에 나타났다고 하므로 전군을 인솔하고 나갔다. 그런데 이미 달아나 버리고 없었기 때문에, 불을도弗乙島 앞바다에 진을 쳤다. 아침에 순천과 광양을 불러다가 군사 문제를 토의했다. 충청 수사가 군관을 시켜 흥양의 군량미가 떨어졌으니 3섬만 꾸어 달라고 하기에 꾸어 주었다.

28일 비가 오다 개다 했다. 어제 저녁에 강진의 정찰선이 적과 싸운다는 말을 듣고 전군이 출발하여 견내량에 이르니, 적들이 우리 군사를 보고 놀라서 달아났다. 바람과 조수가 모두 거꾸로 밀려와 들어올 수 없으므로 그대로 머물러 밤을 지내고 새벽 2시쯤에야 불을도에 도착했다. 이날은 명종 임금의 제삿날이다. 종 봉손과 애수가 들어와 전해준 고향 소식을 들으니 다행스러웠다. 원 수사와 우수사가 함께 와서 군사 일을 의논했다.

29일 맑음. 서풍이 잠깐 일다가 청명하게 갰다. 순천, 광양이 방문했다. 어란포 만호 정담수와 소비포 이영남도 왔다. 종봉들이 아산으로 가는데, 홍洪, 이李 두 선비와 선각 윤명문에게 각각 편지를 써 보냈다. [진주가 함락되었다. 황명보(황희의 5대손), 최경회(의병장), 서예원(진주 목사), 김천일(의병장), 이종인(김해 부사), 김준민(거제 현령)이 전사했다고 한다.][1]

7월

1일 맑음. 인종 임금의 제삿날이다. 밤 기온이 몹시 차서 잠을 이루지 못했다. 나라를 걱정하는 마음이 조금도 놓이지 않아 홀로 배 뜸 밑에 앉아 있노라니 온갖 생각이 일어난다. 선전관 유형이 초저녁에 임금의 유지를 가지고 왔다.

2일 맑음. 날이 저물어 우수사가 내 배로 와서 함께 선전관을 대접했다.

---

1 이 부분은 뒷날 여백에 작은 글씨로 덧붙인 것이다.

점심을 먹은 후에 헤어졌다. 저녁 늦게 부하 김득룡이 와서 진양(진주)이 위태하다고 전했다. 놀라고 안타까운 마음을 이길 수 없다. 그러나 그럴 리가 없다고 생각한다. 정신 나간 사람이 한 헛소리일 것이다. 초저녁에 원연과 원식이 와서 군중軍中에서 있었던 여러 가지 일들을 이야기했는데 우스웠다.

3일 맑음. 적선 여러 척이 견내량을 넘어오고 한편으로는 육지로 나오니 원통하고 분하다. 우리 배가 바다로 나가 뒤쫓자 도망쳐 버렸다. 다시 물러와서 잤다.

4일 맑음. 흉악한 적 수만여 명이 죽 늘어서 기세를 울리니 분하고 원통하다. 저녁때 걸망포로 진지를 옮긴 뒤에 잤다.

5일 맑음. 정찰군이 와서 고하되, "적선 10여 척이 견내량으로 넘어온다"고 하기에 여러 배들이 한꺼번에 출발하여 견내량에 이르렀다. 그러자 적선들은 허둥지둥 달아나 버리고, 거제의 적도에는 말만 있고 사람이 없어 싣고 돌아왔다. 저녁에는 변존서가 본영으로 떠났다. 광양으로부터 진주가 함락되었다는 긴급 보고가 왔는데, 두치豆峙(광양)에 매복하고 있던 성응지와 이승서가 보낸 것이다. 저녁에 걸망포에 이르러 진을 치고 밤을 지냈다.

6일 맑음. 아침에 방답 이순신이 방문했다. 소비포(이영남)도 방문했다. 한산도에서 새로 만든 배를 중위장이 여러 장수들을 데리고 가서 끌어왔다. 공방工房 곽언수가 행재소에서 왔다. 도승지 심희수와 지사知事 윤자신, 좌의정 윤두수에게서 답장이 왔고 윤기헌도 안부를 보내왔다. 아울러 승정원의 저보邸報[1]도 왔는데, 이를 보니 탄식할 만한 일이 많았다. 흥양이 군량을 실어 왔다.

7일 맑음. 순천, 가리포, 광양 등이 와서 군사 일을 함께 의논했다. 각기 가볍고 날쌘 배 15척을 뽑아 견내량으로 보내 탐색하기로 하였다. 위장衛將이 거느리고 가서 보았지만 적이 없더라고 한다. 사로잡혀 갔던 거제 사람 1명을 데리고 와서 적의 동태를 물었더니 "흉악한 적들이 우리 수군의 위세를 보고 달아나려 하더라"고 하였다. 또 말하기를 "진양이 이미 함락되었으니 전라도까지 넘어갈 것이다"라고 하더라는 것이다. 이 말은 거짓이다. 우수사가 내 배로 왔기에 함께 이야기했다.

8일 맑음. 남해로 왕래하는 조붕에게서 "적이 광양을 친다는 말에 광양 사람들이 벌써 관청과 창고에 불을 질렀다"는 말을 들었다. 그 해괴함을 이길 수가 없다. 순천 권준과 광양 어영담을 보내려다가 전해 들은 소문을 믿을 수 없으므로 중지하고, 사도 군관 김붕만을 보내 알아보게 했다.

9일 맑음. 남해 현령이 또 와서 전하기를 "광양과 순천이 이미 노략질당했다"고 하였다. 광양 어영담과 순천 권준, 송희립과 김득룡, 정사립 등을 내보냈고 이설은 어제 먼저 보냈다. 이 소식을 들으니 뼛속까지 사무쳐 말을 할 수 없다. 우수사, 경상 수사와 함께 일을 의

---

1 서울에 둔 각 지방의 출장소에서 중앙의 여러 가지 사항을 본군에 보고 · 통지하는 문서. 관보의 일종.

논했다. 이날 밤 바다에 뜬 달은 밝고 티끌 하나 일어나지 않아 물과 하늘이 한 빛이었다. 서늘한 바람이 불었다. 뱃전에 홀로 앉아 있으려니 온갖 근심이 가슴속에 치밀었다. 새벽 1시쯤에 본영의 탐후선이 들어와서 적의 소식을 전하는데 "왜적이 아니라 영남의 피란민들이 왜적처럼 변장하고 광양으로 들어가 여염집을 불사르고 노략질했다"고 하니 우선 다행스런 일이다. 진양(진주)에 대한 소문 또한 빈말이라고 한다. 그러나 진양 일은 절대로 그럴 리가 만무하다. 닭이 벌써 울었다.

10일 맑음. 김붕만이 두치에서 와서 하는 말이 "광양의 일은 사실이다. 다만 왜적 100여 명이 도탄淘灘에서 건너와 광양에 쳐들어오기는 했지만, 놈들이 한 짓을 보면 총 한 방도 쏜 일이 없었다"고 한다. 그러나 왜적이라면 어찌 총 한 방 안 쏘았겠는가. 경상 우수사와 본도 우수사가 왔다. 원연도 왔다. 저녁에 오수가 거제 가참도加參島에서 와서 하는 말이 "적선은 안팎에 모두 보이지 않는다"고 하였다. 또한 포로로 잡혀 갔다가 도망쳐 돌아온 자들이 무수한 적도들이 창원으로 가더라고 말했다고 한다. 그러나 사람의 말은 믿을 수가 없다. 초저녁에 진지를 한산도 끝에 있는 세포로 이동했다.

11일 맑음. 아침에 이상록이 명령을 어긴 여러 장수들에게 전령을 전하기 위해 나갔다가 돌아와서 말하길 "적선 10여 척이 견내량에서 내려온다"고 하였다. 닻을 올리고 급히 바다로 나가 보니 적선 5, 6척이 벌써 진 앞에 이르렀다. 추격하였더니 달아나 버렸다. 오후 4시경에 걸망포로 돌아와 식수를 확보했다. 사도 첨사 김완이 와서 하는 말이 "두치 나루의 적과 관련된 일은 헛소문이오. 광양 사람들이 왜장의 복장을 가장해 입고 저희들끼리 장난을 친 것이오"라고 한다. 순천과 낙안은 벌써 노략질을 당했다고 한다. 분통한 마음을 이길 수가 없다. 어두워지자 오수성이 광양에서 돌아와 "광양의 사변은 모두 진주에서 피란민들과 그 고을 사람들이 그런 흉계를 낸 것이다. 고을 창고는 텅 비어 마을은 쓸쓸하고 종일 돌아다녀도 사람 하나 만나지 못하게 되었는데, 순천이 가장 심하고 낙안이 그 다음이다"라고 했다. 달빛 아래 우수사의 배를 찾아 갔더니 원 수사(원균)와 직장直長 원연이 먼저 와 있었다. 군사 일을 의논하다가 헤어졌다.

12일 맑음. 식사 전에 아들 울과 송두남, 오수성이 돌아갔다. 늦게 가리포와 낙안을 불러다가 일을 의논하였으며, 이들은 함께 점심을 먹고 돌아갔다. 가리포의 군량 진무가 와서 전하길 "사량 앞바다에 와서 자는데 왜적이 우리 옷으로 갈아입고 우리 작은 배를 타고 총포를 쏘며 돌입하여 노략질해 가려 한다"고 한다. 그래서 곧 가볍고 날랜 배 3척씩 도합 9척을 보내어 잡아오도록 명령하는 한편, 또 각각 3척씩을 정해 착량鑿梁으로 보내어 요새를 방어하라고 했다. 연락 공문서가 왔는데, 광양 일은 헛소문이라 했다.

13일 맑음. 늦게 본영 탐후선이 들어왔다. 광양과 두치 등지에서는 적의 형세를 볼 수 없다고 한다. 흥양 현감 배흥립이 들어왔다. 우수사도 왔다. 순천의 거북선 격군인 경상도 사람의 종 태수가 도망가다가 잡혀 왔기에 처형했다. 가리포가 방문했다. 늦게 흥양 수령이 들어와서 두치의 거짓 소문과 장흥 부사 유희선이 겁내던 일들을 전했다. 또 말하기를 "자기 고을 산성山城 창고의 곡식을 빠짐없이 골고루 나누어 주었다"고 했다. 그리고 행주성幸州城 대첩大捷을 전했다. 초저녁에 우수사 영공이 청하기에 그의 배로 가 보니, 가리 포 영공이 먹음직한 음식을 몇 가지 차려 놓았다. 날이 거의 밝을 무렵에 헤어졌다.

14일 맑다가 늦게 비가 조금 내렸다. 비는 먼지를 적실 정도였다. 진지 를 한산도 두을포로 옮겼다. 몸이 몹시 불편하여 종일 신음했다. 순천 권준이 들어오더니 장흥 부사가 본부本府의 일을 망령되이 퍼 뜨린 것은 형언할 수가 없다고 했다. 함께 점심을 먹고 그대로 머 물렀다.

15일 맑음. 늦게 사량의 수색선, 여도의 김인영과 순천 지휘선을 타고 다니는 김대복이 들어왔다. 가을 기운이 바다에 들어오니 나그네 생각이 어지럽다. 홀로 배 뜸 밑에 앉았노라니 마음이 몹시 산란하 다. 달빛이 뱃전에 비치고 정신도 맑아져서 잠을 이루지 못하고 있 는데 어느덧 닭이 울었다.

16일 아침에는 맑다가 늦게 흐리더니 저녁에 소나기가 와서 농사에 흡 족할 듯싶다. 몸이 몹시 불편했다.

17일 비. 몸이 몹시 불편했다. 광양 현감 어영담이 왔다.

18일 맑음. 몸이 몹시 불편하여 자리에 앉았다 누웠다 했다. 정사립 등 이 돌아왔다. 우수사 이억기가 방문했다. 신경황이 두치에서 와 적 의 헛소문을 전했다.

19일 맑음. 이경복이 병사에게 가는 편지를 가지고 떠났다. 순천 권준과 이영남이 와서 전하길 "진주, 하동, 사천, 고성 등지의 적들이 벌써 모두 도망갔다"고 한다. 저녁에 광양 어영담이 진주에서 피살된 장사將士들의 명부를 보내왔다. 이를 보니 비참함과 원통함을 이길 수가 없었다.

20일 맑음. 탐후선이 본영으로부터 들어왔다. 병사의 편지와 명나라 장수의 통첩이 왔는데 통첩의 내용이 참으로 괴상하다. 두치의 적이 명나라 군사에게 몰려 도망갔다고 했다. 그 거짓말을 형언할 수 없다. 상국上國(작은 나라로부터 조공을 받는 큰 나라) 사람이 이러하니 다른 사람들이야 더 말할 것이 무엇일까. 통탄할 일이다. 충청 수사, 순천, 방답 이순신, 광양 어영담, 발포 황정록, 남해 기효근 등이 방문했다. 이해와 윤소인이 본영으로 돌아갔다.

21일 맑음. 경상 우수사 원균과 정 수사 걸傑이 한꺼번에 와서 적을 토벌할 일을 의논하는데, 원균이 하는 말은 극히 흉측하고도 거짓스러워 말할 수 없다. 이러고서도 일을 같이한다면 어찌 뒷걱정이 없을까? 그 아우 연㻩이 뒤에 와서 군량을 얻어 가지고 갔다. 흥양도 왔다가 해질 무렵에 돌아갔다. 초저녁에 오수 등이 거제를 정탐하고 돌아와 보고하기를 "영등포의 적선들이 아직도 머물러 있으면서 제멋대로 횡행한다"고 했다.

22일 맑음. 오수가 사로잡혔다가 도망쳐 온 사람을 실어 오기 위해서 나갔다. 울蔚이 들어와서 어머님이 평안하시고, 염苒의 병세도 차도가 있다고 말했다.

23일 맑음. 울이 돌아갔다. 정 수사 걸을 불러다가 점심을 함께 먹었다.

24일 맑음. 순천, 광양, 흥양이 왔다. 저녁에는 방답 첨사와 이응화가 왔다. 초저녁에 오수가 돌아와서 말하기를 "적이 물러가기는 했지만 장문포長門浦의 적들은 여전하다"고 했다. 아들 울이 본영에 도착했다고 한다.

25일 맑음. 우수사가 와서 이야기했다. 조붕이 와서 "체찰사의 공문 중에 경상 수사 원균을 문책하는 말이 많았다"고 했다.

26일 맑음. 순천, 광양, 방답이 왔다. 우수사 이억기도 와서 함께 이야기했다. 가리포 첨사 구사직도 같이 왔다.

27일 맑음. 우수사의 우후 이정충이 본영으로부터 와서 우도右島의 사정을 전했는데 놀랄 만한 일들이 많았다. 체찰사에게 가는 편지 공문을 썼다. 경상도 우수영의 영리가 체찰사에게 갈 서류의 초안을 가지고 와서 보고했다.

28일 맑음. 아침에 체찰사에게 가는 편지를 썼다. 경상 우수사 원균과 충청 수사 정걸, 본도 우수사 이억기가 함께 와서 약속했다. 원 수사(원균)의 음흉하고 간흉함이 대단했다. 정여흥이 공문과 편지를 가지고 체찰사에게 갔다. 순천과 광양이 왔다가 곧 돌아갔다. 사도 첨사 김완이 복병했을 때 잡은 포작鮑作[1] 10명이 왜복倭服을 바꿔

---

1 임진왜란 전 일정한 거처 없이 바다를 떠돌면서 고기잡이로 생계를 영위하던 천민 신분의 어부. 을묘왜변(1555년) 이후 해상 방위의 보조군으로 활용하였다. 이렇게 떠돌던 포작들을 전시에 적절하게 투입한 것은 육군 훈련을 받았던 이순신이 해전에서 승리할 수 있었던 주요한 요인 중에 하나로 볼 수 있다.

입는 등 하는 짓이 이상해서 추궁했다. 어떤 근거가 있는 듯하더니 경상 수사 원균이 시킨 것이라고 했다. 그래서 족장足掌(발바닥을 치는 벌)을 10여 대씩 때린 후 놓아 주었다.

29일 맑음. 새벽 꿈에 아들을 얻었다. 포로를 얻을 징조다. 순천, 광양, 사도, 흥양, 방답 등을 불러서 이야기했다. 흥양은 학질을 앓아서 이내 돌아가고 나머지는 조용히 앉아서 이야기했다. 방답이 복병할 일 때문에 돌아갔다. 본영 탐후인이 왔는데 염苒의 병이 낫지 않는 다고 하니 몹시 민망스럽다. 저녁에 보성 김득광, 소비포 이영남, 낙안 신호가 들어왔다.

8월

1일 맑음. 새벽 꿈속에서 큰 대궐에 이르렀는데 마치 그 모습이 서울인 것 같고 기이한 일이 많았다. 영의정이 와서 인사를 하기에 나도 답례를 했다. 임금이 피란 가신 일에 대하여 말하다가 눈물을 흘리 며 탄식했다. 적의 형세는 이미 종식되었다고 말하며 서로 이 문제 에 대해 의논할 즈음에 사람들이 구름같이 모여드는 것을 보고 잠 이 깼다. 무슨 일이 일어날지 알 수가 없다. 아침에 우후 이몽구가 왔다가 돌아갔다.

2일 맑음. 아침을 먹은 뒤에 마음이 답답하여 닻을 감아 올리고 포구로 나가니, 수사 정걸이 따라 나오고 순천과 광양이 방문했다. 소비포 이영남도 왔다. 저녁에 진영으로 돌아왔다. 이홍명이 와서 저녁을 함께 먹었다. 해질녘에 우수사 이억기가 내 배로 와서 하는 말이, 방답 이순신이 부모님을 뵈러 가겠다고 간청했지만 "여러 장수들을 잠시도 보낼 수 없다"고 대답했다고 하며, 또 원 수사가 망령된 말을 하며 나에 대해서 좋지 않은 말을 많이 하더라고 전했다. 모두 망령된 짓이라 상관할 필요가 없다. 염의 병도 걱정스럽고, 적도 소탕되지 않고, 몸도 괴로워 아침 나절 밖으로 나가 바람을 쐬었다. 탐후선이 들어왔는데 "염의 아픈 데가 곪아서 침으로 쨌더니 악즙이 흘러 나왔는데, 며칠만 더 늦었더라면 구할 길이 없었더라"고 한다. 큰일 날 뻔했다. 지금은 조금 생기가 있다고 하니 다행한 심정을 어찌 다 말할 것인가. 의사 정종지의 은혜가 참으로 크다.

3일 맑음. 이경복, 양응원과 영리 강기경 등이 들어와서 아들 염의 종기를 째던 일을 전했는데 더욱 놀랐다. 며칠만 더 늦었더라도 목숨을 구할 수 없었다는 것이다.

4일 맑음. 순천과 광양이 방문했다가 돌아갔다. 저녁 때 도원수의 군관 이완이 삼도에 있는 적의 정세를 보고하지 않은 일로 군관과 색리를 잡으러 진에 왔다. 어처구니가 없고 참으로 가소롭다.

5일 맑음. 조붕, 이홍명, 우수사 영공과 우후 등이 왔다가 밤이 깊어서야 돌아갔다. 소비포 이영남도 밤에 돌아갔다. 이완이 술에 취해 내 방에서 머물렀다. 쇠고기를 얻어서 각 배에 나누어 보냈다. 밤에 아산에서 이예가 왔다.

6일 맑음. 아침에 이완이 송한련, 여여충과 함께 도원수에게 갔다. 식사 후에 순천, 광양, 보성, 발포, 이응화 등이 방문했다. 저녁에 원 수사가 오고 이경수, 영공 이억기, 정 수사도 와서 일을 의논하였다. 원 수사의 말에 번번이 모순이 있었다. 어처구니가 없다. 저물녘에 비가 잠깐 오더니 이내 그쳤다.

7일 아침에 맑다가 저물녘에 비가 왔는데 농사에 흡족할 것 같다. 가리포 첨사 구사직이 오고, 소비포와 이효가도 방문했다. 당포 만호 하종해가 작은 배를 찾아갈 일로 왔기에 사량 만호에게 내주라고 지시했다. 가리포 영공과 함께 점심을 먹었다. 저녁에 경상 수사 원균의 군관 박치공이 와서 "적선이 물러갔다"고 전했지만, 원 수사와 그 군관은 평소에 거짓말을 잘하니 믿을 수가 없다.

8일 맑음. 식사 후에 순천, 광양, 방답, 흥양 등을 불러 복병에 관한 일을 함께 의논했다. 충청 수사 정걸의 전선 2척이 들어왔으나 1척은 쓸 수 없는 것이라고 한다. 김덕인이 그 도(충청도)의 군관으로서 왔다. 본도(전라도) 순찰사의 진중에 있는 군인 2명이 공문을 가져와 적의 형세를 알려 주었다. 우수사가 유포幽浦로 가서 경상 수사 원균과 만난다고 하니 실로 어처구니가 없다.

9일 맑음. 아침에 아들 회가 들어와서 어머님이 평안하시고, 또 염의 병도 차도가 있다고 하였다. 기쁘고 다행한 일이다. 오후에 우수사 이억기의 배에 갔더니 충청 영공도 왔다. 경상 수사는 복병을 일제히 보내기로 약속해 놓고 혼자서 먼저 보냈다고 한다. 해괴한 일이다.

10일 맑음. 아침에 방답 탐후선이 들어왔다. 임금의 유지를 전하는 편지[1]와 비변사의 공문과 감사監司의 공문이 함께 왔다. 해남 위대기가 첨사 이순신과 함께 오고 순천과 광양도 왔다. 우수사가 청하여 그 배에 갔더니 해남 현감이 술상을 차렸으나 몸이 불편해 이야기만 하다가 돌아왔다.

11일 늦게 소나기가 쏟아지고 바람도 사납게 불었다. 오후에 비는 그쳤지만 바람은 여전했다. 몸이 몹시 불편해 하루 종일 누웠다 일어났다 했다. 여도 만호 김인영에게 격군의 수색을 위해 사흘 동안 갔다 오라고 지시했다.

12일 비가 오다 개다 했다. 몸이 몹시 불편해서 하루 종일 누워 있었다. 허약한 탓에 땀으로 옷이 흠뻑 젖기에 억지로 일어나 앉았다. 늦게 순천과 우수사, 첨사 이순신이 와서 하루 종일 장기를 두었다. 가리포도 왔다. 본영의 탐후선이 들어왔는데 어머님이 평안하시다고 한다.

13일 본영에서 온 공문을 결재해 보냈다. 몸이 몹시 불편해 홀로 배 뜸 아래 앉았노라니 마음속에 품은 생각이 천만 갈래다. 이경복에게 장계를 가져가라고 보냈다. 경庚의 어미에게 노자를 문서로 보내주었다. 송두남이 군량미 300섬과 콩 300섬을 실어 왔다.

14일 맑음. 방답이 명절 제사 음식들을 갖추어 차려 왔다. 우수사, 충청 수사, 순천 권준 등이 와서 함께 먹었다.

15일 맑음. 추석이다. 우수사 이억기, 충청 수사, 순천 권준, 광양 어영

---

1 삼도수군통제사로 임명한다는 내용의 유지로 보인다.

담, 낙안 신호, 방답 이순신, 사도 김완, 흥양 배흥립, 녹도, 이응화, 이홍명, 좌우도의 영공들과 함께 이야기했다. 저녁에 회가 본영으로 갔다.

16일 맑음. 광양 어영담이 명절 음식을 차려 왔다. 우수사, 충청 수사, 방답, 순천, 가리포 구사직, 이응화 등이 함께 왔다. 아침에 들으니 제만춘諸萬春이 일본에서 어제 왔다고 한다.

17일 맑음. 지휘선을 연기로 그을리기 위해 좌별도선左別都船에 옮겨 탔다. 늦게 우수사의 배로 갔더니, 충청 수사도 왔다. 제만춘을 불러다 문초해 보니, 분한 사연들이 많이 있었다. 종일 의논하다가 헤어졌다. 밤 들기 전에 지휘선으로 옮겨 탔다. 이날 밤 달은 낮 같고 물결은 마치 비단결 같아 회포를 견디기 어려웠다. 새로 만든 배를 진수進水(물에 띄움)했다.

18일 맑음. 우수사, 정 수사와 함께 이야기했다. 순천과 광양도 왔다. 조붕이 와서 말하기를 "원균의 군관 박치공이 장계를 가지고 서울로 올라갔다"고 했다.[2]

19일 맑음. 아침을 먹은 뒤 원 수사에게 가서 내 배로 옮겨 타자고 청했다. 우수사와 정 수사도 왔다. 원연도 함께 이야기했다. 말 가운데 원 수사의 음흉하고 고약한 일이 많으니 허무맹랑한 꼴은 이루 말할 수가 없었다. 원씨 형제가 옮겨 간 후에 천천히 노를 저어 진으로 돌아와 우수사, 정 수사와 함께 자세히 이야기했다.

---

2 이때부터 원균은 이순신의 삼도수군절도사 임명에 노골적인 반발을 드러낸다.

20일 아침 식사 후에 순천, 광양, 흥양이 오고, 이응화도 왔다. 군관 송희립이 순찰사에게 문안 겸, 제만춘을 문초한 공문도 가지고 갔다. 돌산도 근처에 이사해 와서 사는 자들로 작당하여 남의 재물을 약탈한 자들을 좌우 양편으로 패를 갈라서 잡아 오라고 방답과 사도를 보냈다. 저녁에 적량 만호 고여우가 왔다가 밤이 깊어 돌아갔다.

21일 맑음.

22일 맑음.

23일 맑음. 윤간과 조카 이뇌, 해가 와서 어머님이 평안하시다고 전했다. 아들 울이 학질을 앓는다는 소식도 들었다.

24일 맑음. 해※가 돌아갔다.

25일 맑음. 꿈에 적의 형적이 보였다. 새벽에 각도 대장에게 알려서 바깥 바다에 나가 진을 치게 하였다. 날이 저물어 한산도 안쪽 바다를 돌아서 들어왔다.

26일 비가 오다 개다 했다. 원 수사가 왔다. 얼마 뒤에 우수사, 정 수사가 함께 모였다. 순천, 광양, 가리포는 곧 돌아갔다. 흥양 배흥립이 와서 명절 제사 음식을 대접하는데, 원 수사가 술을 청하기에 약간 주었다. 잔뜩 취해서 흉악하고 도리에 어긋나는 말을 함부로 했다. 가소로웠다. 낙안 신호에게서 일본의 풍신수길豊臣秀吉이 명나라 황제에게 올린 문서 초본과 명나라 사람이 그 고을에 와서 기록한 것을 보내 왔는데, 받아 보니 통분함을 이길 수가 없었다.

27일 맑음.

28일 맑음. 원 수사가 와서 음흉하고 간휼한 말을 많이 했다. 심히 해괴하다.

29일 맑음. 아우 여필, 아들 울, 변존서가 함께 왔다.

30일 맑음. 원 수사가 또 와서 영등으로 가기를 독촉한다. 참으로 음흉하다. 그가 거느린 배 25척은 모두 내보내고, 겨우 7, 8척을 가지고 이런 말을 한다. 그의 마음 쓰고 행사함이 이 따위다.

9월

1일 맑음. 원 수사가 왔다. 공문을 만들어 도원수와 순변사에게 보냈다. 아우 여필, 변존서, 조카 뇌 등이 돌아갔다. 우수사, 정 수사와 이야기했다.

2일 맑음. 장계 초안을 써서 내려 주었다. 경상 우후 이의득, 이여념 등이 방문했다. 저물녘에 이영남이 와서, 병사 선거이가 곤양에서 공을 세운 이야기와 남해 기효근이 도체찰사에 불공한다는 죄목으로 책망받은 이야기를 전했다. 참 가소롭다. 기효근의 형편없음은 이미 알고 있는 바다.

3일 아침에 조카 봉이 들어와 어머님이 평안하시다는 소식과 본영의 사정도 전했다. 장계를 올리려고 초안을 잡았다. 순찰사 이정암의 공문이 왔는데, 무릇 군사의 일가족들에 대해서는 일체 징발하지 말라고 했다. 새로 부임하여 사정을 잘못 알고 하는 말이다.

4일 맑음. 폐단을 진술하는 장계와 총통을 올려 보낼 일, 제만춘에게 공초받은 사연을 올려 보낼 것 등 세 가지를 이경복이 가져갔다. 정승 유성룡과 참판 윤자신, 지사 윤우신, 지사 이일, 도승지 심희수, 안습지, 윤기헌 등에게 편지를 쓰고 전복을 정표로 보냈다. 조카 봉과 윤간이 돌아갔다.

5일 맑음. 식사 후에 정 수사의 배 옆에다 배를 대고 하루 종일 그와 함께 이야기했다. 광양, 흥양, 우후 이몽구가 방문했다가 돌아갔다.

6일 맑음. 새벽에 배 만들 재목을 운반해 올 일로 배를 여러 척 보냈다. 식사 후에 우수사의 배에 가서 하루 종일 이야기했다. 거기서 원 수사의 음흉한 일을 듣고, 정담수가 근거 없는 거짓말을 만들어 내는 꼴을 들었다. 가소로웠다. 바둑을 두고 돌아왔다. 부서진 배의 목재를 여러 배가 끌고 왔다.

7일 맑음. 아침에 재목을 받아들였다. 방답이 왔다. 순찰사 이정암에게 폐단을 진술하는 공문과 군편제의 개정에 대한 공문을 보냈다. 하루 종일 홀로 앉아 있노라니 마음이 편치 않았다. 저녁때 탐후선을 기다렸으나 들어오지 않았다. 해 진 뒤에 가슴속이 답답해서 창문을 닫지 않고 잤더니 외풍에 머리가 몹시 아프다. 걱정스럽다.

8일 맑지만 바람이 요란했다. 새벽에 송희립 등을 당포 산(통영시 산양읍 용화산)으로 보내 사슴을 잡아오게 했다. 우수사와 충청 수사가 함께 왔다.

9일 맑음. 식사 후에 산마루에 올라가 활 3순을 쏘았다. 우수사, 정 수사와 여러 장수들이 모였는데 광양은 병으로 참석하지 못했다. 저녁 무렵에 비가 왔다.

10일 맑음. 공문을 탐후선 편에 적어 보냈다. 날이 저문 뒤에 우수사의 배에 가서 방답과 함께 술을 마시고 돌아왔다. 체찰사의 비밀 공문이 왔다. 보성 김득광이 왔다가 돌아갔다.

11일 맑음. 정 수사가 술을 가지고 왔다. 우수사도 오고, 낙안과 방답도 와서 함께 마셨다. 흥양 수령 배흥립은 휴가를 받고 돌아갔다. 서몽남에게도 휴가를 주어 함께 나가도록 했다.

12일 맑음. 식사 후에 소비포 이영남과 유충신, 만호 김인영 등을 불러 술을 마셨다. 발포 만호 황정록이 돌아왔다.

13일 맑음. 새벽에 종 한경, 돌쇠, 해돌, 자모종 등이 돌아왔다. 저녁에 종 금이, 해돌, 돌쇠, 양정언 등이 돌아갔다. 그러나 저녁 후에 비바람이 크게 쳐서 밤새도록 그치지 않았으니 어떻게 갔는지 모르겠다.

14일 종일 비가 오고 큰 바람이 불었다. 홀로 뜸 아래 앉아 있으니 생각이 천만 갈래였다. 순천이 돌아왔다. 쇠로 만든 총통은 전쟁에 가장 긴요한 것이지만 우리나라 사람들은 만드는 방법을 알지 못하였다. 이제 연구를 거듭하여 조총鳥銃을 만들어 냈는데 왜군의 총보다 더 성능이 좋았다. 명나라 사람들이 진중에 와서 시험으로 쏘아 보고는 칭찬하지 않는 이가 없다. 이미 묘법(제작법)을 알았으니, 도내道內에 같은 모양으로 많이 만들어 내도록 순찰사와 병사에게 견본을 보냈다. 그리고 공문을 돌리도록 했다.

15일 맑음.

갑오년

甲午年
1594년, 선조 27

정월

1일 비가 퍼붓듯이 내렸다. 어머님을 모시고 함께 한 살을 더 하게 되니, 난리 중에도 다행한 일이다. 늦게 군사 훈련차 본영으로 돌아오는데 여전히 비가 내렸다. 신愼 사과司果[1]에게 안부를 물었다.

2일 비는 그쳤지만 흐렸다. 나라의 제삿날이라 업무를 보지 않았다. 신 사과를 청해 함께 이야기했다. 첨지 배경남도 왔다.

3일 맑음. 관청에 나가서 공무를 보았다. 저문 뒤 숙소로 들어와서 여러 조카들과 이야기했다.

4일 맑음. 관청에 나가서 업무를 보았다. 저녁엔 신 사과, 배 첨지와 함께 이야기했다. 남홍점이 영營에 이르렀다. 그래서 그의 가족이 어떻게 분산되어 있었는지에 대해 물었다.

5일 비. 신 사과가 와서 이야기했다.

6일 비. 관청에 나가서 남평南平 도병방都兵房을 처형했다. 저녁 내내 서류를 처결했다.

7일 비. 관청에 앉아 업무를 보았다. 저녁에 남의길이 들어와서 마주 앉

---

1 오위에 둔 정6품의 군직. 현직에 종사하고 있지 않은 문관, 무관 및 음관이 맡았다. 오위는 조선 세조 때 개편을 시작하여 문종 때에 완성된 중앙 군사 조직이다. 군을 다섯 위로 개편하여 한 위를 다섯 부, 한 부를 네 통으로 나누어 전국의 군사를 모두 여기에 속하게 했다.

아 이야기하다가 밤이 깊어서야 헤어졌다.

8일 맑음. 관청 방에 앉아 배 첨지, 남의길과 종일 이야기했다. 늦게 업무를 보았고, 남원南原 도병방을 처형했다.

9일 맑음. 아침에 남의길과 이야기했다.

10일 맑음. 아침에 남의길을 맞이하여 이야기하였다. 피난하던 때의 고생하던 일을 말하면서 슬픔과 울분을 이길 수 없었다.

11일 흐렸지만 비는 오지 않았다. 아침에 어머님을 뵙기 위해 배를 타고 곧바로 고음내에 닿았다. 남의길과 윤사행, 조카 분芬과 함께 갔다. 어머님께 가니 아직 주무시고 계셨다. 웅성거리는 바람에 놀라 깨셨다. 기운이 가물가물해 앞이 얼마 남지 않으신 듯하니, 애달픈 눈물만 흘릴 뿐이다. 그러나 말씀하시는 데 착오는 없으셨다. 적을 토벌할 일이 급해서 오래 머물지 못했다. 이날 밤 손수약의 아내가 죽었다는 기별을 받았다.

12일 맑음. 아침을 먹은 뒤에 어머님께 하직을 고하니 "잘 가거라, 나라의 치욕을 크게 씻어라" 하고 두세 번 타이르면서도 헤어지는 슬픔을 말하지 않으셨다. 선창에 돌아와서는 몸이 불편한 것 같아 바로 뒷방으로 들어갔다.

13일 맑으나 큰 바람이 불었다. 몸이 몹시 불편하여 자리에 누워서 땀을 내었다. 종 팽수와 평세가 왔다.

14일 흐리고 큰 바람이 불었다. 아침에 조카 뇌의 편지를 받아보니, 설날 아산 산소에서 제사를 지내는데 떠돌아다니는 사람들이 무려 200여 명이나 산을 둘러싸고 음식을 달라고 덤벼들었다고 했다. 놀라운 일이다. 늦게 관청에 나가서 임금께 올릴 장계를 봉하고, 또 의능(흥양 승병대장)을 면천兒賤시켜 준다는 공문도 함께 올렸다.

15일 맑음. 이른 아침에 남의길 및 여러 조카들과 함께 있다가 관청으로 나갔다. 남의길은 영광靈光으로 가고자 했다. 종 진辰을 찾는 데 필요한 서류를 만들었다. 광해군(동궁)의 유지를 전달하는 서한이 왔는데 "군사를 거느리고 적을 토벌하라"는 내용이었다.

16일 맑음. 아침에 남의길을 불러서 작별하는 술자리를 마련했는데, 나도 많이 취해서 늦게야 관청에 나갔다. 황득중이 들어왔다. 그의 말을 들으니 "문학文學[1] 유몽인이 암행어사로 흥양에 왔는데, 각 고을 아전들이 담당한 업무 관련 문서가 그의 손에 들어갔다"고 했다. 어두워질 무렵에 방답과 배 첨지가 와서 이야기했다.

17일 새벽에 눈이 오고 늦게는 비가 왔다. 이른 아침 배에 올라 아우 여필과 여러 조카, 아들과 작별하고 다만 조카 분과 둘째 아들 울만 데리고 떠났다. 이날 임금께 올리는 문서를 보냈다. 오후 4시쯤 와두瓦頭(노량 부근)에 이르니 역풍에다 썰물 때여서 배를 운행할 수 없어 닻을 내리고 조금 쉬었다. 오후 6시쯤 다시 닻을 걸어 노량에 도착했다. 여도 만호 김인영, 순천 권준, 이함, 우후 등도 와서 함께 잤다.

18일 맑음. 새벽에 출발할 때는 역풍이 크게 불더니 창신도昌信島(남해군 창선면 창선도)에 이르니 바람이 순하게 불었다. 이에 돛을 달고 사

---

1 세자시강원에 속하여 세자에게 글을 가르치던 정5품 벼슬.

량에 이르니 다시 역풍이 불고 비가 쏟아졌다. 만호 이여념과 수사 원균의 군관 전윤이 왔다. 전윤이 말하기를 "수군을 거창居昌으로 붙들어 왔다고 하며, 원수元帥(권율)가 방해하려 한다"고 하니 가소롭다. 예부터 남의 공을 시기하는 것이 이 같으니, 무엇을 한탄하랴. 그대로 눌러 묵었다.

19일 흐렸다가 늦게 맑음. 바람이 크게 불었는데 해가 진 뒤에는 더 거세졌다. 아침에 떠나 당포唐浦 바깥 바다에 이르러 바람을 따라 반半 돛을 다니 순식간에 한산도에 이르렀다. 활 쏘는 누정에 올라앉아 여러 장수들과 이야기했다. 저녁에 원 수사도 왔다. 소비포 이영남이 영남 여러 배의 사부射夫(활 쏘는 이)와 격군格軍들이 거의 다 굶어 죽게 되었다고 하였다. 너무 참혹해서 차마 듣기가 거북했다. 원 수사가 공연수와 이극함이 좋아하는 여자들과 모두 관계했다고 한다.

20일 맑으나 큰 바람이 불어 살을 에듯 추웠다. 여러 배에 헐벗은 사람들이 목을 움츠리고 추워서 떠는 소리를 냈다. 차마 듣기 어려웠다. 낙안 신호와 우수사의 우후 이정충이 방문했다. 늦게 소비포, 웅천 이운룡, 진해 수령 정항 등도 왔다. 진해는 명령을 거부하고 일찍 오지 않아 벌하려고 작정했기 때문에 만나 보지 않았다. 바람은 다소 자는 듯했지만, 순천이 오는 길이 염려되었다. 군량미가 도착하지 않아서 답답했다. 병들어 죽은 사람들을 거두어 장사 지낼 임무를 수행할 사람으로 녹도 만호 송여종을 정해 보냈다.

21일 맑음. 아침에 본영의 격군 742명에게 술을 먹였다. 광양이 들어왔다. 저녁에 녹도 만호가 와서 보고하는데 "병사자의 죽은 시체 214명을 거두어 묻었다"고 했다. 사로잡혀 갔다가 도망 온 두 명이 원수사의 진영으로부터 와서 적의 정세를 상세하게 이야기했지만 믿을 수 없었다.

22일 맑음. 날씨가 따뜻하고 바람도 없었다. 사정에 올라앉아 진해를 시켜 교서教書에 숙배례肅拜禮[1]를 행하게 하고, 하루 종일 활을 쏘았다. 녹도가 병으로 죽은 시체 217명을 거두어 묻었다고 했다.

23일 맑음. 낙안이 하직을 고하고 나갔다. 흥양의 전투선 2척이 들어왔다. 최천보, 유황, 유충신, 정양 등이 들어왔다. 늦게 순천 권준도 함께 들어왔다.

24일 맑고 따뜻했다. 아침에 무덤을 만드는 일을 위하여 목수 41명을 송덕일이 거느리고 갔다. 영남 원 수사가 군관을 보내이 보고하기를 "좌도에 있는 왜적 300여 명을 죽였다"고 한다. 대단히 기쁜 일이었다. 평의지平義智(대마도주 종의지)가 지금 웅천에 있다고 하나 자세하지 않다. 유황을 불러서 암행어사가 붙잡아 간 사건에 대해서 물어 보니 문서가 제멋대로 꾸며졌다고 했다. 실로 놀라운 일이다. 또 격군에 대한 일을 들으니, 아전들의 간악한 짓은 이루 말할 수 없었다. 소모군召募軍(군령을 내려 불러 모은 군사) 144명을 붙잡아 오게 하고, 또 흥양 현감을 독촉해 군령을 보내도록 했다.

---

1 왕이나 왕족에게 하는 절. 왕이 내린 문서인 교서에도 왕에게 하는 것과 같은 예를 갖추어 절을 올렸다.

25일 흐리다가 늦게 맑음. 송두남과 이상록 등이 새로 만든 배를 가지고 올 일로 사부와 격군 132명을 거느리고 갔다. 아침에 우수사 우후 이정충이 와서 아침을 함께 먹고 늦게 활을 쏘았다. 우수사 우후와 여도 김인영이 활쏘기를 겨루었는데, 여도가 7분을 이겼다. 나는 10순을 쏘고 다른 사람들은 모두 20순을 쏘았다. 저녁때 종 허산이 술병을 훔치려다 붙잡혔기에 곤장을 때렸다.

26일 맑음. 아침에 사정으로 올라가 활을 쏘았다. 순천이 기일을 어겼기에 벌을 주고 업무를 보았다. 활 10순을 쏘았다. 오후에 잡혀 갔다가 도망해 온 진주 여자 1명, 고성 여자 1명, 서울 사람 2명을 데려왔는데 서울 사람은 정창연과 김명원의 종이라고 했다. 그리고 왜적 하나가 스스로 항복했다고 보고했다.

27일 맑음. 새벽에 배 만들 목재를 끌어오기 위해 우후 이몽구가 나갔다. 새벽에 변유헌과 이경복이 들어왔다고 보고했다. 아침에 충청 수사 구사직의 회답 편지, 어머님의 편지와 여필의 편지도 왔는데, 어머님께서 평안하시다고 했다. 천만다행이다. 동문 밖 해운대 옆에 횃불 강도가 나타나고 미평에도 역시 횃불 강도들이 들었다고 한다. 실로 놀라운 일이다. 늦게 미조항 첨사 김승룡과 순천이 함께 왔다. 아침에 소송 관련 문서와 그 밖의 업무를 처결하고 항복해 온 왜적을 신문해서 공술을 받았다. 원 수사의 군관 양밀이 제주 판관의 편지와 말 안장, 해산물, 귤, 유자 등을 보내왔기에 곧 어머님께 보내 드렸다. 저녁에 녹도의 매복 지역에 왜적 다섯 명이 나타나 총을 쏘았다. 한 명은 목을 베고, 나머지는 화살을 맞고 달아났다. 저물녘에 소비포 이영남이 왔다. 우후의 배가 목재를 싣고 왔다.

28일 맑음. 아침에 우후가 왔다. 종사관에게 공문을 써서 강진 영리에게 보냈다. 늦게 원식이 서울에 올라간다고 하기에 술을 대접해 보냈다. 경상 우후 이의득이 달려와서 보고 하기를, "유 제독 정綎(명나라 제독 유정)이 군사를 돌려 이달 25, 26일께는 올라간다"고 한다. 또 "위무사慰撫使(전쟁 중 각 부대의 장병을 위로하기 위해 파견한 임시 관리)였던 홍문관 교리 권협이 도내를 돌면서 위로한 뒤에 수군에도 들어올 것이라고 하였다. 또 화적火賊 이산겸 등을 잡아 가두고, 아산, 온양 등지에서 활동한 화적떼 90여 명을 잡아 죽였다"고 하며, 또 "호익장虎翼將(의병장 김덕령)이 근일 중에 들어올 것"이라고 했다. 저물 무렵부터 비가 오기 시작해서 밤새도록 부슬부슬 내렸다. 전투선을 만들기 시작했다.

29일 비가 종일토록 내리더니 밤새도록 내렸다. 새벽에 여러 배들이 무사하다는 보고를 받았다. 몸이 불편해 저녁 내내 누워서 신음하는데, 큰 바람과 파도로 배들이 안정치 못해 마음이 몹시 심란했다. 미조항 첨사 김승룡이 배를 꾸밀 일로 돌아갔다.

30일 흐리고 큰 바람이 불더니, 늦게 개고 바람도 조금 그쳤다. 순천, 우수사 우후, 강진의 유해가 왔다. 미조항 첨사가 돌아간다고 인사하러 왔기에 평산포에서 도망친 군인 3명을 딸려 보냈다. 몸이 몹시 편치 않았고, 하루 종일 땀을 흘렸다. 군관과 여러 장수들은 활을 쏘았다.

2월

1일 맑음. 늦게 사정射亭에 올라가 업무를 보았다. 청주에 사는 겸사복[1]
이상이 임금이 분부한 내용의 글을 가져왔다. "경상 감사 한요순
이 글을 올리되, 경상 좌도에 있는 왜적들이 합세하여 거제로 들어
가 장차 전라도 지경을 침범할 것이니 그대는 삼도 수군을 합해 왜
적을 무찌르라"는 것이었다. 오후에 우수사 우후를 불러 활을 쏘았
다. 초저녁에 사도 첨사 김완이 전투선 3척을 거느리고 진지에 이
르렀다. 이경복, 노윤발, 윤백년 등이 도망가는 군인을 싣고 육지
로 들어가는 배 8척을 붙잡아 왔다. 저녁때 가는 비가 내리더니 곧
그쳤다.

2일 맑음. 아침에 도망가는 군인들을 실어 나르던 자들의 죄를 다스렸
다. 사도 첨사가 와서 전하기를 "낙안 신호가 파면되었다"고 했다.
늦게 사정에 올라가 활 10순을 쏘았다. 동궁(광해군)에게 올린 문서
의 회답이 왔다. 각 관포官浦[2]의 서류를 처리해 보냈다. 바람이 조용
하지 않았다. 사도 첨사 김완을 기한에 대지 못한 죄로 처벌했다.

3일 맑음. 새벽에 꿈을 꾸었는데, 한쪽 눈이 멀어 버린 말을 보았다. 무
슨 징조인지 모르겠다. 식사 후에 사정에 올라가 활을 쏘았다. 바

---

1 정3품~정9품의 관직. 국왕의 신변 보호와 왕궁 호위, 친병 양성 등의 임무를 맡았던 군사.

2 수군은 오관, 오포로 구성되었다. 오관의 수군은 각 읍의 군수, 현감 등 지방 수령이 지휘하
고 오포는 첨사 또는 만호들이 지휘했다. 즉 오관, 오포의 지방관 및 첨사, 만호들은 이순신
을 총수로 한 각 단위 부대의 지휘관이었다.

람이 크게 일었다. 우조방장右助防將 어영담이 왔는데, 그에게서 역적들의 소식을 들었다. 걱정스러우면서도 분함과 억울함을 이기지 못했다. 우우후가 물건을 여러 장수에게 보내왔다. 원식과 원전이 서울로 올라간다고 했다. 원식은 남해에게 쇠붙이를 바치고 면천공문免賤公文[1]을 한 장 받아 가지고 갔다. 날이 저물어서 군막으로 내려왔다.

4일 맑았으나 바람이 셌다. 아침을 먹은 뒤에 순천과 우조방장을 불러 이야기했다. 늦게 본영의 전투선과 거북선이 들어왔다. 조카 봉과 이설, 이언양, 이상록 등이 강돌천을 데리고 왔다. 동궁의 명령과 찬성 정탁의 편지도 가져왔다. 각 관포의 서류를 처리해 보냈다. 순천이 와서 보고하기를 "무군사撫軍司[2]의 공문에 의거한 순찰사 이정암의 공문에는 '진중에서 과거를 보는 것이 어떤가를 제의한 것이 아주 옳지 않으므로 처벌해야 한다'고 하였다"는 것이었다. 가소로운 일이다. 조카 봉이 오는 편에 어머님이 평안하시다는 소식을 전했다. 기쁘고 다행스럽다.

5일 맑음. 새벽 꿈에 좋은 말을 타고 바위가 많은 큰 산마루 위의 평평한 곳에 자리를 잡으려다 깨었다. 무슨 징조인지 모르겠다. 또 어

---

1 공을 세우거나 재물을 바친 자들에게 천민의 신분을 면하게 해주는 문서. 특히 임진왜란과 병자호란 때 면천된 이들이 많았다.

2 1593년(선조 26) 윤11월 임진왜란 때 있었던 왕세자의 이동 진영. 처음에는 왕세자를 중심으로 군사와 관련된 재정 등을 관장하는 선에서 기능이 제한되었으나 점차 제반 행정을 모두 처리하고 뒤에 왕에게 보고하는 분조의 기능을 했다. 여러 임무 가운데에서도 중요한 부분을 차지했던 것은 군사를 모으고 훈련시키는 것이었다.

떤 미인이 혼자 앉아서 손짓을 하는데, 소매를 뿌리치고 응하지 않았다. 우스운 꿈이 아닐 수 없다. 아침에 군기시軍器寺(군사 기물을 관리하는 곳)에서 받아온 흑각궁黑角弓(소나 양의 뿔로 만든 활) 100장을 낱낱이 헤아려 서명했고, 자작나무 껍데기 89장도 계산하여 서명했다. 발포 만호 황정록과 우수사 우후가 방문했기에 식사를 함께했다. 늦게 사정에 올라 순창, 광주의 색리들을 치죄했다. 우조방장, 우우후, 여도와 함께 활을 쏘았다. 도원수 권율의 회답이 왔는데, 심유격(명나라 장수)이 이미 화친을 결정했다고 한다. 그러나 그들의 간사한 꾀와 교묘한 계책은 헤아릴 길이 없다. 이전에도 놈들의 술책에 빠졌는데 또 이렇게 빠져드니 한탄스러운 일이다. 저녁때 날씨가 찌는 데 마치 초여름인 듯했다. 밤이 되면서 비가 오기 시작했다.

6일 비. 오후에는 갰다. 순천과 조방장, 웅천 이운룡, 사도 김완 등이 방문했다. 날이 저물어 흥양(배흥립)과 김방제가 유자 30개를 가져왔는데 싱싱한 것이 마치 금방 딴 것 같았다.

7일 맑음. 서풍이 크게 불었다. 아침에 우조방장이 와서 지휘선에 속한 배를 타고 싶다고 제의했다. 어머님과 홍군우, 이숙도, 강인중 등에게 문안 편지를 써서 조카 분이 가는 편에 부쳤다. 봉과 분이 나갔는데, 봉은 나주로 가고 분은 온양으로 갔다. 섭섭한 마음을 금하기 어려웠다. 각 배의 소송 문서 200여 장을 처리하여 돌려주었다. 고성 현령 조응도의 보고에 "적선 50여 척이 춘원포에 왔다"고 했다. 삼천포 권관과 가배량加背梁 권관 제만춘이 와서 서울 소식을 전했다. 이경복에게 입대시 도피하는 격군을 붙잡아 오도록 했다. 이날 군대를 다시 편성하고 격군들을 각 배에 옮겨 태웠다. 방답 첨사에게 도피자를 붙잡아 오라고 명령했다. 낙안 군수의 편지가 왔는데, 새 군수 김준계가 내려왔다고 하므로 그에게도 도피자를 붙잡아 오라고 명령했다. 보성의 전투선 2척이 들어왔다. 소비포 이영남이 방문했다.

8일 맑았으나 동풍이 크게 불고 날씨도 차가웠다. 봉과 분이 배로 떠난 것을 생각하며 밤새도록 깊이 잠을 자지 못했다. 아침에 순천이 와서 말하기를 "고성 소소포召所浦에 적선 50여 척이 드나든다"고 하기에 즉시 제만춘을 불러서 공격하기에 편리한 지형인지 여부를 물었다. 늦게 사정에 올라가 업무를 보다가 저녁에 돌아왔다. 경상우병사의 군관이 편지를 가지고 와서 저희 상관 방지기의 면천에 대한 일을 이야기했다. 진주에 피난해 있는 전前 좌랑左郎 이유함이 와서 이야기하다가 저녁때 돌아갔다. 바다 위에 달이 밝아 잠이 쉽게 오지 않았다. 순천, 우조방장이 와서 이야기하다가 밤 10시경에 헤어졌다. 변존서가 당포에 가서 꿩 7마리를 사냥해 가지고 왔다.

9일 맑음. 새벽에 우후가 배 두세 척을 거느리고 소비포 뒤쪽으로 띠(지붕을 이을 때 사용하는 풀)를 베러 갔다. 고성이 돼지를 가지고 왔다. 그에게 당항포에 적선이 드나드는 상황을 물었다. 그리고 백성들이 굶주려서 서로 잡아먹기까지 한다고 하니 장차 어떻게 살 것인가를 물었다. 늦게 사정에 올라가 활 10여 순을 쏘았다. 이유함이 와서 작별을 고하므로, 그 자字를 물으니 여실汝實이라 했다. 순천과 우조방장, 우우후, 사도, 여도, 녹도 송여종, 강진, 사천 기직남, 하동 성천유, 보성(김득광), 소비포(이영남) 등이 저물녘에 들어왔다. 무군사無軍司의 공문을 가져왔는데, 시위군侍衛軍(왕세자를 호위하는 군인)이 쓸 긴 창 수십 자루를 만들어 보내라는 것이었다. 이날 광해군(동궁)이 문책한 데 대해서 회답을 보냈다.

10일 이슬비와 큰 바람이 하루 종일 그치지 않았다. 오후에 조방장과 순천이 와서 저녁 내내 이야기하며 왜적 토벌할 일을 의논했다.

11일 맑음. 아침에 미조항 첨사 김승룡이 방문했으므로 술 석 잔을 권해 보냈다. 종사관從事官(각 군영의 장수를 보좌하는 벼슬) 공문 3건을 처리해 보냈다. 아침 식사 후에 사정에 올라갔는데 경상 수사(원균)가 왔다. 술이 몇 잔 들어가자 미친 말이 많으니 우스운 일이었다. 우조방장도 와서 함께 취했다. 저물어서 활 3순을 쏘았다.

12일 맑음. 이른 아침에 본영의 정탐선이 들어오는 편에 조카 분의 편지가 왔다. 선전관[1] 송경령이 수군을 살펴보기 위해서 들어온다고 연락했다. 오전 10시경에 적도赤島로 진지를 옮겼으며, 오후 2시쯤에는 선전관이 도착했다. 왕이 내린 명령서 두 통과 밀지(비밀 명령서) 한 통 등 세 통인데, 한 통에는 명나라 군사 10만 명과 은 300냥이 나온다는 것이고, 다른 한 통은 흉악한 적들의 뜻이 호남에 있으니 힘을 다해 살피며 형세를 보아 무찌르라는 것이었다. 그 속에 있는 밀지의 내용은 "해가 지나도록 해상에서 나라를 위해 애쓰

---

1 선전관청에 속해 있던 무관. 임금이 내린 전문을 읽는 일도 맡았다.

는 것을 내가 늘 잊지 못하니, 공로 있는 장사들로 아직껏 상을 받지 못한 자들을 적어 올리라"는 것이었다. 서울 안의 여러 가지 소문과 역적에 관한 일도 들었다. 영의정 유성룡의 편지도 가져왔다. 위에서 밤낮으로 염려하고 애쓰는 일을 들으니, 그 강직한 마음과 그리움이 끝이 없었다.

13일 맑고 따뜻함. 아침에 영의정에게 답장을 쓰고, 식사 후에는 선전관 송경령과 다시 이야기하였다. 작별한 뒤에 하루 종일 배에 있었다. 오후 4시경 소비포, 사량(이여념), 영등포 만호 우치적 등이 왔다. 오후 6시경 출발하여 한산도로 돌아오는 때에 경상 군관 제홍록이 삼봉三峯(고성군 삼산면 삼봉리)에서 와 말하되 "적선 8척이 춘원포春元浦에 들어와 정박했으니 들이칠 만하다"고 했다. 그래서 나대용을 원 수사에게 보내 상의케 하면서 작은 이익을 보고 들이치는 것은 큰 이익을 이루지 못할 것이니, 아직은 가만히 있다가 적선이 더 많이 나오는 때를 기다려 무찌르자는 말을 전했다. 미조항, 순천 조방장이 왔다가 밤 늦게 돌아갔다. 박영남과 송덕일도 돌아갔다.

14일 맑고 따뜻하며 바람조차 부드러웠다. 경상도 남해, 하동, 사천, 고성 등지에는 송희립과 변존서, 유황柳滉 노윤발 등을, 우도右道에는 변유헌과 나대용 등을 점검하라고 보냈다. 저물녘에 방답 첨사와 배 첨지가 왔다. 본영 군량 20섬을 실어 왔다. 정종과 배춘복도 왔다. 장언춘의 면천공문을 만들어 주었다. 흥양이 들어왔다.

15일 맑음. 새벽에 거북선 2척과 보성 배 1척을 멍에에 쓸 재목을 치는 곳으로 보내 초저녁에 실어 왔다. 식사 후에 사정에 올라가 좌조방

104

장이 늦게 온 죄를 신문했다. 흥양 배를 검열해 보니 허술한 점이 많았다. 순천 우조방장과 우수사 우후, 발포 만호, 여도 만호, 강진 현감(유해) 등이 함께 와서 활을 쏘았다. 날이 저물어 순찰사 이정암이 공문을 보냈는데, "조도調度 어사 박홍로가 순천, 광양, 두치 등지에 복병 파수하는 일로 문서를 올렸는데 '수군과 수령을 이동하는 것이 함당치 않다'는 대답이 내려왔다"는 내용이었다.

16일 맑음. 아침에 흥양과 순천이 왔다. 흥양이 암행어사 유몽인의 장계 초안을 가지고 와서 보았다. 임실 이몽상, 무장 이충길, 영암 김성헌, 낙안 신호는 파면하고 순천은 곧 탐관오리라고 논하면서 담양 이경로, 진원 조공근, 나주 이용순, 창평 백유항 수령의 악행은 덮어 주고 칭송하여 올린 문서였다. 임금을 속이는 것이 여기까지 이르니, 나랏일이 이러한데 싸움이 마무리될 리 만무하다. 우러러 탄식할 뿐이다. 또 유몽인은 수군 일족一族을 대강 징발하는 일과 장정 넷 중에 둘은 전쟁에 나가야 하는 일을 매우 그르다고 말했다. 암행어사 유몽인은 나라의 위급함을 생각지 않으며 다만 눈앞에 꾸며 갈 것만 노력하고 남쪽 지방의 터무니없는 소리만 믿으니, 나라를 그르치는 교활하고 간사한 말이 진회秦檜가 악비岳飛를 대한 것[1]과 다를 것이 없다. 나라를 위하는 아픔이 더욱 심하다. 늦게 사정에 올라 순천, 흥양, 우조방장, 우수사 우후, 사도 발포, 여도, 녹

---

1 중국 남송 초기의 인물. 악비는 금군을 격파하여 공을 세우고 태위의 벼슬에 올랐다. 그러나 당시 조정에서는 금나라와의 화친을 주장하는 논의가 일었는데, 악비는 이에 반대하다가 진회의 참소를 받아 살해당했다.

도, 강진, 광양 등과 함께 활 12순을 쏘았다. 순천 감목관이 진중에 왔다가 돌아갔다. 우수사가 당포에 도착했다고 한다.

17일 맑음. 따뜻하기가 초여름 같았다. 아침 나절, 지휘선을 연기에 그을리기 위해 사정 위로 올라갔고, 거기에서 업무를 보았다. 오전 10시경 우수사(이억기)가 들어왔다. 행수行首 군관 정홍수와 도훈도는 군령으로 곤장 90대를 때렸다. 이홍명과 임희진의 손자가 왔다. 그들이 대나무로 총통을 만들어 왔기에 시험해 본 즉, 소리는 나는 듯하나 별로 소용이 없었다. 가소로웠다. 우수사가 들어왔는데, 거느리고 온 전선이 겨우 20척이니 한심스러웠다. 순천과 우조방장이 와서 활 5순을 쏘았다.

18일 맑음. 아침에 배 첨지와, 가리포 이응표가 왔다. 식사 후에 사정에 올라갔다. 해남 현감 위대기를 전령傳令을 거스른 죄로 다스렸다. 우도의 여러 장수들이 와서 문안한 뒤에 활 2순을 쏘았다. 오후에 우수사가 왔다. 때마침 원 수사와 술을 많이 먹었기 때문에 이야기를 하지 못했다. 밤이 들면서 부슬비가 계속 내렸다.

19일 종일 부슬비가 내리고 날씨가 찌는 듯했다. 사정에 올라가 혼자 한참 앉아 있었다. 우조방장 이영남과 순천, 이홍명이 왔다. 조금 뒤에 손충갑도 왔다고 하기에 불러서 왜적 토벌하던 일을 물어 보았다. 슬픔과 한탄스러움을 이길 수 없었다. 종일 이야기하다가 저물녘에 숙소로 내려갔다. 변존서가 본영으로 갔다.

20일 가는 비가 그치지 않았다. 오전 10시경 날이 번쩍 들었다. 몸이 불편해서 종일 나가지 않았다. 우조방장과 배 첨지가 와서 이야기했다. 울蔚이 우수사 영공의 배로 가더니 잔뜩 취해서 돌아왔다.

21일 맑고 따뜻했다. 몸이 불편해서 종일 신음했다. 순천과 우조방장 영공 어영담이 와서 견내량의 매복한 곳을 가서 살펴보았다고 했다. 청주 의병장 이봉이 순변사에게 와서 육지 일을 자세히 이야기했다. 우 영공은 청주 영공의 ○○[1]이다. 해가 저물어 돌아갔다. 오후 6시쯤에 벽방(통영시 광도면 벽방산)의 망장望將(망보는 장수) 제한국이 와서 고하되 "구화역仇化驛 앞바다에 왜선 8척이 와 머물러 있다"고 하므로, 배를 풀어 삼도에 진격 명령을 내리고 원균의 군관인 제홍록의 보고가 오기를 기다렸다.

22일 날이 거의 샐 때쯤 제홍록이 와서 보고하되 "왜선 10척은 구화역에 도착하고 6척은 춘원포에 왔다"고 하며, 날이 이미 밝아서 미처 추격하지 못하였다고 하므로 다시 정찰하라고 명령해 보냈다.

28일 맑음. 아침에 사정에 올라가 종사관 정경달과 함께 종일 이야기했다. 장흥 부사 황세득이 들어왔다. 우수사를 처벌했다.

29일 맑음. 종사관과 아침을 함께하고, 또 이별 술을 마시며 종일 이야기했다. 장흥 부사도 함께했다. 벽방의 망보는 장수 제한국이 보고하길 "왜선 16척이 소소포로 들어왔다"고 하므로 각도에 전령하여 알리도록 했다.

---

1 초고 원문에는 '夫' 자만 있어서, 고모부인지 매부인지 불분명하다.

1일 맑음. 망궐례를 드리고 사정에 올라가 금모포黔毛浦 만호에게 곤장을 치고, 도훈도를 처형했다. 종사관 정경달이 돌아갔다. 해질녘에 배를 막 띄우려고 하는데, 제한국이 달려와 "왜선이 이미 모두 도망가고 없다"고 하므로 중지했다. 초저녁에 장흥 2호선에 불이 나모두 타 버렸다.

2일 맑음. 아침에 방답, 순천, 우조방장이 왔다. 늦게 사정에 올라 좌우 조방장, 순천, 방답과 함께 활을 쏘았다. 이날 저녁 장흥이 와서 이야기했다. 초저녁에 강진의 장작 쌓아 놓은 곳에 또 불이 나서 모두 타 버렸다.

3일 맑음. 아침에 임금께 올리는 문서를 올려 보내고 그대로 사정에 앉아 있었다. 경상 우후 이의득이 와서 말하되 "수군을 많이 잡아 오지 못했다고 원 수사에게 매를 맞았는데, 또 발바닥까지 치려 하더라"고 하니, 참으로 놀랄 일이었다. 늦게 순천 좌우 조방장, 방답, 가리포, 좌우 우후 등과 활을 쏘았다. 오후 6시쯤 벽방의 망장 제한국이 급히 보고하되 "왜선 6척이 오리량五里梁과 당항포唐項浦 근처에 정박해 있다" 하므로, 즉시 배를 집합하라고 명하였다. 큰 부대는 흉도胸島 앞바다에 진을 치게 하였다. 정예선 30척은 우조방장 어영담이 거느리고 적을 무찌르기 위해서 초저녁에 배를 띄워 지도紙島에 이르러 밤을 지내고 새벽 2시경에 출발했다.

4일 맑음. 새벽 2시경에 배를 띄워 진해 앞바다에 이르러 왜선 6척을 뒤쫓아 불태워 없애고, 또 저도楮島에서 2척을 불태워 버렸다. 소소강召所江에 14척이 들어왔다고 해서 조방장, 원 수사와 함께 나가 토벌하도록 명령을 전하고 아자음포阿自音浦에서 진을 치고 밤을 지냈다.

5일 맑음. 새벽에 겸사복 윤붕을 당항포로 보내어 적선을 무찔렀는지 탐문케 했다. 우조방장 어영담이 급히 보고하되 "적들이 우리 군사들의 위엄을 겁내 야밤에 도주했으므로 빈 배 71척을 남김 없이 불태워 버렸다"고 하며, 경상 수사(원균)의 보고도 같은 내용이었다. 우수사 이억기가 방문했을 때 비가 크게 퍼붓고 바람도 세차게 불어 곧 자기 배로 돌아갔다. 이날 아침에 순변사에게서 토벌을 독려하는 공문이 왔다. 우조방장, 순천, 방답, 경남 첨사 배경남 등이 와서 이야기하는 동안 원 수사가 배에 이르자 여러 장수들은 각각 돌아갔다. 이날 저녁 광양의 새 배가 들어왔다.

6일 맑음. 새벽에 탐망군이 본즉, 적선 40여 척이 청슬靑膝로 건너온다는 것이었다. 당항포의 왜선 21척은 모두 불태워 버렸다는 긴급 보고가 왔다. 늦게 거제로 향했다. 역풍으로 간신히 흉도에 이르자, 남해 현감 기효근이 보낸 긴급 보고서에 "명나라 군사 2명과 왜적 8명이 패문牌文을 가지고 들어왔기에 그 패문과 명나라 병정을 올려 보냅니다"라고 했다. 그것을 받아보니, 명나라 도사부都司府 담종인譚宗仁이 쓴 "적을 치지 말라"는 패문이었다. 나는 몸이 몹시 괴로워서 앉고 눕기조차 힘들었다. 저녁에 우수사와 함께 명나라 병정을 만났다.

7일 맑음. 몸이 몹시 불편해서 움직이기도 어려웠다. 그래서 아랫사람

에게 패문에 대한 해답을 만들게 했건만 문장이 말이 아니었다. 원
수사가 손의갑을 시켜 만들게 했지만 그것 역시 마음에 들지 않았
다. 그래서 내가 병중에도 억지로 일어나 앉아 글을 짓고 군관 정
사립을 시켜 써 보내게 했다. 오후 2시경에 출발하여 밤 10시쯤 한
산도 진중에 이르렀다.

8일 맑음. 병세에 차도가 없었다. 기운은 더욱 빠져서 종일 괴로웠다.

9일 맑음. 기운이 조금 나는 듯하므로 따뜻한 방으로 자리를 옮겨 누웠
다. 아팠지만 다른 증세는 없었다.

10일 맑음. 병세가 차차 나아졌지만 열이 올라 찬 것만 마시고 싶었다.
저녁때 비가 내리기 시작해서 밤새도록 그치지 않았다.

11일 큰 비가 종일 내리다가 해질녘에 개기 시작했다. 병세가 훨씬 나
아졌다. 열도 내렸다. 참으로 다행한 일이다.

12일 맑았지만 바람이 크게 불었다. 몸이 몹시 불편했다. 영의정 유성
룡에게 편지를 쓰고 장계도 깨끗하게 정서해 바쳤다.

13일 맑음. 아침에 장계를 봉해 올렸다. 병세는 차차 낫는 것 같지만,
기력은 몹시 약해졌다. 아들 회와 송두남을 보냈다. 오후에 원 수
사가 와서 자기의 잘못된 일을 고백하므로 장계를 도로 가져다가
원사진과 이응원 등이 왜군 복장을 한 자를 목 잘라 바친 일[1]은 고
쳐 보냈다.

---

1 전과를 높이기 위해 조선인의 시신에 왜군의 옷을 입히고 목을 잘라 거짓으로 보고한 것을
  말한다.

14일 비. 병은 나은 듯했으나 머리는 무겁고 불쾌했다. 저녁때 광양 수령 송전, 강진 수령 유해, 배 첨사가 함께 갔다. 들으니 충청 수사 구사직이 이미 신장新場에 왔다고 했다. 종일 몸이 괴로웠다.

15일 비는 그쳤으나 바람이 크게 불었다. 미조항 첨사가 돌아갔다. 종일 신음했다.

16일 맑음. 몸이 몹시 불편했다. 우수사가 방문했다. 충청 수사가 적선 9척을 거느리고 진중에 이르렀다.

17일 맑음. 몸이 회복되지 않았다. 변유헌이 본영으로 돌아가고 순천(권준)도 돌아갔다. 해남 위대기가 새 현감과 교대하는 일로 나갔다. 황득중은 복병에 관한 일로 거제도로 들어갔다. 탐망선이 들어왔다.

18일 맑음. 몸이 몹시 불편했다. 남해 현령 기효근, 소비포 권관 이영남, 적량 만호 고여우, 보성 군수 김득광이 방문했다. 기효근은 파종 일 때문에 고을로 돌아갔다. 보성은 무슨 말을 하려다가 그냥 돌아갔다. 낙안의 유위장留衛將[2]과 향소鄕所[3] 등을 잡아다 가두었다.

19일 맑음. 몸이 불편해 종일 신음했다.

20일 맑음. 몸이 불편했다.

21일 맑음. 몸이 불편했다. 여도 만호, 남도 만호(강응표), 소비포 권관을 녹명관錄名官[4]으로 정하였다.

---

2 위장은 각 지방에 있는 전묘殿廟를 수호하던 벼슬로, 그 지방의 진위대 대장이 겸하였다.

3 유향소. 지방의 수령을 보좌하던 자문 기관으로, 풍속을 바로잡고 향리를 감찰하며 민의를 대변했다.

4 과거 시험 명단 등을 관장하는 관리.

22일 맑음. 몸이 조금 나은 것 같았다. 원수元帥의 공문이 돌아왔는데, "담 지휘譚指揮의 자문咨文[1]과 왜장의 문서를 조 파총把總[2]이 가지고 갔다"고 했다.

23일 맑음. 몸이 여전히 불편했다. 방답 첨사, 흥양 현감, 조방장이 보러 왔다. 견내량이 미역 53동을 따 왔다. 발포 만호도 보러 왔다.

23일 맑음. 몸은 조금 나은 듯했다. 미역 60동을 따 왔다. 군관 정사립이 왜인의 목을 베어 가지고 왔다.

25일 맑음. 흥양과 보성이 나갔다. 사로잡혀 갔다가 왜의 진중에서 명나라 장수 담종인의 패문牌文을 가지고 왔던 자를 흥양으로 보냈다. 늦게 사정으로 올라갔으나 몸이 편치 않아 일찍 숙소로 내려왔다. 저녁에 여필과 회, 변존서와 신경황이 함께 왔다. 어머님의 안부를 자세히 들었다. 다만 선산이 모두 산불에 탔는데 아무도 끄지를 못했다고 하니 지극히 애통한 일이었다.

26일 맑은데 따뜻하기가 여름날 같았다. 조방장과 방답이 방문했다. 발포는 휴가를 얻어서 돌아갔다. 늦게 마량 첨사 강응호, 사량 만호 이여념, 사도 첨사 김완, 소비포가 함께 방문했다. 경상 우후 이의득과 영등 만호 우치적도 왔다가 창신도(창선도)로 돌아간다고 하였다.

27일 흐렸지만 비는 오지 않았다. 우수사(이억기)가 방문했는데 몸이 좀 나은 것 같았다. 저녁 8시경부터 비가 내리기 시작했다. 저녁때 조

---

1 중국과 외교적인 교섭이나 통보, 조회할 일이 있을 때 주고받던 공식 외교문서.
2 각 군영에 둔 종4품 무관.

카 봉이 몸이 불편하다고 했다.

28일 종일 비가 왔다. 조카 봉의 병세가 매우 중하니 민망했다.

29일 맑음. 탐후선이 들어왔는데 어머님이 평안하시다고 했다. 웅천 이 운룡, 하동 성천유, 소비포 등이 방문했고 장흥, 방답도 왔다. 저녁 때 여필과 봉이 함께 돌아갔는데 봉은 몹시 아파서 돌아간 것이다. 걱정으로 밤을 지새웠다. 해질녘에 방충서와 조 서방趙西方의 사위 김함이 왔다.

30일 맑음. 식사 후 사정에 올라가 충청도 군관과 도훈도, 낙안의 유위 장, 도병방 등을 처벌했다. 늦게 삼가三嘉 현감 고상안이 방문했다.

4월

1일 맑음. 일식이 있을 때인데 일어나지 않았다. 장흥, 진도 김만수, 녹 도 송여종이 여제(돌림병에 걸려 죽은 귀신을 위한 제사)를 지내기 위해 돌아갈 것을 고했다. 충청 수사가 방문했다.

2일 맑음. 아침을 먹은 뒤 사정에 올라가 삼가 현감 고상안, 충청 수사 구사직과 함께 종일 이야기했다. 조카 해가 들어왔다.

3일 맑음. 이날 여제를 지냈다. 삼도 군사들에게 술 1,080동이를 먹였 다. 우수사 이억기와 충청 수사가 함께 앉아 먹었다. 저물녘에야 내려왔다.

4일 흐리다가 해질녘에 비가 내렸다. 아침에 원수의 군관 송홍득과 변홍달이 홍패(새로 급제한 자들에게 줄 합격증)를 가지고 왔다. 경상 우병사 박진의 군관이며 공주 박창령의 아들인 의영이 와서 장수의 안부를 전했다. 식사 후에 삼가 현감이 왔다. 늦게 사정에 올라갔다. 장흥이 술과 음식을 가지고 와서 하루 종일 조용히 이야기했다.

5일 흐림. 새벽에 최천보가 세상을 떠났다.

6일 맑음. 별시別試[1] 보는 과거 시험장을 개설했다. 시험관은 나와 우수사(이억기), 충청 수사(구사직), 참시관(시험을 전담하는 관원)은 장흥, 고성, 삼가, 웅천이 되어 시험 보는 것을 감독했다.

7일 맑음. 일찍 모여 시험을 받았다.

8일 맑음. 몸이 불편한 상태로 시험장에 올라갔다.

9일 맑음. 시험을 마치고 합격자 명단을 붙였다. 비가 쏟아졌다. 조방장 어영담이 세상을 떠났다. 애통함을 어찌 다 말하랴.

10일 흐림. 순무 어사巡撫御使[2] 서성이 진중으로 온다는 통지가 왔다.

11일 맑음. 순무 어사가 들어온다고 하므로 영접하는 배를 내보냈다.

12일 맑음. 순무 어사 서성이 내 배에 와서 이야기했다. 우수사, 경상 수사 원균, 충청 수사도 함께 와서 술을 세 순배했다. 원 수사는 짐짓 취한 체하며 함부로 무리한 말을 했다. 순무 어사도 매우 괴이하게 여겼다. 원 수사가 하는 짓이 극히 흉악했다. 삼가 현감이 돌아갔다.

---

1 식년시(정기 시험) 외에 나라에 경사가 있거나 인재 등용이 필요할 때 실시한 과거 시험.

2 지방에 변란이나 재해가 일어났을 때 두루 돌아다니며 진정시키던 특사.

114

13일 맑음. 순무 어사가 전투 연습을 보고 싶어해서 죽도 바다 한가운데로 나가 전투 연습을 보여주었다. 선전관 원사표와 의금부 도사 김제남이 충청 수사를 잡아갈 일로 왔다.

14일 맑음. 아침에 김제남과 함께 자세히 이야기하고, 늦게 순무의 배로 가서 군사 기밀에 관한 것을 자세히 의논했다. 얼마 뒤에 우수사가 왔다. 이정충도 불러오고 순천과 방답, 또 사도도 함께 왔다. 몹시 취해서 작별하고 내 배로 돌아왔다. 저녁에는 충청 수사의 배로 가서 작별 술을 마셨다.

15일 맑음. 금오랑金吾郞[3]과 함께 아침을 먹었다. 늦게 충청 수사가 선전관, 우수사와 함께 왔다. 구우경具虞卿(우경은 구사직의 자)과 작별했다. 저물 무렵에 이경사李景思가 그의 형 헌憲의 편지를 가지고 왔다.

16일 맑음. 아침을 먹은 뒤 사정에 올라가 업무를 보았다. 경상 수사의 군관 고경운과 도훈도, 영리를 잡아와서 지휘에 응하지 않고 적의 변고도 보고하지 않은 죄로 곤장을 쳤다. 저녁때 송두남이 서울에서 내려왔다. 장계에 따라 낱낱이 하교한 대로 시행했다.

17일 맑음. 늦게 사정에 올라가 업무를 보았다. 우수사가 방문했다. 거제 현령 안위의 보고에 "왜선 100여 척이 본토(일본)에서 나와 절영도로 향해 간다"는 것이었다. 저물녘에 사로잡혀 갔던 거제 사람들 중에 남녀 16명이 도망해 돌아왔다.

---

3 금부도사의 별칭. 의금부에 속하여 임금의 특명에 따라 중한 죄인을 신문하는 일을 맡아보던 종5품 벼슬.

18일 맑음. 새벽에 도망해 돌아온 사람들에게 왜군의 정세를 자세히 물으니 "평의지(대마도주)는 웅천 땅 입암에 있고, 소서행장은 웅포에 있다"고 했다. 충청도의 신임 수사 이순신李純信과 순천 부사, 우수사 우후 이정충이 오고 늦게 거제 현령 안위가 왔다. 저녁때 비가 내리기 시작해서 밤새도록 내렸다.

19일 비. 첨지 김경로가 원수부(원수의 사령부)로부터 와서 적을 칠 대책과 서로 대응해야 할 일들을 의논하고 그대로 한 배에서 잤다.

20일 종일 가랑비가 그치지 않았다. 우수사와 충청 수사, 장흥, 마량 첨사 강응호가 보러 와서 바둑도 두고 군사 일도 의논했다.

21일 비가 오다 개다 했다. 홀로 배 뜸집(봉창) 아래 앉아 있었다. 저녁내내 아무도 오지 않았다. 방답이 충청 수사의 중기重記[1]를 수정할 일로 작별하고 돌아갔다. 저녁에 김성숙과 곤양 이광익이 방문했고 저물녘에 흥양도 왔다. 본영 탐후선이 들어왔는데 어머님께서 평안하시다고 했다. 다행한 일이다.

22일 맑음. 바람이 시원해서 마치 가을 날씨 같았다. 첨지 김경로가 작별하고 돌아갔다. 장계와 조총鳥銃을 올려 보내고, 또 동궁에게 긴 창도 봉해 올렸다. 장흥이 오고 저녁에는 흥양도 왔다.

23일 맑음. 아침에 순천과 흥양이 왔다. 늦게 곤양 이광악이 술을 가져왔으며, 장흥 황세득이 오고 임치 홍견도 함께 왔다. 곤양이 몹시 취해서 헛소리로 떠들어 댔다. 우스웠다. 나도 잠깐 취했다.

---

1 사무를 인계할 때 전해 주는 문서나 장부.

116

24일 맑음. 아침에 서울로 보내는 편지를 썼다. 늦게 영암 군수 박홍장과 마량 첨사 강응호가 방문했다. 순천이 돌아갔다. 여러 가지 장계를 올려 보냈다. 경상 우수사에게 순찰사 종사관이 들어왔다고 했다.

25일 맑음. 새벽부터 몸이 몹시 불편하여 종일 괴로웠다. 아침에 보성이 방문했다. 밤새도록 앓았다.

26일 맑음. 병세가 아주 심해서 사람을 거의 알아보지 못했다. 곤양이 돌아갔다.

27일 맑음. 아픈 병세가 조금 나은 것 같았다. 숙소로 갔다.

28일 맑음. 병세가 아주 좋아졌다. 경상 수사와 좌랑 이유함이 방문했다. 울蔚이 들어왔다.

29일 맑음. 기운이 유쾌했다. 이날 우도에서 삼도 군사들에게 술을 먹였다.

5월

1일 맑음. 아침을 먹은 뒤 사정 방에 올라가니 날씨가 맑고 시원했다. 아침에 아들 면勉과 집안 계집종 4명, 관비 4명이 병 간호를 위해 들어왔다. 덕德만 남겨 두고 나머지는 내일 모두 돌려보내라고 일렀다.

2일 맑음. 새벽에 회가 어머님의 생신상을 차려 올릴 일로 계집종과 함께 돌아갔다. 우수사와 흥양(배흥립), 사도(김완), 소근 첨사 박윤이 방문했다. 기운도 점점 회복되었다.

3일 맑음. 아침에 흥양이 휴가를 얻었다고 알리고 돌아갔다. 늦게 발포 황정록이 방문하고 장흥도 왔다. 군량을 계산하여 준비했다. 공명 고신空名告身(이름이 적히지 않은 임명장) 300여 장과 왕이 내린 명령서 2 장이 내려왔다.

4일 흐림. 큰 바람, 큰 비가 종일 그치지 않더니 밤에는 더욱 심해졌다. 경상 우수사의 군관이 와서 "왜적 3명이 중간 배를 타고 추도楸島에 온 것을 만나 붙잡아 왔다"고 하므로, 신문한 뒤에 압송해 오도록 일러 보냈다. 저녁에 공대원에게 물으니 "왜적들이 바람을 따라 배를 띄워 본토로 향하다가 바다 한가운데서 큰 바람을 만나 배를 부리지 못하고 표류해서 이 섬에 댄 것이다"라고 하나 간사한 놈들의 말이라 믿을 수 없었다. 이설, 이상록이 돌아갔다. 본영 탐후선이 들어왔다.

5일 비바람이 크게 불었다. 지붕이 세 겹이나 걷혀 조각조각 높이 날아가고, 삼대 같은 빗발에 몸을 가리지 못했다. 어이가 없었다. 사도蛇渡가 와서 문안하고 갔다. 큰 비바람은 오후 2시경에 조금 그쳤다. 발포가 떡을 만들어 보내왔다. 탐후선이 들어와 어머님께서 평안하시다는 소식을 전했다. 다행한 일이다.

6일 흐리다가 늦게 갰다. 사도, 보성, 낙안 여도, 소근 등이 방문했다. 오후에 원 수사가 사로잡은 왜인 3명을 거느리고 왔기에 문초를 했다. 이랬다 저랬다 여러 번 속이므로 원 수사를 시켜 목을 베고 보고하도록 했다. 우수사(이억기)도 왔다. 술 세 순배를 마시다가 상을 물리고 들어갔다.

7일 맑음. 기운이 편안한 것 같았다. 침 16군데를 맞았다.

8일 맑음. 원수의 군관 변응각이 원수의 공문과 장계 초본, 임금의 유지를 가지고 왔는데 "수군을 거제로 진격시켜 적이 두려워 도망가게 하라"는 것이었다. 그래서 경상 우수사와 전라 우수사를 불러 의논하고 방략을 정했다. 충청 수사 이순신이 들어왔다. 밤에 큰 비가 내렸다.

9일 비. 종일 빈 정자에 홀로 앉아 있으니, 온갖 생각이 가슴에 치밀어 심란했다. 무슨 말로 형언하랴. 가슴이 막막하고 취한 듯, 꿈속인 듯, 정신이 몽롱한 게 멍청이가 된 것도 같고 미친 것 같기도 했다.

10일 비. 새벽에 일어나 창문을 열고 멀리 바라보니 수많은 배가 온 바다에 깔려 있었다. 적이 비록 쳐들어온다고 해도 능히 섬멸할 만했다. 늦게 우수사 우후와 충청 수사가 와서 장기를 두었다. 원수의 군관 변응각도 함께 점심을 먹었다. 저물녘에 보성 군수 김득광이 왔다. 비는 종일 그치지 않았다. 아들 회가 바다로 나간 것이 근심스러웠다. 소비포가 약을 보내왔다.

11일 저녁때까지 비가 내렸다. 3월부터 밀린 공문서를 하나하나 처결했다. 저녁때 낙안 김준계가 와서 이야기했다. 큰 비가 퍼붓듯이 밤낮을 그치지 않고 내렸다.

12일 큰 비가 종일 오다가 저녁에야 조금 그쳤다. 우수사가 방문했다.

13일 맑음. 이날 금모포黔毛浦 만호의 보고에 "경상 우수사에 속한 포작들이 격군을 싣고 도망가다가 현지에서 붙들렸는데, 보자기(천민 신분의 어부)들은 원 수사가 있는 곳에 숨어 있다고 하므로 사복(가마나 말을 관리하던 자)들을 보내어 붙들어 오려는데, 원 수사가 크게 성내면서 도리어 사복들을 결박했다"고 한다. 군관 노윤발을 보내어 사복들을 풀어 주게 했다. 밤 10시경부터 비가 내리기 시작했다.

14일 종일 비가 왔다. 충청 수사, 낙안, 임치 홍견, 목포 전희광 등이 방문했다. 영리를 시켜 종정도從政圖[1]를 그리게 했다.

15일 종일 비가 왔다. 아전에게 종정도를 그리도록 했다.

16일 흐리고 가랑비가 오더니 저녁에는 큰 비가 내리기 시작하여 밤새도록 내렸다. 집에 물이 새서 마른 데가 없었다. 각 배의 사람들이 거처하는 데 편치 않을 것이 무척 염려스러웠다. 곤양 이광악이 편지를 보내고, 또 유정(사명당)이 적진 중으로 왕래하며 문답한 초기草記를 보내왔다. 내용을 보았는데 통분함을 이길 수가 없었다.

17일 비가 퍼붓듯이 오고, 바다 위에는 안개가 덮여 지척을 분간하기 어려웠다. 저녁에도 비가 그치지 않았다.

18일 종일 비가 내렸다. 미조항 첨사 김승룡이 방문했다. 저녁에는 상주포 권관이 왔다. 저녁에 보성이 돌아갔다.

19일 맑음. 장맛비가 잠시 그치니 마음도 상쾌했다. 회와 면, 계집종들을 보낼 때 바람이 순탄치 않았다. 이날 송희립이 회와 함께 착량鑿

---

1 큰 종이에 품계와 종별에 따라 벼슬 이름을 차례대로 적어 넣은 승경도판에 5각으로 만든 박달나무 알을 던져서 나온 글자에 따라 관등이 올라가거나 내려가도록 한 놀이. 윷놀이와 비슷하다.

樑에 가서 노루 사냥을 할 즈음 비바람이 치고 안개가 자욱했다. 오후 8시경에 돌아왔는데 날씨는 여전했다.

20일 비는 내렸지만 큰 바람은 조금 그쳤다. 웅천 현감과 소비포가 방문했다. 온종일 홀로 앉아 있으니 온갖 생각이 가슴속에 치밀었다. 호남 방백方伯들이 나라를 저버리는 것을 생각하니 참으로 유감스러웠다.

21일 비. 웅천과 소비포가 와서 종정도를 놀았다. 거제 장문포에서 적에게 사로잡혔던 변사안이 도망쳐 돌아와서 하는 말이 "적의 형세가 그리 대단치 않다"는 것이었다. 큰 바람이 밤낮으로 불었다.

22일 비가 오고 큰 바람도 불었다. 오는 29일이 장모의 제삿날이라, 아들 회와 면, 계집종을 보냈다. 순찰사와 순변사에게 편지를 써 보냈다. 격군을 수색해 오는 일로 황득중, 박주하, 오수 등을 내보냈다.

23일 비. 웅천과 소비포가 왔다. 늦게 해남 수령 위대기가 와서 술과 안주를 바치므로 충청 수사를 불러서 (함께 마시다가) 밤 10시경에 헤어졌다.

24일 잠깐 맑더니 저녁에는 비가 왔다. 웅천과 소비포가 와서 종정도를 놀았다. 해남도 왔다. 오후에는 우수사와 충청 수사가 와서 종일 이야기했다. 구사직에 대한 장계를 가져갔던 진무가 들어왔다. 조카 해가 들어왔다.

25일 비. 충청 수사가 와서 이야기하고 돌아갔다. 소비포도 왔다가 밤이 깊어서 돌아갔다. 비가 조금도 그치지 않으니 싸움하는 군사들이 오죽 답답하겠는가! 조카 해가 돌아갔다.

26일 비가 오다 개다 했다. 거처하는 마루의 서쪽 벽이 무너져서 작은 창문으로 바람이 들어오니 시원한 게 아주 좋았다. 과녁판을 정자 앞으로 옮겨 놓았다. 이날 이인원과 토병 23명을 본영으로 보내 보리를 거둬들이도록 하였다.

27일 비가 오다 개다 했다. 사도, 충청 수사, 발포, 녹도와 함께 활을 쏘았다. 이날 소비포가 아파 누웠다고 했다.

28일 잠깐 갰다. 사도 김완과 여도 김인영이 와서 활을 쏘겠다고 하므로 우수사와 충청 수사를 오라고 해서 함께 쏘았다. 취한 상태로 하루 종일 이야기하다가 돌아갔다. 광양 4호선의 부정 사실을 조사했다.

29일 아침에는 비가 오다가 저녁부터 갰다. 장모의 제삿날이라 업무를 보지 않았다. 저녁에는 진도 김만수가 돌아갔다. 웅천과 거제, 적량 고여우 등이 방문했다가 돌아갔다. 해질녘에 군관 정사립이 보고하되 "남해 사람이 배를 가지고 와서 순천 격군을 싣고 나간다"고 하므로 잡아다 가두었다.

30일 흐렸지만 비는 오지 않았다. 아침에 도망가자고 꾄 광양 1호선 군사와 경상 보자기 3명을 처벌했다. 경상 우후와 충청 수사도 왔다.

6월

1일 맑음. 첨사 배경남과 함께 아침을 먹었다. 충청 수사가 와서 이야기
　　했다. 늦게서야 활을 쏘았다.

2일 맑음. 배 첨사와 함께 아침을 먹었다. 충청 수사도 왔다. 늦게 우수
　　사 이억기의 진중에 갔더니 강진 유해가 술을 바쳤다. 활 2순을 쏘
　　는데 원 수사도 왔다. 몸이 불편해서 일찍 돌아와 누웠다. 충청 수
　　사와 배문길裵門吉(문길은 경남의 자)이 내기 장기 두는 것을 구경했다.

3일 아침에는 맑다가 오후부터 소나기가 몹시 내렸다. 밤까지 그치지
　　않고 내려 바닷물까지 흐리게 했으니 근래에 드문 일이었다. 충청
　　수사(이순신)와 배 첨사가 와서 바둑을 두었다.

4일 맑음. 충청 수사와 미조항 첨사, 웅천 이운룡이 방문했기에 종정도
　　를 놀게 했다. 저녁에 겸사복이 임금의 분부를 가지고 왔다. "수군
　　의 여러 장수들과 경주의 여러 장수들이 서로 화목하지 못하다고
　　하니 앞으로는 그런 습관을 모두 버리라"는 내용이었다. 송구하고
　　도 통탄스럽기 그지없었다. 이것은 원균이 술에 취해서 망발을 부
　　렸기 때문이었다.

5일 맑음. 충청 수사가 와서 이야기했다. 사도, 여도, 녹도 송여종이 와
　　서 함께 활을 쏘았다. 밤 10시쯤 관청 노비 급창과 금산, 처자 3명
　　이 유행병으로 죽었다. 3년 동안 눈앞에 두고 믿고 부리던 자들인
　　데 하룻저녁에 죽어 가니 참혹하다. 무밭을 갈았다. 송희립이 군량
　　을 독촉할 일로 낙안, 흥양, 보성 등지로 나갔다.

6일 맑음. 충청 수사, 여도 만호와 함께 활 15순을 쏘았다. 경상 우수사 우후가 방문했다. 소나기가 내렸다.

7일 맑음. 충청 수사와 배 첨사가 와서 이야기했다. 남해 군관과 색리들의 죄를 다스렸다. 송덕일이 돌아와 유서論書[1]가 들어온다고 했다. 이날 무씨 2되 5홉을 심었다.

8일 맑았지만 찌는 듯이 더웠다. 우수사 우후 이정충이 왔다. 충청 수사와 함께 활 20순을 쏘았다. 저녁에 종 한경이 들어왔다. 어머님이 평안하시다고 하니 기쁘고 다행스런 일이다. 미조항 첨사 김승룡이 돌아갔다. 회령포 만호 민정붕이 진중에 이르렀다. 교지教旨[2]도 왔다.

9일 맑음. 충청 수사와 우수사 우후가 와서 활을 쏘았다. 우수사도 와서 함께 이야기했다. 밤 늦게 해海의 피리 소리와 영수永壽의 거문고를 들으면서 조용히 이야기하다가 돌아갔다.

10일 맑았지만 더위가 찌는 듯했다. 활 5순을 쏘았다.

11일 맑았지만 무덥기가 쇠라도 녹일 것 같았다. 아침에 아들 울이 본영으로 갔다. 이별하는 마음을 이길 수가 없었다. 홀로 빈 마루에 앉아 있노라니 마음을 걷잡을 수 없었다. 늦게 바람이 사나워지자 걱정이 더욱 커졌다. 늦게 충청 수사가 와서 활을 쏘고 함께 저녁을 먹었다. 달빛 아래에서 함께 이야기할 때 피리 소리가 처량했다.

---

1 관찰사, 절도사, 방어사 등이 부임할 때 임금이 내리던 명령서.
2 군사들의 공로에 따라 상과 벼슬을 내려주던 문서.

오래도록 앉아 있다가 헤어졌다.

12일 바람은 크게 불었지만 비는 오지 않았다. 가뭄이 심해서 농사가 염려스럽다. 이날 해질녘에 본영 격군 7명이 도망갔다.

13일 바람이 매우 거세게 불었고 더위도 찌는 듯했다.

14일 더위와 가뭄이 아주 심해서 섬 속이 찌는 듯했다. 농사가 매우 걱정되었다. 충청 영공 이순신과 사도, 여도, 녹도와 함께 활 20순을 연습했는데, 충청이 아주 잘 맞혔다. 이날 경상 수사 원균이 활을 잘 쏘는 부하를 거느리고 우수사 이억기의 처소에 왔다가 크게 지고 돌아갔다.

15일 맑았다가 오후부터 비가 내렸다. 신경황이 들어오는 편에 영의정 유성룡의 편지를 가지고 들어왔는데, 나라를 걱정하는 마음이 이분보다 더한 사람은 없을 것이다. 지사 윤우신이 세상을 떠났다는 소식을 들으니 슬픈 마음을 참을 수 없었다. 순천, 보성이 와서 급히 보고하되 "명나라 총병관總兵官 장홍유가 호선號船을 타고 100명을 거느리고서 바닷길을 거쳐 벌써 진도 벽파정碧波亭에 이르렀다"고 했다. 날짜로 따지면 오늘내일 중에 도착할 것이지만 심한 바람으로 배를 마음대로 부리지 못한 것이 5일째다. 이날 밤 소나기가 흡족히 내렸다. 어찌 하늘이 백성을 살리려는 뜻이 아니겠는가. 아들의 편지가 왔는데 잘 돌아갔다고 했다. 또 아내의 편지에는 "아들 면이 더위를 먹어 앓는다"고 했다. 괴롭고 답답하다.

16일 아침에는 비가 오더니 저녁에는 갰다. 충청 수사와 활을 쏘았다.

17일 맑음. 늦게 우수사와 충청 수사가 와서 조용히 이야기했다. 탐후선이 들어왔는데 어머님께서 평안하시나 면은 병세가 극심하다고 했다. 지극히 가슴이 아프다.

18일 맑음. 아침에 원수(권율)의 군관 조추년이 전령을 가지고 왔다. 내용인즉, 원수가 두치에 이르렀다가 광양 수령 송전이 수군을 옮겨 매복할 병사를 정할 때 사사로운 인정을 썼다는 말을 들었기 때문에 군관을 보내 그 이유를 묻는다는 것이었다. 실로 놀라운 일이다. 원수가 그의 서처남庶妻男[1] 조대항의 말을 듣고, 이렇게 사시로운 정을 쓴 것이니, 통탄스럽기 그지없다. 경상 우수사가 청하였으나 가지 않았다.

19일 맑음. 원수의 군관과 배웅록이 원수에게 돌아갔다. 변존서, 윤사공, 하천수 등이 들어왔다. 충청 수사가 방문했다가 어머니의 병환 때문에 집으로 돌아갔다.

20일 맑음. 충청 수사가 방문했다가 함께 활을 쏘았다. 박치공이 와서 서울에 간다고 말했다. 마량 첨사 강응호도 왔다. 저녁에 허락 없이 진지에서 벗어나 본포(영등포)에 물러가 있었던 영등 만호 조계종의 죄를 다스렸다. 탐후선에 탔던 이인원이 들어왔다.

21일 맑음. 충청 수사가 와서 함께 활을 쏘았다. 마량 첨사가 방문했다. "명나라 장수가 물길을 거쳐 벌써 벽파정에 이르렀다"는 말은 잘못 전한 것이라 한다.

22일 맑음. 할머님 제삿날이라 업무를 보지 않았다. 이날 복더위가 전

---

1 장인의 적자가 아니라 서자인 처남.

날보다 한결 더해서 큰 섬이 마치 찌는 듯했다. 괴로움을 참고 견디기 어려웠으며 저녁에는 몸이 불편해서 두 끼나 먹지 못했다. 오후 8시쯤 소나기가 내렸다.

23일 맑음. 늦게 소나기가 많이 쏟아졌다. 순천, 충청 수사, 우수사 우후, 가리포 첨사 이응표 등이 방문했다. 우후 이몽구가 군량을 독촉할 일로 견내량에 나갔다가 왜놈을 사로잡아 왔다. 왜적의 정세를 심문하고 또 무엇을 잘하는가 물었더니 염초焰硝(화약) 굽는 것과 총 놓는 것을 잘한다고 했다.

24일 맑음. 순천, 충청 수사가 방문했다. 활 20순을 쏘았다.

25일 맑음. 충청 수사와 활 10순을 쏘았다. 이여념도 와서 함께 쏘았다. 종사관 정경달을 수행하는 아전이 편지를 가지고 왔는데, 조도調度(조도어사)의 말이 대단히 놀라웠다. 부채를 봉해 올렸다.

26일 맑음. 충청 수사, 순천, 사도, 여도, 고성 조응도 등과 함께 활을 쏘았다. 일찍이 김양간을 시켜 단오절 진상품을 보냈다. 마량과 영등이 왔다가 곧 돌아갔다.

27일 맑음. 활 15순을 쏘았다.

28일 맑았으나 더위는 찌는 듯했다. 명종 임금의 제삿날이라 하루 종일 홀로 앉아 있었다. 진무성이 벽방碧方 망보는 일의 부정을 조사하고 와서 적선이 없다고 보고했다.

29일 맑음. 순천이 술과 음식을 가져왔다. 우수사와 충청 수사가 와서 활을 쏘았다. 윤동구의 아버지가 방문했다. 울이 들어오는데, 어머님께서 평안하시다고 했다.

1일 맑음. 배응록이 원수가 있는 처소에서 왔는데, 원수가 지난번 말한 것을 뉘우친 뒤에 보냈다는 것이다(6월 18일 일기 내용 참조). 가소롭기 그지없다. 인종 임금의 제삿날이라 업무를 보지 않고 종일 혼자 앉아 있었다. 저녁에 충청 수사가 와서 함께 이야기했다.

2일 맑음. 늦더위가 찌는 듯했다. 이날 순천의 도청都廳[1]과 담당 아전, 광양 아전 등의 죄를 다스렸다. 좌도 사부射夫들에게 활쏘기를 시험하여 적에게 빼앗은 물건을 나누어 주었다. 늦게 순천, 충청 수사와 함께 활을 쏘았다. 배 첨사가 휴가를 받아 돌아갔다. 노윤발에게 흥양 군관 이심과 병선색兵船色[2], 괄군색括軍色[3]들을 붙잡아 오도록 군령을 주어 보냈다.

3일 맑음. 충청 수사와 순천이 활을 쏘았다. 웅천 현감 이운룡이 휴가를 고하고 미조항으로 갔다. 음란한 계집을 처벌했다. 각 배에서 여러 차례 양식을 훔쳐간 자를 처형했다. 저녁에 새로 지은 다락에 나가 보았다.

4일 맑음. 아침에 충청 수사가 와서 함께 아침을 먹었다. 나중에 마량 첨사 강응호와 소비포 권관 이영남이 와서 함께 점심을 먹었다. 해

---

1 수령을 보좌하고 사무를 총괄하는 관리.

2 배에 관한 일을 담당하는 관리.

3 군사를 수색하고 보충하는 일을 담당하는 관리.

적 5명과 도망간 군사 1명을 함께 처형하라고 명했다. 충청 수사와 활 10순을 쏘았다. 옥과玉果에서 원호 사업을 담당한 조응복에게 참봉參奉 직첩을 주었다.

5일 맑음. 새벽에 탐후선이 들어와 어머님의 평안하심을 전했다. 다행스러운 일이다. 심약審藥[4] 신경환이 내려왔는데 심히 졸렬하고 한심스럽다. 우수사와 충청 수사도 함께 왔다. 여도가 술을 가져와서 함께 마시고 활 10여 순을 쏘았다. 많이 취해서 수루戍樓[5]에 올랐다가 밤이 깊어서야 돌아갔다.

6일 종일 궂은비가 내렸다. 몸이 불편하여 업무를 보지 않았다. 최귀석이 도둑 셋을 잡아왔다. 박춘양 등을 다시 보내서 왼쪽 귀가 떨어져 나간 그들의 두목을 붙잡아 왔다. 아침에 정원명 등을 격군을 정비하지 못한 일로 가두었다. 저녁에 보성이 들어온다고 했다. 어머님께서 평안하시다는 소식을 들었다. 오후 10시경 장대 같은 소나기가 퍼부어 물이 새지 않는 곳이 없었다. 촛불을 켜고 홀로 앉아 있노라니 온갖 걱정이 치밀었다. 이영남이 방문했다.

7일 저녁에 비가 내렸다. 충청 수사는 어머니의 병세가 위중해서 오지 못했다. 우수사, 순천, 사도, 가리포, 발포, 녹도 등과 함께 활을 쏘았다. 이영남이 배를 끌고 올 일로 곤양으로 나갔다. 사로잡혀 갔

---

4 궁궐에 바치는 약재를 심사하고 감독하기 위해 지방에 파견된 종9품 관리.
5 적의 동정을 살피려고 성 위에 만든 누각.

다가 돌아온 고성 보인保人[1]을 신문했다. 보성이 왔다.

8일 흐렸지만 비는 오지 않고, 종일 큰 바람만 불었다. 몸이 편치 않아 여러 장수들을 만나 보지 않았다. 각 관포官浦의 공문을 처리해 보냈다. 오후에 충청 수사에게 가 보았다. 저녁에 사로잡혀 갔다가 도망쳐 온 고성 사람을 직접 신문했다. 광양의 송전이 상관 병사兵使의 편지를 가지고 왔다. 낙안과 충청 우후가 온다고 했다.

9일 큰 바람이 불었다. 아침에 충청 우후 원유남이 교서에 숙배肅拜했다. 늦게 격군에 대해 소홀히 하고 기일을 어긴 순천, 낙안, 보성의 군관과 색리들의 죄를 다스렸다. 가리포 이응표, 임치 홍견, 소근포 박윤, 마량 첨사 강응호와 고성 조응도가 왔다. 낙안에서 보낸 군량미 200섬을 받았다.

10일 아침에는 맑았으나 저녁에 비가 조금 내렸다. 아침에 낙안의 벼 찧은 것과 광양 벼 100섬을 받았다. 신홍헌이 들어왔다. 늦게 송전이 들어와서 군관과 함께 활 15순을 쏘았다. 아침에 들으니, 면의 병세가 다시 심해졌고 토혈 증세까지 있다고 하므로 울과 심약 신경황, 정사립, 배응록 등을 함께 보냈다.

11일 궂은비가 종일 오고 큰 바람이 그치지 않았다. 울이 가는 길이 곤란할 것 같아 걱정되었고 면의 병세가 어떠한지 자못 궁금했다. 임금께 올릴 문서를 직접 초안하고 수정했다. 경상 순무사 서성의 공

---

1 군에 직접 복무하지 않던 병역 의무자. 정식 군인 한 명에게 일정한 수로 할당되었다. 베나 무명 등을 국가에 내는 것으로 군역을 대신했다.

문이 왔는데, 원 수사가 불평을 많이 했다는 것이었다. 오후에 군관들을 시켜 활을 쏘게 했다. 봉학奉鶴도 함께 쏘았다. 윤언침이 점검을 받기 위해 왔기에 점심을 먹여 보냈다. 저물녘에 비바람이 크게 불면서 밤새 계속되었다. 충청 수사가 방문했다.

12일 맑음. 아침에 소근포 첨사가 방문해서 화살 54개를 만들어 바쳤다. 서류를 처리해 돌려주었다. 충청 수사, 순천, 사도, 발포, 충청 우후가 와서 활을 쏘았다. 저녁에 탐후선이 들어와 어머님께서는 평안하시나 면의 병세는 여전히 중하다고 하였다. 애타는 마음이 건만 어찌하랴. 정승 유성룡이 돌아갔다는 부고가 순변사에게 왔다고 하나, 이는 반드시 질투하는 자들이 만들어낸 말이리라. 분함을 참지 못하겠다. 이날 밤 마음이 심란해서 홀로 마루에 앉아 있는데 마음을 걷잡을 수 없었다. 걱정이 쌓여 밤이 깊도록 잠을 이루지 못했다. 만일 유 정승이 어찌 되었다면 장차 나랏일을 어찌할 것인가.

13일 비. 홀로 앉아 면의 병세가 어떤가를 생각하고 글자를 짚어 점을 쳐 보니 '군왕을 만나 보는 것 같다如見君王'는 괘가 나왔다. 아주 좋았다. 다시 짚어 보니 '밤에 등불을 얻은 것과 같다如夜得燈'는 괘가 나왔으니 두 괘가 모두 좋은 것이었다. 또 유 정승의 점을 쳐보니 '바다에서 배를 얻은 것과 같다如海得船'는 괘가 나왔고, 다시 치니 '의심하다가 기쁨을 얻은 것 같다如疑得喜'는 괘가 나왔다. 아주 좋다. 저녁 내내 비가 오는데 홀로 앉아 있는 느낌을 이길 수 없다. 늦게 송전이 돌아가는 길에 소금 1섬을 주어 보냈다. 오후에 마량 첨사와 순천이 방문했다가 어두워서야 돌아갔다. 비가 올지 갤지 점쳐 보니 '뱀이 독을 뱉는 것과 같다如蛇吐毒'는 괘를 얻었다. 장차 큰 비가 내릴 것 같은데, 농사일이 걱정스러울 뿐이다. 밤에 장대 비가 퍼붓듯이 내렸다. 오후 8시경 발포의 탐후선이 편지를 받아서 돌아갔다.

14일 비. 어제 저녁부터 빗발이 장대 같았다. 집에 비가 새 마른 데가 없어 간신히 밤을 지냈다. 점괘를 얻은 그대로이니, 참 절묘하다. 충청 수사와 순천을 불러다가 장기를 두게 하고, 구경하는 것으로 시간을 보냈다. 그러나 근심이 마음속에 있으니 어찌 조금인들 편안할 것인가. 함께 점심을 먹고 저녁에는 수루에 나가 몇 바퀴 돌다가 내려왔다. 탐후선이 들어오지 않으니 그 까닭을 모르겠다. 밤 12시쯤 또 비가 내렸다.

15일 비가 계속 내리다가 늦게 갰다. 아침에 조카 해와 종 경京이 왔다. 면의 병세가 점차 좋아진다는 소식을 자세히 들었다. 기쁘기 그지없었다. 조카 분芬의 편지에, 아산의 선산이 무사하고 가묘家廟도 별일 없고, 또 어머님도 평안하시다고 한다. 다행스러운 일이다. 이홍종이 환곡還上[1] 때문에 매를 맞다가 숨졌다고 하니, 실로 놀라운 일이다. 그의 삼촌(충청 수사 이순신)이 처음 듣고서 비통해 했고, 그

---

1 국가가 저장한 곡식을 흉년이나 춘궁기에 빈민에게 빌려 주었다가 추수기에 회수하는 제도. 원래 구휼책의 일환으로 실시되었으나 환곡 실시 부서에서 해마다 일정한 수입을 보장받기 위해 강제 대여와 높은 이자를 취하게 되면서 삼정(전정, 군정, 환곡) 중 가장 문란한 제도가 되었다.

의 어머니도 그 말을 듣고 병세가 더욱 위중해졌다고 한다. 활 10여 순을 쏘고 수루에 올라 거닐고 있을 때 박주사리朴注沙里가 급히 와서 "명나라 장수가 이미 본영 앞에 이르렀는데 곧 이곳으로 온다"고 하므로, 삼도에 명령하여 진을 죽도로 옮기게 하고 거기서 밤을 지냈다.

16일 흐리고 바람이 시원하더니 늦은 아침부터 큰 비가 내려 종일 퍼붓듯이 쏟아졌다. 원 수사, 충청 수사, 우수사가 함께 방문했다. 소비포가 우족牛足 등을 보내왔다. 명나라 장수는 삼천진(삼천포시)에 와서 머문다고 했다. 여도가 먼저 왔다. 저녁에 본진으로 돌아왔다.

17일 맑음. 새벽에 포구로 나가 진을 쳤다. 오전 10시쯤 명나라 장수 파총把摠 장홍유가 병호선兵號船 5척에 돛을 달고 들어왔다. 영문에 이르러서 육지에 내려 함께 이야기하자고 청했다. 내가 여러 수사들과 함께 먼저 사정에 올라가서 올라오기를 청했더니, 파총이 배에서 내려서 곧 왔다. 그와 함께 앉아 "만 리 바닷길을 항해하여 어렵게 여기까지 온 것에 감사드린다"고 인사하니 "작년 7월에 절강絶江에서 배를 타고 요동遼東에 이르렀더니 요동 사람들이 말하기를, '항로 중에 돌섬과 암초가 많고 또 장차 화친할 것이니 갈 것이 없다'고 하며 굳이 말리므로 요동에 그대로 머물면서 시랑 손광과 총병摠兵 양문 등에게 보고하고 금년 3월 초에 다시 출발해서 왔으니, 어찌 어려움이 있었을 것이오"라고 대답했다. 나는 차를 대접하고 다시 술잔을 권하며 강개한 마음을 나누었다. 또 적의 정세를 이야기하느라 밤이 깊어 가는 줄 몰랐다. 조용히 이야기하다가 헤어졌다.

18일 맑음. 수루 위로 나가자고 청하여 점심 후 나가 앉아 술잔을 두세 순배 돌렸다. 내년 봄에는 배를 거느리고 곧바로 제주도로 갈 터인데, 우리 수군과 합세하여 흉악한 적들을 무찌르자고 이야기했다. 초저녁에 술자리를 끝내고 헤어졌다.

19일 맑음. 아침에 환영례를 표시하는 단자單子를 드리자, 감사함을 이기지 못하며 주는 물건도 상당히 풍성하다고 했다. 충청 수사도 또한 드렸고, 늦게 우수사도 예물을 주었는데 나와 같았다. 점심을 먹은 후에 원 수사 혼자서 술을 대접하는데 상은 그득했지만 먹을 만한 것이 하나도 없어서 우스웠다. 그의 자字와 별호를 물으니 자는 중문仲文이요, 호는 수천秀川이라고 써 보였다. 촛불을 켜 놓고 이야기하다가 헤어졌다. 비가 올 것 같기에 배로 내려가 잤다.

20일 맑음. 아침에 통역관이 와서 전하되 "명나라 장수 장홍유가 총병 유정이 있는 남원에 가지 않고 곧바로 돌아가고 싶어한다"고 했다. 그래서 명나라 장수에게 간절히 말을 전하되 "처음에 파총이 남원으로 온다는 간절한 소식이 이미 유 총병에게 전해졌는데, 이제 중지하고 가지 않는다면 그 중간에 반드시 남의 말들이 있을 터이니 가서 유 총병을 만나보고 돌아가는 것이 좋겠다"고 했다. 파총이 듣고 "과연 그 말이 옳다. 말을 타고 나 혼자 남원으로 가서 서로 만나 본 뒤에 곧바로 군산으로 가서 배를 타겠다"고 말했다. 아침을 먹고 파총이 내 배로 와서 조용히 이야기를 나누었다. 이별주 7잔을 마신 뒤에 뱃줄을 풀고 함께 포구 밖으로 나가 두 번 세 번 석별의 정을 나누고 송별했다. 그대로 경수(이억기)와 충청 수사, 순천, 발포, 사도와 함께 사인암숨人巖에 올라가 하루 종일 취해서 이야기하다가 돌아왔다.

21일 맑음. 아침에 명나라 장수와 문답한 것을 서류로 꾸며 원수에게 보고했다. 늦게 마량, 소근포 첨사 박윤이 방문했다. 늦게 발포가 매복하러 가는 일을 고하고 나갔다. 저녁에 수루에 올랐는데 순천이 와서 이야기했다. 오후에 흥양 군량선이 들어왔는데 색리와 선주船主에게 족장足掌을 호되게 때렸다. 아들 회가 방자房子에게 곤장을 쳤다는 말을 들었다. 아들을 붙잡아 뜰에 들여놓고 꾸짖어 가르치되 때리지는 않았다. 늦게 소비포가 방문해서 말하기를 "기한에 대지 못했다고 해서 원 수사에게 곤장 30대를 맞았다"고 한다. 참으로 해괴한 일이다. 우수사가 군량미 20섬을 빌려 갔다.

22일 맑음. 아침에 장계 초안을 수정했다. 임치 홍견과 목포 전희광이 방문했다. 늦게 사량 이여념, 영등 조계종이 방문했다. 오후에 충청 수사 이순신, 순천 권준, 충청 우후 원유남, 이영남 등 여러 장수들과 활을 쏘았다. 해질녘에 수루에 올랐다가 밤이 되어서야 돌아왔다.

23일 맑음. 충청 수사가 우수사, 가리포와 함께 방문해서 활을 쏘았다. 조카 해와 종 봉奉이 돌아갔다. 목년木年이 들어왔다.

24일 맑음. 여러 가지 장계를 직접 봉했다. 영의정 유성룡과 병판 심중겸, 판서 윤근수께 편지를 썼다. 저녁에 활 7순을 쏘았다.

25일 맑음. 아침에 하천수에게 장계를 들려 보냈다. 식사 후에 충청 수사, 순천 등과 함께 우수사에게로 가서 활 10순을 쏘았다. 크게 취해 돌아와서 밤새 토했다.

26일 맑음. 아침에 각 관포官浦의 공문을 처리해 보냈다. 식사 후에 수루 위에 옮겨 앉았는데, 순천과 충청 수사가 방문했다. 늦게 녹도 만호 송여종이 도망간 군사 8명을 잡아 왔기에 그중 두목 3명은 처형하고 나머지는 곤장을 때렸다. 저녁에 탐후선이 들어왔다. 아들의 편지를 보니 어머님께서는 편안하시고 면의 병세는 나아지는데, 허실許室[1]의 병세가 점점 중해진다고 하니 염려스럽다. 유홍과 윤근수가 세상을 떠나고, 윤돈이 종사관으로 내려온다고 한다. 신천기가 들어오고 저물녘에는 신제운이 들어와서 보았다. 노윤발이 흥양의 색리와 감관監官을 붙잡아 들어왔다.

27일 흐리고 바람이 불었다. 밤에 꿈을 꾸었는데, 머리를 풀고 크게 울었다. 좋은 징조라고 한다. 이날 충청 수사, 순천과 함께 수루에 올라 활을 쏘았다. 충청 수사가 과하주過夏酒(여름이 되어도 상하지 않는 술)를 가져왔다. 몸이 불편해서 조금 마셨는데도 몸이 좋지 않았다.

28일 맑음. 흥양 색리들의 죄를 다스렸다. 신제운이 주부注簿의 직첩을 받아 가지고 갔다. 늦게 수루에 올라가 벽 바르는 것을 감독했다. 의능義能이 그 일을 맡아서 했다. 저물어서 방으로 돌아왔다.

29일 종일 구슬비가 내렸으나 바람은 없었다. 순천, 충청 수사가 바둑두는 것을 구경하는데 몸이 몹시 불편했다. 낙안도 함께 왔었다.

---

1 누이나 딸 가운데 허 씨에게 시집간 사람. 시집간 누이나 딸은 이름을 부르지 않고 남편의 성에 '실' 자를 붙여 불렀다.

이날 밤은 신음으로 날을 새웠다.

8월

1일 비. 큰 바람이 불었다. 몸이 편치 않아 수루 방에 앉아 있다가 곧 마
　루방으로 돌아왔다. 저녁에 낙안 김준계가 강집에게 군량을 독촉한
　일을 군율에 의거하여 문초하고 보냈다. 비가 낮부터 밤까지 계속
　되었다.

2일 비가 퍼붓듯이 내렸다. 1일 한밤중에 꿈을 꾸었는데, 나의 첩(부안
　사람)²이 아들을 낳았다. 달수로 따져 보니 낳을 달이 아니었다. 꿈
　이지만 내쫓아 버렸다. 기운이 좀 나는 것 같았다. 늦게 수루 위에
　옮겨 앉아 충청 수사, 순천, 마량과 함께 이야기하며 새로 빚은 술
　몇 잔을 마셨다. 종일 비가 내렸다. 송희립이 와서 "흥양 훈도興陽訓
　導가 작은 배를 타고 도망했다"고 고했다.

3일 아침에는 흐리다가 저물 무렵에 갰다. 충청 수사, 순천과 함께 활
　3, 4순을 쏘았다. 수루 방을 도배했다.

4일 아침에 비가 내리다가 저녁 무렵에 갰다. 충청 수사와 순천, 발포

---

2 이순신에게는 정실부인인 상주 방씨 외에도 해주 오씨와 부안댁 등의 첩이 있었다. 상주 방
　씨에게서 3남 1녀를 두었으며, 훈은 해주 오씨가 낳았으나 신과 두 명의 딸은 누가 낳았는
　지 기록이 확실하지 않다. 그런데 갑오년(1594년) 11월 13일의 일기를 보면 서자 신과 두
　딸은 부안댁이 낳은 것으로 보인다. 그 외에는 자세히 알 수 없다.

등이 와서 활을 쏘았다. 수루 방의 도배를 끝냈다. 경상 수사의 군관과 색리들이 명나라 장수 장홍유를 접대할 때 여인들에게 떡과 음식물들을 이고 오게 한 죄를 다스렸다. 화살을 만드는 박옥朴玉이 와서 대나무를 가지고 갔다. 이종호가 안수지 등을 잡아 오기 위해 흥양으로 갔다.

5일 아침에는 흐렸다. 식사 후에 충청 수사, 순천과 함께 활을 쏘았다. 오후에 경상 수사에게 가 보니 우수사가 먼저 와 있었다. 한참 동안 서로 이야기하다가 돌아왔다. 이날 웅천 이운룡, 소비포, 영등포, 윤동구 등이 모두 선봉장으로서 이곳에 왔다.

6일 아침에는 맑았으나 저물 무렵에 비가 왔다. 충청 수사와 활 10순을 쏘았다. 저녁에 장흥 황세득이 들어오고 보성이 나갔다. 탐후선이 들어왔는데 어머님께서 평안하시고 면의 병세도 차츰 좋아지고 있다고 한다. 고성 조응도와 사도 김완, 적도 고여우가 왔다가 떠나갔다. 이날 밤 수루 방에서 잤다.

7일 종일 비가 내렸다.

8일 종일 비가 내렸다. 조방장 정응운이 들어왔다.

9일 종일 비가 내렸다. 우수사와 정 조방장, 충청 수사, 순천, 사도와 함께 이야기했다.

10일 종일 비가 내렸다. 충청 수사와 순천이 함께 와서 이야기했다. 장계 초안을 수정했다.

11일 종일 큰 비가 내렸다. 밤에 모진 바람이 불고 큰 비가 내렸다. 지붕이 세 겹이나 벗겨져 삼대같이 비가 샜다. 새벽까지 앉아서 밝혔다. 양편 창문은 모두 바람에 찢겨 없어졌다.

12일 흐렸지만 비는 오지 않았다. 늦게 충청 수사, 순천과 함께 활을 쏘았다. 소비포와 웅천도 와서 함께 쏘았다. 아침에 원수의 군관 심준이 전령을 가지고 왔다. 군사 관련 사항을 직접 만나서 의논하자고 하므로, 오는 17일에 사천으로 나가 기다리겠다고 약속했다.

13일 맑음. 아침에 심준과 노윤발이 돌아갔다. 오전 10시쯤에 배로 내려가서 여러 장수들을 거느리고 견내량으로 갔다. 따로 날쌘 장수를 뽑아서 춘원春園 등지로 보내어 적을 기다린 뒤에 치게 했다. 그곳에서 머물러 잤다. 달빛은 마치 비단결같고 바다는 잔잔하였다. 해를 시켜 피리를 불게 하고 밤이 깊어서야 그만두었다.

14일 아침에 흐리다가 저물 무렵에 비가 내렸다. 아침에 사도, 소비포, 웅천 등이 보고하되 "왜선 1척이 춘원포에 정박해 있어서 급습했더니 배를 버리고 달아나, 우리나라 남녀 15명과 적선만 빼앗아 왔다"는 것이었다. 오후 2시쯤 진으로 돌아왔다.

15일 맑음. 식사 후에 출발하여 원 수사와 함께 월명포月明浦에 이르러 그곳에서 잤다.

16일 맑음. 새벽에 출발해 소비포에 이르러 배를 정박했다. 아침을 먹은 뒤에 돛을 달고 사천 선창에 이르니 기직남이 곤양 이광악과 함께 와 있었다. 그대로 그곳에서 잤다.

17일 흐리다가 저물 무렵에 비가 내렸다. 원수 권율이 정오에 사천으로 와서 군관을 보내어 이야기하자고 해서 곤양 말을 빌려 타고 원수가 머무르는 사천 수령의 처소로 갔다. 교서에 숙배한 뒤 공사간 인사를 마쳤다. 함께 이야기하다 보니 오해가 많이 풀리는 빛이었다. 원 수사를 몹시 책망하니 원 수사는 차마 머리를 들지 못했다. 가소로웠다. 가지고 간 술을 내놓고 마시기를 청하여 8순을 돌렸다. 원수가 잔뜩 취해 상을 물린 뒤에 나도 숙소로 돌아왔다. 박종남과 윤담이 방문했다.

18일 흐렸지만 비는 오지 않았다. 아침을 먹은 뒤 원 수사가 청하므로 나아가 이야기했다. 간단한 술상을 차렸으나 한껏 취해서 하직을 고했다. 원 수사는 취해서 일어나지 못하고 그대로 누워 있었다. 나는 곤양, 소비포, 거제 등과 더불어 배를 돌려 삼천포 앞바다에 이르러 잤다.

19일 맑음. 저물 무렵에 잠깐 비가 내렸다. 새벽에 사량 뒤쪽에 이르렀는데 원 수사는 아직도 오지 않았다. 칡 60동을 캔 뒤에야 원 수사가 왔다. 늦게 출발해 당포에 이르러 잤다.

20일 맑음. 새벽에 출발해 진에 이르렀다. 우수사와 정 조방장이 방문했다. 정 조방장은 곧 돌아가고 우수사와 장흥, 사도, 가리포, 충청 우후 원유남과 활을 쏘았다. 저녁에 피리를 불고 노래하다가 밤이 깊어서야 헤어졌다. 미안한 일이 많았다. 충청 수사는 어머니 병환이 위중해서 흥양으로 돌아갔다.

21일 맑음. 외가 제삿날이라 업무를 보지 않았다. 곤양, 사도, 마량, 남도(강응표), 영등, 회령, 소비포 등이 방문했다. 양정언이 왔다.

22일 맑음. 성종 비 정현왕후의 제삿날이라 업무를 보지 않았다. 경상 우후 이의득이 방문했다. 낙안과 사도도 왔다 갔다. 저녁에 곤양,

140

거제, 소비포, 영등 등이 와서 이야기를 나누다가 밤이 깊어서야 돌아갔다.

23일 맑음. 아침에 서류 초안을 작성하고 식사 후에 사정에 옮겨 업무를 보고서 활을 쏘았다. 바람이 몹시 사납게 불었다. 장흥과 녹도가 함께 왔다. 저물 무렵에 곤양과 웅천, 영등, 거제, 소비포 등이 왔다. 오후 8시쯤에 헤어져 돌아갔다.

24일 맑음. 각 고을의 수군을 징발할 일로 박언춘과 김륜, 신경황을 보냈다. 정 조방장이 돌아갔다. 늦게 소비포가 방문했다.

25일 맑음. 곤양과 소비포를 불러 함께 아침을 먹었다. 사도蛇渡가 휴가를 얻어 가기에 9월 초일에는 돌아오라고 일렀다. 현덕린이 제 집으로 돌아가고, 신천기도 곡식 바칠 일 때문에 돌아갔다. 늦게 흥양 배흥립이 돌아왔다. 사정으로 내려가 활 6순을 쏘았다. 정원명이 들어왔다.

26일 맑음. 아침에 각 관포의 서류를 처리해 보냈다. 흥양 보자기 막동이란 자가 장흥 군사 30명을 배에 싣고 도망간 죄를 지어 사형에 처한 뒤 효시했다. 늦게 사정에 올라가서 활을 쏘았다. 충청 우후도 와서 함께 쏘았다.

27일 맑음. 우수사가 가리포와 장흥, 임치 우후, 충청 우후 등 여러 장수들과 함께 활을 쏘았다. 흥양이 술을 내놓았다. 아침에 울의 편지를 보니 아내의 병이 위급하다고 하여 회를 보내 확인하게 했다.

28일 밤 2시경부터 부슬비와 큰 바람이 불었는데, 비는 아침 6시쯤 갰지만 바람만은 종일 크게 불어 밤새 그치지 않았다. 회가 잘 갔는지 몹시 염려스러웠다. 진도 수령 김만수가 방문했다. 원수의 장계로 인해 문책하는 글이 내려왔다. 장계 내용의 오해에서 말미암은 것이었다.

29일 맑았으나 북풍이 크게 불었다. 아침에 마량 첨사와 소비포가 와서 함께 밥을 먹었다. 늦게 사정에 옮겨 앉아 서류를 처리해 보냈다. 도양道陽의 머슴 박돌이의 죄를 다스렸다. 도둑 3명 중 장손張孫은 곤장 100대를 때리고 얼굴에 '도盜' 자 문신을 했다. 해남 현감 현집이 들어왔다. 의병장 성응지가 세상을 떠났다. 참으로 슬프다.

30일 맑고 바람도 없었다. 아침에 해남 현감 현집이 방문했다. 늦게 우수사와 장흥이 방문했다. 저물 무렵에는 충청 우후, 웅천, 거제, 소비포 등이 왔다. 허정은도 왔다. 이날 아침에 탐후선이 들어왔는데 아내의 병세가 매우 위중하다고 했다. 벌써 생사가 바뀌었는지도 모를 일이다. 그렇지만 나랏일이 이에 이르렀으니 어찌 다른 일에까지 생각이 미칠 수 있으랴. 세 아들, 딸 하나가 어떻게 살아갈 것인가, 마음이 아프고 괴롭다. 김양간이 서울에서 영의정과 병조판서 심충겸의 편지를 가지고 왔는데, 분개한 내용이 많이 있었다. 원 수사의 일은 참으로 해괴하다. 날더러 머뭇거리며 앞으로 나가지 않는다고 했다니, 이는 천고에 탄식할 일이다. 곤양이 병으로 돌아갔는데, 보지 못하고 보내서 더욱 유감스러웠다. 밤이 들면서 마음이 심란하여 잠을 이루지 못했다.

9월

1일 맑음. 앉았다 누웠다 하며 잠을 이루지 못했다. 촛불을 켠 채로 뒤
척이며 밤을 지새웠다. 이른 아침에 세수를 하고 조용히 앉아 아내
의 병세에 대해 점을 쳤다. '중이 환속하는 것 같다如僧還俗'는 괘를
얻어서 다시 쳤더니 '의심이 기쁨을 얻은 것과 같다如疑得喜'는 괘를
얻었다. 아주 좋다. 또 병세가 나아질지 어떨지에 대해서 점을 쳐
보니 '귀양 간 땅에서 친척을 만난 것과 같다如謫見親'는 괘였다. 이
또한 오늘 중에 좋은 소식을 받을 징조였다. 순무사 서성의 공문과
장계 초본이 들어왔다.

2일 맑음. 아침에 웅천과 소비포 권관이 와서 함께 아침을 먹었다. 늦게
낙안 김준계가 방문했다. 저녁때 탐후선이 들어왔는데 아내의 병이
나아지기는 하지만 원기가 몹시 약하다고 했다. 자못 걱정스럽다.

3일 비가 조금 왔다. 새벽에 밀지가 들어왔는데 "수륙水陸의 여러 장수
들이 팔짱만 끼고 서로 바라보면서 한 가지라도 계책을 세워 적을
치는 일이 없다"는 것이었다. 3년 동안 해상海上에 있으면서 절대로
그런 적이 없었다. 여러 장수들과 함께 죽기를 맹세하고 원수를 갚
을 뜻으로 하루하루를 보내고 있다. 그렇지만 적이 험한 곳에 숨어
있는 관계로 용이하지 않다. 험한 소굴에 진지를 구축한 적이라 경
솔히 나아가 칠 수 없음은 물론, 더구나 "나를 알고 적을 알면 백번
싸워도 위태롭지 않다"고 하지 않았는가. 종일 큰 바람이 불었다.
초저녁에 불을 밝히고 혼자 앉아 스스로 생각하니, 나랏일이 이렇

듯 어지럽건만 안에서 해결할 방법이 없으니 이 일을 어찌할꼬. 밤 10시쯤 흥양이 내가 홀로 앉아 있는 것을 알고 들어와서 자정까지 이야기하다 헤어졌다.

4일 맑음. 아침에 흥양이 방문했다. 식사 후에 소비포도 왔다. 늦게 원 수사가 이야기할 것이 있다고 하기에 사정에 나가 앉았다. 활을 쏘 았는데 원 수사가 9분을 지고 술이 취해서 갔다. 피리를 불게 하고 밤이 깊어서 헤어졌는데 또 미안한 일이 있어서 쓴웃음이 나왔다. 여도가 들어왔다.

5일 맑음. 닭이 운 뒤 머리가 견딜 수 없이 가려워 사람을 불러 긁게 했 다. 바람이 고르지 않아 나가지 않았다. 충청 수사가 들어왔다.

6일 맑고 바람도 잔잔했다. 아침에 충청 수사, 우후, 마량과 함께 밥을 먹고 늦게 사정으로 옮겨 활을 쏘았다. 이날 저녁, 종 효대와 개남 이 어머님께서 평안하시다는 편지를 가지고 왔다. 즐겁고 다행스런 마음을 어디에 비기랴. 들으니 방필순이 세상을 떠나서 익순이 그 가족을 끌고 우리 집으로 왔다고 한다.[1] 우습다. 밤 10시쯤 복춘이 왔다. 저물 무렵에 들으니 김경로가 우도에 왔다고 한다.

7일 맑음. 아침에 순천 부사 권준의 편지가 왔다. "순찰사 홍세공이 10 일경 본부(순천)에 도착하고, 좌의정 윤두수도 도착한다"는 내용이 었다. 심히 불행한 일이다. 순천이 진중에 있을 때 거제로 사냥을 보냈던 적이 있었다. 그때 모두 (적에게) 사로잡혔었는데, 그 내용을

---

1 방필순과 익순은 이순신의 장인인 방진의 일족으로 보이나 자세한 관계는 알 수 없다.

전혀 보고하지 않은 것 같아서 편지에 지적해 보냈다.

8일 맑음. 장흥 황세득을 헌관獻官[2]으로 삼고, 흥양을 전사典祀[3]로 삼아 9일에 둑제纛祭를 지내기 위해 입재入齋시켰다. 첨지 김경로가 왔다.

9일 맑았지만 저물 무렵에 잠시 비가 오다가 그쳤다. 여러 장수들이 활을 쏘았다. 삼도三道가 모두 모였는데 원 수사는 병으로 오지 않았다. 김 첨지도 함께 활을 쏘다가 경상도 부대로 가서 잤다.

10일 맑음. 바람도 조용했다. 사도가 사회射會를 열었는데 우수사도 모였다. 김경숙이 창신으로 돌아갔다.

11일 맑음. 일찍이 수루에 나가 남평의 색리와 세 번씩이나 군량을 도둑질한 순천 격군을 처형했다. 각 관포의 서류를 처리해 보냈다. 늦게 충청 수사가 방문했다. 소비포는 원 수사가 모함하려고 하는 까닭에 달밤을 이용해서 본포로 돌아갔다.

12일 맑음. 일찍이 김암이 방에 왔다. 조방장 정응운의 종이 돌아가는 길에 답장을 보냈다. 늦게 우수사, 충청 수사가 함께 오고 장흥이 술을 내어 함께 이야기하다가 크게 취해 헤어졌다.

13일 맑고 따사로웠다. 어제 취한 것이 아직도 깨지 않아 방 밖으로 나가지 않았다. 아침에 충청 우후가 방문했다. 또 조도 어사調度御使 윤경립이 올린 장계 초안 두 통을 보았다. 한 통은 진도 군수의 파면을 청한 것이고, 다른 한 통은 수군·육군을 서로 바꾸어 징발하

---

2 제사 때 술잔을 드리는 사람.

3 제사 전반의 일을 책임지는 사람.

갑오년 145

지 말 것과 각 고을 수령들을 전쟁터로 내보내지 말 것을 적은 것인데, 그 의견이 눈앞의 일만 생각하는 것이었다. 저녁에 하천수가 장계 회답과 과거 시험 합격증인 홍패紅牌 97장을 가지고 왔다. 영의정의 편지도 가지고 왔다.

14일 맑음. 흥양이 술을 바쳤다. 우수사, 충청 수사와 함께 활을 쏘았다. 방답 첨사가 공사례公私禮를 행했다.

15일 맑음. 새벽 일찍 충청 수사와 여러 장수들과 함께 망궐례를 드렸다. 우수사는 미리 약속을 하고도 병을 이유로 참석하지 않으니 탄식스럽다. 새로 급제한 사람들에게 홍패를 나누어 주었다. 남원의 도원방都元房과 향소鄕所 등을 붙잡아 가두었다. 충청 우후 원유남이 본도로 나갔다. 종 경京이 들어왔다.

16일 맑음. 충청 수사 및 순천과 이야기했다. 이날 밤 꿈에 아들을 낳았는데, 경의 어미가 아들을 낳을 징조였다.

17일 맑고 따뜻했다. 충청 수사, 순천, 사도가 와서 활을 쏘았다. 이몽구가 둔전屯田[1]을 추수할 일로 나갔다. 효대孝代들도 나갔다.

18일 맑고 따뜻했다. 충청 수사와 흥양 수령들과 하루 종일 활을 쏘다가 헤어졌다. 어두워지자 비가 내리기 시작해 밤새도록 내렸다. 이수원과 담화曇花, 복춘福春이 들어왔다. 밤새 뒤척이며 잠을 이루지 못했다.

---

1 군졸, 서리, 평민, 관노비들에게 미간지를 개척하여 경작하게 하고 여기에서 나오는 수확물을 지방 관청의 경비와 군량, 기타 국가 경비에 쓰도록 한 토지제도.

19일 종일 비가 내렸다. 흥양과 순천이 와서 함께 이야기했다. 해남도 왔다가 곧 돌아갔다. 흥양과 순천은 밤이 깊어서야 돌아갔다.

20일 새벽에 바람은 그치지 않았으나 비는 잠깐 그쳤다. 홀로 앉아 간밤에 꾼 꿈을 생각해 보았다. 바다 가운데 있는 외로운 섬이 달려오다가 내 눈앞에서 주춤 섰는데 그 소리가 우레 같았다. 사방에서는 모두 놀라서 달아났는데 나만 혼자서 끝까지 그것을 구경했다. 참으로 장쾌했다. 이것은 왜놈들이 화친을 애걸하고 스스로 멸망할 징조다. 또 꿈에서 내가 준마駿馬를 타고 천천히 가고 있었는데, 이것은 임금의 부르심을 받아 올라갈 징조다. 충청 수사와 흥양이 왔다. 거제 안위安衛도 왔다가 곧 돌아갔다. 체찰사의 공문에 "수군에게 군량을 받아들여 계속해서 대라"고 했다. 잡아 가두었던 친족과 이웃은 다 방면했다고 한다.

21일 맑음. 아침에 사정에 나가 앉아 업무를 보고 늦게 활을 쏘았다. 장흥, 순천, 충청 수사와 하루 종일 이야기했다. 저물어서 장수들에게 뛰어넘기를 시키고, 또 군사들에게는 씨름으로 겨루게 했다. 밤이 깊어서야 끝이 났다.

22일 아침에 사정에 앉아 있는데 우수사와 장흥이 왔다. 경상 우후 이의득도 와서 명령을 듣고 돌아갔다. 원수의 밀서가 왔는데 27일에는 반드시 군사를 출동시키라는 것이었다.

23일 맑았으나 바람이 사나웠다. 일찍이 서정에 나가서 업무를 보았다. 원 수사가 와서 군사 기밀을 의논하고 갔다. 낙안 군사, 본영 군사 51명, 방답 수군 45명을 검열했다. 고성 백성들이 연명으로 청원소

를 올렸다. 진주 강운姜雲의 죄를 다스렸다. 보성에서 데려온 소관
召官 황천석은 좀 더 엄중히 신문했다. 광주에 가두어 둔 창평현 담
당 관리 김의동을 사형에 처하라는 군령을 내려보냈다. 저녁에 충
청 수사와 마량 첨사가 방문했다가 밤이 깊어서야 돌아갔다. 오후
8시쯤 복춘이 와서 사사로운 이야기를 하다가 닭이 운 뒤에야 돌아
갔다.

24일 맑았지만 종일 큰 바람이 불었다. 오전 중 대청大廳에 있어 입무를
보고 아침을 충청 수사와 함께 먹었다. 이날 호의號衣[1]를 나누어 주
었다. 좌도는 누른 옷 9벌, 우도는 붉은 옷 10벌, 경상도는 검은 옷
4벌이었다.

25일 맑음. 바람이 조금 잦아들었다. 첨지 김경로가 군사 70명을 거느
리고 들어왔다. 저녁때 박 첨지도 군사 600명을 거느리고 들어왔
고, 조붕도 왔다. 함께 자면서 많은 이야기를 나누었다.

26일 맑음. 새벽에 곽재우, 김덕령 등이 견내량에 이르렀다. 박춘양을
보내서 건너 온 까닭을 물었더니, 수군과 합세할 일로 원수가 전령
했다는 것이었다.

27일 아침에는 맑다가 저녁에 잠깐 비가 내렸다. 늦은 아침에 배를 띄
워 포구로 나가자 여러 배들도 일제히 출발해 적도赤島 앞바다에 대
었다. 곽 첨지, 김충남, 별장 한명련, 주몽룡 등이 모두 와서 의논

---

1 각 영문營門의 군사, 마상재꾼, 의금부의 나장, 사간원의 갈도 등이 입던 세 자락의 웃옷.
소속에 따라 옷 빛깔이 달랐다. '더그레'라고도 하며 기능보다는 색깔에 따라 방위 지역을
구분하는 의미가 더 크다.

한 뒤에 각각 원하는 곳으로 보냈다. 저녁에 병사 선거이가 배에 이르렀으므로, 본영(전라 좌수영)의 배를 타게 했다. 저물녘에 체찰사의 군관 이천문, 임득의, 이홍사, 이충길, 강중룡, 최여해, 한덕비, 이안겸, 박진남 등이 왔다. 밤에 잠깐 비가 내렸다.

28일 흐림. 새벽에 불을 밝히고 홀로 앉아 적을 칠 일로 길흉을 점쳐 보았다. 첫 점은 '활이 살을 얻은 것과 같다如弓得箭'는 것이었고, 다시 치니 '산이 움직이지 않는 것과 같다如山不動'는 것이었다. 바람이 고르지 못했다. 흉도 안바다에 진을 치고서 잤다.

29일 맑음. 배를 띄워 장문포 앞바다로 나아가 돌입하자, 적의 무리는 험준한 곳에 숨어서 나오지 않았다. 누각을 높이 짓고 양쪽 봉우리에는 벽루壁壘를 쌓고 있었으나 나와서 싸우려 하지 않았다. 선봉 적선 2척을 무찌르자 육지로 도망쳤다. 빈 배만 불태워 버리고, 칠천량에서 밤을 지냈다.

10월

1일 맑음. 새벽에 떠나 장문포에 이르니 경상 우수사와 전라 우수사가 장문포 앞바다에 머물고 있었다. 나는 충청 수사 이순신과 선봉 여러 장수들과 함께 바로 영등포로 들어갔다. 그런데 왜적들은 바닷가에 배를 대어 놓고 한 명도 나와서 싸우려 하지 않았다. 날이 저물어 사도蛇渡 2호선이 장문포 앞바다의 뭍에다 배를 대려고 하는데, 이때 작은 적선이 곧장 들어와 불을 던졌다. 비록 불은 꺼졌지만 분하고 원통하기 그지없었다. 우수사 군관과 경상 수사 군관의 실수는 약하게 꾸짖었으나 사도 군관의 죄는 엄하게 다스렸다. 밤 10시경 다시 칠천량에 이르러 밤을 지냈다.

2일 맑음. 선봉선 30척에 명령하여 장문포에 주둔한 적의 형세를 살펴보고 오게 했다.

3일 맑음. 일찌감치 여러 장수들을 친히 거느리고 장문포로 가서 싸우려고 했지만, 적들이 두려워하여 나오지 않아 전투가 벌어지지 않았다. 날이 저물어 칠천량으로 되돌아와 밤을 지냈다.

4일 맑음. 곽재우, 김덕령 등과 함께 약속한 뒤 군사 수백 명을 뽑아 육지에 내려 산으로 올라가게 하고, 선봉은 장문포로 먼저 보내어 싸움을 걸도록 했다. 늦게 중군中軍을 거느리고 진격하였다. 수군과 육군이 합세하여 진격하자 왜적들은 정신을 못 차리고 갈팡질팡하였다. 기세를 잃고 동서로 달아나는데, 육군은 왜적 한 놈이 칼을 휘두르는 것을 보고 도로 배로 내려오는 것이었다. 날이 저물어 칠천량으로 돌아와 진을 쳤다. 선전관 이계명이 표신標信[1]과 선유교서宣諭敎書, 임금께서 내려 준 담비의 털 가죽을 가지고 왔다.

5일 맑음. 그대로 머무르고 있었다. 장계의 초안을 다듬었다. 하루 종일 큰 바람이 불었다.

---

1 궁중의 급한 사실을 전할 때나 궐문을 드나들 때 지녔던 신분증. 1508년(중종 3)에 시행된 것으로 버드나무에 붉은색 글씨로 썼다.

6일 맑음. 일찍 선봉을 시켜 장문포에 주둔하고 있는 적의 소굴로 보냈다. 왜인들이 나무에 글을 써서 땅에 꽂아 놓았는데, 내용은 "일본이 대명大明(명나라)과 더불어 화친을 의논하는 터라 서로 싸울 것이 없다"는 것이었다. 왜놈 1명이 칠천 산기슭으로 와서 투항하고자 하므로 곤양 군수가 배에 싣고 물어 보니, 영등포 왜적이었다. 흉도胸島로 진을 옮겼다.

7일 맑고 따뜻했다. 선 병사宣兵使(선거이), 곽재우, 김덕령 등이 나갔다. 그대로 머무른 채 떠나지 않았다. 띠 183동을 베었다.

8일 맑고 바람 한 점 없었다. 이른 아침에 출발하여 장문포 적굴賊窟에 이르렀으나 적들은 여전히 나오지 않았다. 군사의 위엄만 보인 뒤에 다시 흉도로 돌아왔다. 배를 저어 한산도에 이르렀을 때 이미 자정이 되었다. 흉도에서 띠 260동을 베었다.

9일 맑음. 아침에 정자에 이르니 첨지 김경로, 첨지 박종남, 조방장 김응함, 조방장 한명련, 진주 목사 배설, 김해 부사 백사림 등이 모두 함께 작별하고 돌아갔다. 김과 박은 하루 종일 활을 쏘았다. 박자윤(종남의 아들)은 마루방에서 복춘과 함께 자고, 김성숙(경로의 아들)은 배로 내려가 잤다. 남해 수령, 진주, 김해, 하동, 사천, 고성 등이 작별하고 돌아갔다.

10일 맑음. 아침에 장계의 초안을 꺼내 수정했다. 박자윤과 곤양은 그대로 머물러 떠나지 않겠다고 했다. 흥양, 장흥, 보성은 작별하고 돌아갔다. 이날 밤 두 가지 상서로운 꿈을 꾸었다. 울과 존서存緖,

유○○¹와 정립廷立 등이 본영으로 돌아왔다.

11일 맑음. 아침에 몸이 불편했다. 아침에 충청 수사가 방문했다. 공문을 처리하고 일찌감치 자는 방으로 들어갔다.

12일 맑음. 아침에 장계의 초안을 수정했다. 늦게 우수사와 충청 수사가 왔다. 경상도 원 수사가 적을 토벌할 일로 직접 장계를 낸다고 하므로 공문을 만들어 보냈다. 비변사 공문에 의하여 원수가 쥐가죽으로 만든 남바위²를 좌도에 15벌, 우도에 10벌, 경상도에 10벌, 충청도에 5벌씩 나누어 보냈다.

13일 맑음. 아침에 아전을 불러 장계 초안을 꾸미게 하였다. 늦게 충청 수사를 내보냈다. 본도 우수사 이억기가 충청 수사를 방문했으면서도 나를 보지 않고 돌아갔다. 이는 만취했기 때문이었다. 종사관 정경달이 이미 사천에 이르렀다고 한다. 사천 1호선을 내보냈다.

14일 맑음. 새벽꿈에 왜적들이 항복을 빌면서 육혈총통六穴銃筒 5자루와 환도還刀를 바쳤다. 말을 전하고 가는 사람의 이름은 김서신이라고 했는데, 왜놈들의 항복을 모두 받아들인 뒤에 깨었다.

15일 맑음. 박춘양이 장계를 가지고 나갔다.

16일 맑음. 순무사 서성이 날이 저물 무렵에 와서 우수사, 원 수사와 함께 이야기하다가 밤이 깊어서야 헤어졌다.

17일 맑음. 아침에 어사 서성에게 사람을 보냈더니 식사 후에 오겠다고

---

1 'O'로 표시한 글자는 알 수 없다.

2 이마, 귀, 목덜미를 덮게 되어 있는 방한모.

했다. 늦게 우수사와 어사가 와서 조용히 이야기하던 중에 원 수사가 속이고 무고誣告하는 짓이 많이 논의되었다. 참으로 해괴한 일이다. 나중에 원 수사도 왔다. 그 흉패凶悖한 꼴은 이루 다 말할 수 없었다. 아침에 종사관이 들어왔다.

18일 맑음. 아침에 큰 바람이 불다가 저녁때 그쳤다. 어사한테 가니 이미 원 수사에게 갔다고 하여 그곳으로 갔다. 조금 있다가 술이 나왔다. 날이 저물어 돌아왔다. 종사관이 교서에 숙배례를 드린 뒤에 상면했다.

19일 바람이 고르지 못했다. 대청에 나가 앉았다가 늦게 수루 방으로 돌아왔다. 어사가 우수사한테 가서 종일 술을 마시며 이야기했다고 한다. 아침에 종사관과 이야기했다. 저녁에 종 억지 등을 독촉해 불러왔다. 박언춘도 왔다.

20일 아침에 흐렸다. 늦게 순무 어사 서성이 나갔다. 작별한 후 대청에 앉으니 우수사가 돌아간다고 고했다. 서류 작성 때문에 나가는 것인 듯하다.

21일 맑았지만 조금 흐리기도 했다. 종사관과 우후, 발포 등이 나갔다. 늦게 항복한 왜적 3명이 원 수사로부터 왔기에 문초를 했다. 영등 만호 조계종이 왔다가 밤이 깊어서야 돌아갔다. 그에게 작은 아이가 있다고 하기에 데려오라고 일렀다. 밤에 비가 조금 내렸다.

22일 흐림. 중 의능義能과 이적李迪이 나갔다. 오후 8시께 영등이 그 아이(조계종의 아들)를 데려왔다. 심부름을 시키기 위해 머무르게 했다.

23일 맑음. 그 아이가 앓는다고 한다. 종 억지와 애환, 정말동 등의 죄를 다스렸다. 저녁에 그 아이를 원래 있던 곳으로 보냈다.

24일 맑음. 우우후 이정충을 불러 활을 쏘았다. 금갑도 만호 이정표도 왔다.

25일 맑았으나 서풍이 크게 불다가 밤이 되어 그쳤다. 몸이 불편해 방에서 나가지 않았다. 남도 강응표, 거제, 영등이 와서 한동안 이야기했다. 전 낙안 군수인 첨지 신호가 왔는데, 체찰사 윤두수의 공문과 목화木花, 벙거지[1], 정목正木 1동 등을 가져왔다. 함께 의논하다가 밤이 깊어 돌아갔다. 순천 권준이 잡혀가면서도 방문했다. 마음이 편치 않았다.

26일 맑음. 장인의 제삿날이라 업무를 보지 않았다. 신 첨지에게 들으니 김상용이 이조좌랑이 되어 서울로 올라갈 때, 남원부 내에서 잤으나 체찰사를 방문하지 않고 갔다고 한다. 세상 일이 이러하니 참으로 해괴하다. 또 체찰사가 밤에 순변사 이일의 방에 갔다가 밤이 깊어 그 숙소로 돌아온다고 한다. 체통이 이럴 수 있는가. 놀라움을 이기지 못했다. 종 한경이 본영으로 갔다. 오후 6시쯤 비가 내리기 시작해서 밤새도록 그치지 않았다.

27일 아침에는 비가 내리다가 늦게 갰다. 미조항 첨사 성윤문이 와서 교서에 숙배례를 행한 뒤에 함께 이야기하다가 날이 저물어 돌아갔다.

28일 맑음. 대청에 앉아 업무를 보았다. 금갑도와 이진 등이 방문했다.

---

1 궁중이나 양반집의 군노나 하인이 썼던 털로 만든 모자.

식사 후에 우우후, 경상 우후 이의남이 와서 목화를 받아 갔다. 날이 저물어 침실로 들어갔다.

29일 맑음. 서풍이 불어 한기가 마치 살을 에는 것 같았다.

30일 맑음. 수색하고 토벌하기 위해 들여보내고 싶었으나 경상도 전투선이 없어서 오기를 기다렸다. 자정에 아들 회가 들어왔다.

11월

1일 새벽에 망궐례를 드렸다. 몸이 좋지 않아 하루 종일 나가지 않았다.

2일 맑음. 좌도에서는 사도 김완을, 우도에서는 우우후 이정충을, 경상도에서는 미조항 첨사 성윤문을 각각 수색과 토벌을 위한 장수로 선정하여 들여보냈다.

3일 맑음. 아침에 김천석이 비변사의 공문과 항복한 왜인 야여문也汝文[2] 등 3명을 데리고 진에 왔다. 수색과 토벌을 위하여 나갔다 오니 밤 10시쯤 되었다. 이영남이 방문했다.

4일 맑음. 대청에 나가서 항복한 왜군들의 사정을 물었다. 임금께 올리는 문서를 가져갈 유생儒生이 들어왔다.

5일 흐리다가 이슬비가 내렸다. 송한련이 대구 10마리를 잡아 왔다. 순변사 이일이 군관을 시켜 항복한 왜군 13명을 압송해 오도록 했다.

---

2 항복한 왜인들의 이름을 우리말 발음에 의거한 한자로 적었다.

밤새도록 큰 비가 내렸다.

6일 흐렸지만 따뜻하기가 봄날 같았다. 이영남과 이정충이 방문했다. 첨지 신호와 함께 이야기했다. 송희립이 사냥하러 갔다.

7일 늦게 갰다. 아침에 대청으로 나가서 항복한 왜인 17명을 남해로 보냈다. 늦게 금갑도 만호 이정표, 사도 첨사 김완, 여도 만호 김인영, 영등 만호 등이 방문했다. 낮에 첨지 신호가 원수에게서 돌아와 보고하되 "원수가 수로에 머무른다"고 하였다.

8일 새벽에 잠깐 비가 오더니 늦게 날이 갰다. 배 만들 목재를 운반해 왔다. 새벽에 꿈을 꾸었다. 영의정은 이상한 모양새를 갖추었고, 나는 관을 벗은 채로 민종각의 집에 가서 이야기하다가 깨었다. 무슨 징조인지 알 수 없다.

9일 맑았지만 바람은 고르지 않았다.

10일 맑음. 아침에 이희남이 들어왔다. 조카 뇌도 영중營中에 왔다고 한다.

11일 동지冬至다. 새벽에 망궐례를 드린 뒤 군사들에게 팥죽을 먹였다. 우우후와 정담수가 방문했다가 돌아갔다.

12일 맑음. 일찍 대청에 나가서 순천의 색리 정승서와 남원에서 폐단을 끼친 역의 관리를 다스렸다. 첨지 신호에게 작별 술을 대접했다. 견내량의 군사 방어선을 넘어서 고기잡이를 한 어부 24명을 잡아다 곤장을 때렸다.

13일 맑음. 바람이 차차 잦아드니 날씨도 따뜻했다. 신 첨지와 아들 회가 이희남, 김숙현과 함께 본영으로 갔다. 종 한경에게 은진恩津 김정휘의 집에 다녀오도록 했다. 장계도 보냈다. 원 수사가 방어사 군관에게 항복한 왜군 14명을 보내왔다. 저녁때 윤연尹連[1]이 자기 누이의 편지를 가져왔는데 망언이 많았다. 우스웠다. 버리고자 하면서도 버리지 못하는 까닭이 있는 듯하다. 결국은 세 아이가[2] 의지할 곳이 없게 되었다. 15일은 아버님 제삿날이라 오늘부터 업무를 보지 않았다. 달빛이 밝아서 밤새도록 잠을 이루지 못하다가 거의 날을 샜다.

14일 맑음. 아침에 우병사右兵使 김응서가 항복한 왜군 7명을 군관을 시켜 보내왔기에 곧 남해현으로 넘겼다. 이함이 남해에서 왔다.

15일 맑음. 따뜻하기가 봄날과 같았다. 음양陰陽이 질서를 잃은 모양이니 그야말로 재변이다. 아버님 제삿날이라 업무를 보지 않고 방 안에 홀로 앉아 있었다. 슬픔과 마음의 회한을 어찌 다 말하랴. 저물어 탐후선이 들어왔는데, 순천 교생校生이 교서의 등본을 가지고 왔다. 아들 울의 편지를 보니 어머님께서 변함없이 평안하시다고 한다. 참으로 다행스런 일이다. 상주에 사는 사촌 누이의 아들 윤엽이 본영에 이르러 어미의 편지와 자기 편지를 보내왔다. 그것을 보니 눈물이 흐르는 것을 막을 수 없었다. 영의정의 편지도 왔다.

16일 맑았지만 바람이 조금 차가웠다. 식사 후에 대청에 나가 앉으니 우우후, 여도, 회령포 민정붕, 사도, 녹도, 금갑도, 영등포, 전 어란

---

1 이순신의 첩인 부안댁의 오빠.

2 누가 낳았는지 확인되지 않는 이순신의 자녀로, 신과 두 명의 딸을 의미하는 듯하다.

만호 정담수 등이 방문했다가 돌아갔다. 늦게 날씨가 다시 따뜻해졌다.

17일 맑고 따뜻했다. 서리가 눈같이 쌓였는데 무슨 징조인지 모르겠다. 늦게 산바람이 불기 시작하더니 하루 종일 불었다. 오후 10시경에 뇌와 울이 들어왔다. 자정쯤에 거친 바람이 불었다.

18일 맑았지만 큰 바람이 저녁에 불기 시작하더니 밤새도록 그치지 않았다.

19일 맑았으나 큰 바람이 밤새도록 그치지 않았다.

20일 맑음. 아침에 바람이 잠잠해졌다. 대청에 나가 있는데 원 수사가 방문했다가 돌아갔다. 늦게 큰 바람이 일더니 밤새 불었다.

21일 맑음. 아침에 바람이 조금 잔잔해졌다. 조카 뇌가 나갔으며, 이설이 포폄褒貶(잘한 일과 잘못한 일을 판단함)하는 장계를 가지고 나갔다. 종 금선, 우년, 이향, 수석, 행보 등도 나갔다. 김교성, 신경황, 남도포 강응표, 녹도 송여종 등도 나갔다.

22일 맑음. 아침에 회령포가 나갔다. 날씨는 매우 따뜻했다. 우우후 이정충과 정담수가 방문했다. 활 5, 6순을 쏘았다. 왜인의 옷감으로 무명 10필을 가져갔다.

23일 맑고 따뜻했다. 흥양과 순천이 보낸 군량을 받아들였다. 저녁때 이경복이 소실을 데리고 들어왔다. 들으니 순변사 등이 탄핵을 받았다고 한다.

24일 맑고 따뜻하기가 봄날 같았다. 대청에 나가서 공문을 처리해 보냈다.

25일 흐림. 새벽꿈에 순변사 이일과 만나 많은 말을 하였는데 "이같이 국가가 위태로운 시기를 당해 몸에 무거운 책임을 지고서도 나라의 은혜를 갚겠다는 생각은 하지 않고, 배짱 좋게 음란한 계집을 끼고 서는 관사에는 들어오지 않고 성 바깥 여염집에 있으면서 남의 비웃음을 받으니 그것이 무슨 일이며, 또 수군 각 고을과 포구에 나눠 배정된 병기를 육군에서 독촉하기에 바쁘니 이것은 또한 무슨 까닭이냐" 하니 순변사 이일이 대답하지 못하는 것이었다. 기지개를 켜며 깨어나니 한갓 꿈이었다. 식사 후에 대청에 나가서 업무를 보았다. 조금 있으니 우우후, 금갑도 만호가 와서 피리를 듣다가 저물어 돌아갔다. 흥양의 총통 만드는 색리들이 와서 재정 상태를 밝히고 돌아갔다.

26일 소한小寒인데 맑고 따뜻했다. 방에 앉아 업무를 보지 않았다. 메주 10섬을 쑤었다.

27일 맑음. 식사 후 대청에 나가 좌우도左右道에서 보내온 항복한 왜인들을 모이게 한 뒤 총 쏘는 연습을 시켰다. 우우후, 사도, 여도, 거제가 함께 방문했다.

28일 맑음.

을미년

乙未年
1595년, 선조 28

정월

1일 맑음. 촛불을 밝히고 앉아 나랏일을 생각하니 나도 모르는 사이에 눈물이 흐른다. 병드신 팔순 어머니를 생각하며 뜬눈으로 밤을 새웠다. 새벽에는 여러 장수들과 색군들이 와서 새해 인사를 나누었다. 원전, 윤언심, 고경운 등이 와서 보았다. 모든 색군들에게 술을 먹였다.

2일 맑음. 나라의 제삿날이라 업무를 보지 않았다. 장계를 수정했다.

3일 맑음. 일찍 대청에 나가서 각 관포의 공문을 적어 보냈다.

4일 맑음. 우우후 이정충, 거제 안위, 금갑도 이정표, 소비포 이영남, 여도 김인영 등이 방문했다.

5일 맑음. 공문을 적어 보냈다. 봉과 울이 왔다. 어머님이 평안하시다니 다행이었다. 여러 가지 생각으로 밤새도록 잠을 이루지 못했다.

6일 맑음. 어응린과 고성 현감 조응도가 왔다.

7일 맑음. 흥양 배흥립, 방언순과 함께 이야기했다. 남해의 항복한 왜인 야여문 등이 와서 인사를 올렸다.

8일 맑았으나 큰 바람이 불었다. 광양 송전의 공식적인 의례를 받은 뒤에 전령의 기한을 넘긴 죄로 매를 때렸다.

9일 식사 후에 야여문 등을 남해로 돌려보냈다.

10일 순천 부사 박진이 교서에 숙배례를 행했다. 경상 수사 원균이 선창에 왔다는 말을 듣고 불러들여 이야기했다. 순천, 우우후, 흥양, 웅천, 고성, 거제 등도 왔다가 돌아갔다.

11일 우박이 내렸고 동풍이 불었다. 식사 후에 순천, 흥양, 고성, 웅천, 영등포 조계종이 와서 이야기했다. 고성은 새로 만드는 배를 감독할 일로 돌아간다고 했다.

12일 흐리고 큰 바람이 불었다. 각 고을의 공문서를 적어 보냈다. 저녁에 순천이 돌아갔다. 영남 우후 이의득이 방문했다.

13일 아침에는 맑았고 저녁에는 비가 왔다. 박치공이 왔다.

14일 맑음. 동풍이 크게 불었다. 몸이 불편하여 누워서 신음했다. 영등, 사천 기직남, 여도 등이 방문했다.

15일 맑음. 우우후 이정충을 불렀는데 그가 실족하여 물에 빠져 한참 동안 헤엄치는 것을 간신히 건져 냈다고 한다. 불러서 위로했다.

16일 맑음. 대청에 나가서 업무를 보았다.

17일 맑음. 바람도 없이 따뜻했다. 대청에 나가서 업무를 보았다. 우우후와 소비포, 거제와 미조항 성윤문이 와서 함께 활을 쏘고 헤어졌다.

18일 흐림. 공문을 적어 보냈다. 늦게 활 10순을 쏘고 헤어졌다.

19일 맑음. 대청에 나가서 업무를 보았다. 옥구 피난민 이원진이 왔다. 장흥 황세득, 낙안 김준계, 발포 황정록 등이 들어왔다. 기한이 늦은 죄로 처벌했다. 조금 있다가 여도 전투선에 불이 나서 광양, 순천, 녹도 전선 4척이 모두 연소됐다. 분함과 억울함을 이길 수 없었다.

20일 맑음. 아침에 아우 여필과 조카 해 그리고 이응복이 나갔다. 아들 울과 조카 분이 들어왔다. 어머님이 평안하시다 하니 다행이다.

21일 종일 가랑비가 내렸다. 이경명과 장기를 두었다. 장흥이 방문했다. 그에게서 순변사 이일의 처사가 극히 형언할 수 없고, 나를 해치려고 몹시 애를 쓴다는 말을 들었다. 참으로 가소롭다.

22일 날이 맑았으나 종일 큰 바람이 불었다. 원수의 군관 이태수가 전령을 가지고 와서 여러 장수들의 출석 여부를 알고 가겠다고 했다. 늦게 다락 위로 나가서 불을 낸 각 배의 장수와 색리들을 처벌했다. 초저녁에 금갑도 만호가 있는 집에 불이 나서 다 타 버렸다.

23일 종일 큰 바람이 불었다. 장흥 부사, 우후, 흥양 등이 와서 함께 이야기하다가 해가 저물어서야 돌아갔다.

24일 맑았으나 큰 바람이 불었다. 이원진과 작별했다.

25일 맑음. 장흥, 흥양, 우후, 영등, 거제 등이 방문했다.

26일 흐리고 바람이 불었다. 탐후선이 들어왔는데 흥양을 잡아갈 나장이 들어온다는 것이다. 이희도 왔다.

27일 맑음. 춥기가 한겨울 같았다. 대청에 나가서 영암과 강진의 공식 인사를 받았다.

28일 맑음. 큰 바람이 불었고 또 추웠다. 황승헌이 들어왔다.

29일 흐렸지만 비는 오지 않았다.

30일 맑음. 동풍이 크게 불었다. 보성 안홍국이 들어왔다.

2월

1일 맑았으나 바람이 불었다. 일찍 대청에 나가서 기일을 어긴 보성의 죄를 다스리고, 도망치던 왜놈 2명을 처형했다. 금부禁府의 나장이 와서 흥양을 잡아갈 일을 전했다.

2일 흐리고 바람이 크게 불었다. 흥양을 잡아갔다. 대청에 나가서 업무를 보았다.

3일 맑음. 일찍 대청에 나갔다. 흥양 배에 불을 냈다는 신덕수를 신문했지만 물증을 잡지 못하여 가두었다.

4일 맑음. 몸이 불편했다. 장흥과 우우후가 왔다. 원수부의 회답 공문과 종사관의 답장이 또 왔다. 봉과 회가 오종수와 함께 들어왔다.

5일 맑음. 충청 수사 이순신이 왔다. 천성 만호 윤홍년이 교서에 숙배했다.

6일 맑았으나 큰 바람이 불었다. 장흥, 우우후 등과 함께 활을 쏘았다.

7일 맑음. 보성 안홍국이 술을 가져왔다. 하루 종일 이야기했다.

8일 흐림.

9일 비.

10일 비가 내렸다. 바람도 크게 불었다. 황숙도와 하루 종일 이야기했다.

11일 비가 내리다가 늦게 잠깐 갰다. 황숙도, 분, 허주, 변존서가 돌아갔다. 하루 종일 업무를 보았다. 어두워질 무렵 임금의 분부가 들어왔는데, 곧 둔전을 점검하고 정비하라는 것이었다.

12일 맑음. 바람도 일지 않았다. 운엽이 들어왔다. 늦게 활 10여 순을 쏘았다. 장흥과 우우후도 와서 쏘았다.

13일 맑음. 일찍 대청에 나갔다. 도양 둔전에서 조세 300석을 실어 와 각 포구에 나누어 주었다. 우수사 이억기, 진도 박인룡, 무안, 함평 조발, 남도포, 마량 강응호, 회령포 민정붕 등이 들어왔다.

14일 맑고 따뜻했다. 식사 후에 진도 박인룡과 무안, 함평이 교서에 숙 배했다. 그런 뒤 방비처(방어 설비를 위한 곳)에 들이는 수군을 징발해 보내지 않은 것과 전투선을 만들어 오지 않은 일로 처벌했다. 영암 군수 박홍장도 처벌했다. 봉, 해, 분과 방응원이 함께 나갔다.

15일 맑고 따뜻했다. 새벽에 망궐례를 드렸다. 우수사 이억기, 가리포 이응표, 진도 등도 함께 와서 참례했다. 지휘선을 연기로 그을렸다.

16일 맑음. 대청에 나갔더니 함평 수령 조발이 논박을 당하고 돌아가므 로 술을 먹여 보냈다. 조방장 신호가 진에 와서 교서에 숙배한 뒤 함께 이야기했다. 저녁에 배를 타고 바다 가운데로 나가 정박했다. 밤 10시경에 이동하여 춘원도에 대니 날이 밝아 왔다. 그러나 경상 도 수군들은 아직 도착하지 않았다.

17일 맑음. 군사들에게 아침을 서둘러 먹인 후에 곧 우수영右水營 앞바 다로 갔다. 그런데 성안에 있던 왜적 7명이 우리 배를 보고 도망치 므로 돌려 나왔다. 장흥과 조방장 신호를 불러 하루 종일 계책을 의논하다가 진으로 돌아왔다. 저물 무렵에 임영과 조방장 정응운 등이 들어왔다.

18일 맑음. 탐후선이 들어왔다.

19일 맑음. 아침에 대청에 나가서 업무를 보았다. 거제, 무안, 평산포 김축, 회령포 민정붕과 허정은 등이 왔다. 군관 송한련이 와서 말하되 "고기를 잡아 군량을 산다"고 했다.

20일 맑음. 우수사와 장흥, 조방장 신호가 와서 이야기하는데, 원균의 고약한 짓을 많이 전했다. 참으로 놀라운 일이었다.

21일 비가 조금 오다가 늦게 갰다. 보성, 웅천, 우우후, 소비포, 강진 이극신, 평산포 등이 방문했다.

22일 맑음. 대청에 나가서 장계를 봉했다. 늦게 우후와 낙안, 녹도 송여종을 불러 떡을 대접했다.

23일 맑음. 조방장 신호와 장흥이 와서 이야기했다.

24일 흐림. 번개와 천둥이 쳤으나 비는 오지 않았다. 몸이 불편했다. 원전이 작별하고 돌아갔다.

25일 흐리고 바람조차 불순했다. 회와 울이 들어왔다. 그들에게서 어머님이 평안하시다는 말을 들었다. 장계를 가져갔던 이전이 들어왔는데 조보朝報[1]와 영의정 유성룡의 편지를 가지고 왔다.

26일 흐림. 아침에 편지와 장계 등 모두 16통을 봉해서 정여흥에게 부쳤다.

27일 맑음. 한식寒食. 원균이 포구에 있는 수사 배설과 교대하려고 이르렀다. 교서에 숙배하게 했더니 불평하는 기색이 많았다.[2] 두세

---

1 관보 성격의 필사 신문. 승정원에서 발표하는 국정시행사를 각 관청의 기별서리들이 직접 베껴서 서울과 지방의 각 관청과 양반들에게 보냈다.

2 원균은 이순신이 삼도수군통제사에 임명된 것에 반발하다 1954년 12월 충청 병사로 전출되었다가 얼마 후 전라좌병사로 전속되었다.

번 거듭 타일러 억지로 행하게 했다. 너무도 무식한 것이 가소로 웠다.

28일 맑음. 대청에 나가서 장흥, 우우후와 이야기했다. 광양과 목포도 왔다.

29일 맑음. 고여우가 창신도로 나갔다. 배 수사가 와서 둔전 확충 건에 대해 의논했다. 신 조방장도 왔다. 저녁에 옥포 만호 방승경과 다 경포 만호 이충성 등이 교서에 숙배례를 행했다.

30일 비가 주룩주룩 내렸다. 대청에 나가서 업무를 보았다.

3월

1일 맑음. 삼도의 겨울을 지낸 군사들을 모아 위에서 내려 주신 무명을 나누어 주었다. 조방장 정응운이 들어왔다.

2일 흐림.

3일 맑음.

4일 맑음. 조방장 박종남이 들어왔다.

5일 비가 주룩주룩 내렸다. 노대해가 왔다.

6일 맑음.

7일 맑음. 조방장 박종남, 조방장 신호, 우후 이몽구와 진도 박인룡이 방문했다.

8일 맑음. 식사 후에 대청으로 나갔다. 우수사와 경상 수사 배설, 박 조방장과 신 조방장, 우후, 가리포, 낙안, 보성, 광양, 녹도 등이 와서 함께 이야기했다.

9일 맑음. 늦게 대청으로 나갔다. 방답의 새 첨사 장린, 옥포의 새 만호 이담이 공사례를 행했다. 진주의 이곤변이 방문했다가 돌아갔다.

10일 흐리다가 가랑비가 왔다. 박 조방장과 이야기했다. 보성 군수 안홍국이 돌아갔다.

11일 흐리다가 큰 바람이 불었다. 사도 주부 조형도가 와서 좌도 적군의 형세와 항복한 왜인들에 대해 "풍신수길이 출병한 지 3년이나 지났음에도 끝내 효과가 없으므로 군사를 더 내어 바다를 건너와서 부산에다 진영을 만들려고 하는데, 이미 3월 11일에 바다를 건너오기로 정해져 있다"고 보고했다.

12일 흐림. 박 조방장과 우후가 장기를 두었다.

13일 흐리고 큰 바람이 불었다. 아침에 박자윤朴子胤(박종남) 영공을 불러서 함께 밥을 먹었다. 저녁 식사 후에 조형도가 방문했다가 돌아갔다.

14일 비가 주룩주룩 내리고 바람은 그쳤다. 남해 기효근이 진陣에 왔다.

15일 비가 잠깐 그치고 바람도 잦아들었다. 식사 후에 조형도가 돌아갔다. 늦게 활을 쏘았다.

16일 비. 사도 첨사 김완이 들어왔다. 그에게 들으니, 전 충청 수사 이입부李立夫(이순신)가 군량 200여 석을 유용한 것이 조도 어사 강첨에게 포착되어 신문당했다고 한다. 충청의 새 수사 이계훈이 배 위에서 불을 내었다 하니, 놀라움을 금하지 못하겠다. 동지同知[1] 권준이 본영에 왔다고 했다.

17일 비가 걷히는 듯했다. 면과 허주, 박인영 등이 돌아갔다. 이날 군량을 계산하여 쪽지를 붙였다. 충청 우후 원유남이 급히 보고하되 "수사 이계훈이 배에 불을 내고 물에 빠져 죽었으며, 군관과 격군 140여 명이 타 죽었다"고 하니 참으로 놀라운 일이다. 늦게 우수사 이억기가 급히 보고하기를 "견내량의 매복한 곳에서 온 항복한 왜인 심안은기沈女隱己를 문초한즉, 그자는 본디 영등에 있던 왜인이며 장수 심안둔沈女頓이 그의 아들 충항忠恒을 두고 곧 돌아갈 것이라고 한다"고 하였다.

18일 맑음. 권언경과 여필, 조카 봉, 수원 등이 왔다. 그들에게서 어머님이 평안하시다는 말을 들으니 무척 다행이었다. 우수사가 와서 이야기했다.

19일 맑음. 권언경과 함께 활을 쏘았다.

20일 비가 주룩주룩 내렸다. 식사 후 우수사에게 가던 길에 수사 배설을 만나 배 위에서 잠깐 이야기했다. 배 수사는 밀포密浦의 둔전 확충할 곳을 살펴볼 일로 돌아간다고 했다. 그길로 우수사에게 갔다. 몹시 취하여 이슥해져서야 돌아왔다.

21일 맑음. 늦게 여필, 조카 봉, 수원 등이 돌아갔다. 나주 반자半刺 원

---

1 지사를 보좌하는 종2품 관직. 돈녕부에 한 명, 의금부에 한두 명, 경연에 세 명, 성균관에 두 명, 춘추관에 두 명, 중추부에 여덟 명을 두었다.

종의와 우후 이몽구가 왔다. 정오에 조방장 박종남에게 가서 바둑을 두었다.

22일 동풍이 크게 불었다. 오전에 흐리고 늦게 갰다. 세 조방장과 함께 활을 쏘았다. 우수사도 와서 같이 쏘고, 날이 저물어 끝내고 돌아갔다.

23일 맑음. 식사 후에 세 조방장과 우후와 함께 걸어서 앞산 봉우리에 올라갔다. 삼면으로 보이는 앞이 막히지 않고 길은 북쪽으로 뚫려 있다. 과녁 세울 자리를 닦고 앉아서 종일토록 즐기다가 돌아오는 것을 잊어버렸다.

24일 흐렸으나 바람은 없었다. 공문을 적어 보냈다. 늦게 세 조방장과 함께 활을 쏘았다.

25일 종일 비가 내렸다. 동지 권준과 우후, 남도포 강응표, 나주 반자 등이 방문했다. 영광 정연이 또 왔다. 권 동지와 함께 장기를 두었는데 권이 이겼다. 저녁부터 몸이 몹시 불편했다. 닭이 울 무렵에 열이 조금 내렸으나, 땀은 흐르지 않았다.

26일 맑음. 영광이 나갔다. 늦게 신, 박 두 조방장과 우후와 함께 활 15순을 쏘았다. 저녁에 배 수사, 이운룡, 안위 등이 와서 새로 부임한 감사를 맞이할 일을 고하고 사량으로 갔다. 밤 10시경에 동쪽이 어둡다가 밝았다. 무슨 상서로움인지 모르겠다.

27일 맑음. 식사 후에 우수사가 와서 하루 종일 활을 쏘았다. 해가 저물어 박 조방장에게 가서 발포, 사도, 녹도 등과 함께 이야기하다가 헤어졌다. 탐후선이 들어왔다. 표식을 한 말과 종 금이가 들어왔다. 어머님이 평안하시다고 말했다.

28일 맑음. 활 10여 순을 쏘았다. 늦게 사도 첨사가 와서 고하되 "각 포구의 병부兵符[1]를 순찰사 공문에 의거해서 바로 각 포구에 나누어 주었다"고 하니, 그 이유를 알 수 없었다.

29일 맑음. 식사 후에 박, 신 두 조방장과 이운룡, 조계종과 함께 활 23순을 쏘았다. 배 수사가 순찰사를 방문한 뒤에 오고, 미조항 첨사 성윤문도 진에 왔다.

4월

1일 맑았으나 큰 바람이 불었다. 들으니 남원 유생 김굉이 수군에 관한 일로 진중에 왔다고 하므로 함께 이야기했다.

2일 맑음. 하루 종일 업무를 보았다.

3일 맑음. 세 조방장은 우수사의 진으로 가고 나는 사도 김완과 함께 활을 쏘았다.

4일 맑음. 아침에 경상 수사 배설이 활쏘기를 청하므로 권, 박 두 조방장과 함께 같은 배를 타고 수사에게 갔다. 전라 수사 이억기가 먼

---

1 군대를 동원하는 표지로 쓰던 동글납작한 나무패. 한 면에는 '발병發兵'이라고 쓰고, 다른 한 면에는 '관찰사' '절도사' 같은 글자를 기록했다. 가운데를 쪼개서 오른쪽은 그 책임자에게 주고 왼쪽은 임금이 가지고 있다가 군사를 동원할 때 교서와 함께 그 한쪽을 내리면 지방관이 두 쪽을 맞추어 보고 틀림없다고 인정하여 군대를 동원했다.

저 와 있었다. 같이 활을 쏘고 종일 이야기하다가 돌아왔다.

5일 맑음. 선전관 이찬이 비밀스럽게 내린 임금의 유서論書를 가지고 진에 왔다.

6일 종일 가랑비가 내렸다. 동지 권준과 함께 이야기했다.

7일 맑음. 해질녘에 바다로 내려가 어두워져서야 견내량에 이르렀다. 선전관 이찬이 돌아갔다.

8일 맑음. 동풍이 몹시 불었다. 왜적이 밤중에 도망갔다는 말을 듣고, 들어가 치지 않았다. 늦게 침도沾島(삼천포)에 이르러 우수사, 배 수사와 함께 활을 쏘았다. 여러 장수들이 모두 와서 참여했다. 저녁에 본진本陣으로 돌아왔다.

9일 맑음. 박 조방장과 활을 쏘았다.

10일 맑음. 구화역의 하급 병사가 와서 고하되 "적선 3척이 역 앞에 왔다"고 하므로, 삼도 중위장에게 각각 배 5척씩을 거느리고 견내량으로 달려가 형세를 살핀 뒤에 무찌르게 했다.

11일 맑음. 우수사가 방문했다. 활을 함께 쏘고 종일 이야기하다가 돌아갔다. 정여흥이 들어왔다. 변존서의 편지를 보고 무사히 집으로 돌아간 줄을 알았다. 기쁘다.

12일 맑음. 장계 회답 18통, 영의정 유성룡과 우의정 정탁의 편지, 자임子任(이축) 영공의 답장이 왔다. 군량을 독촉할 일로 아병牙兵(본진에서 대장을 수행하던 병사) 양응원은 순천과 광양으로, 배승련은 광주와 나주로, 송의련은 흥양과 보성으로, 김충의는 구례와 곡성으로 보냈다. 삼도 중위장 성윤문, 김완, 이응표가 견내량에서 돌아와 "적이 물러갔다"고 했다. 배 수사는 밀포로 나갔다.

13일 궂은비가 내렸다. 세 조방장이 함께 왔다. 장계와 편지 4통을 봉
하여 거제 군관 편에 올려 보냈다. 저녁에 고성 현감 조응도가 와
서 왜적의 일을 말하고, 또 "거제의 적들이 웅천에서 청병請兵하여
야간 습격을 하려고 한다" 하니, 믿을 말은 못 되지만 또한 그럴 염
려가 없는 것도 아니다.

14일 잠깐 비가 내렸다. 아침에 흥양이 교서에 숙배례를 행했다.

15일 흐림. 여러 가지 장계와 단오 진상품을 봉해 올렸다.

16일 종일 큰 비가 왔다. 비가 흡족하니 금년 농사는 풍년이 들 것 같다.

17일 맑음. 동북풍이 매우 세게 불었다. 식사 후에 대청에 나가서 업무
를 보았다. 세 조방장과 활 15순을 쏘았다. 배 수사가 왔다가 곧 해
평장海平場 논밭 만드는 곳으로 갔다. 미조항 첨사가 와서 활을 쏘고
갔다.

18일 맑음. 식사 후에 대청에 나가 업무를 보았다. 우수사, 배 수사와
가리포 이응표, 미조항 성윤문, 웅천 이운룡, 사도 김완과 이의득,
발포 황정록 등 삼도 변방의 장수들이 모두 와서 함께 활을 쏘았
다. 권, 신 두 조방장도 함께 모였다.

19일 맑음. 조방장 박종남은 수색과 토벌하는 일로 배를 타고 나갔다.

20일 맑음. 늦은 시간에 우수사에게 가서 조용히 이야기하다가 돌아왔
다. 이영남이 장계의 회답을 가지고 내려왔는데, 남해를 효시梟示하
라는 내용이다.

21일 맑았으나 큰 바람이 불었다. 대청에 나갔다. 활 10순을 쏘았다.

22일 맑음. 오후에 미조항 첨사와 이운룡, 적량 만호 고여우, 영등포 만호 조계종과 두 조방장이 함께 왔다. 정사준이 보낸 술과 고기를 같이 먹고, 남해가 군법을 어겼으니 효시하라는 글을 보았다.

23일 맑음. 남풍이 몹시 불어 운항할 수 없으므로 다락 위로 가서 업무를 보았다.

24일 맑음. 이른 아침에 울과 조카 뇌 그리고 완을 어머님 생신에 상 차리는 일로 보냈다. 정오 때 강천석이 와서 "도망친 왜놈 망기시로望己時老가 무성한 풀 속에 엎드려 있는 것을 잡고, 왜인 한 놈은 물에 빠져 죽었다"고 하기에 곧 압송해 오게 했다. 삼도에 분담시킨 왜놈 포로들의 머리를 베라고 명령했다. 망기시로는 조금도 두려운 빛이 없었다. 참으로 독한 놈이었다.

25일 맑고 바람이 없었다. 구화역의 역졸 득복이 경상 우후 이의득의 급보를 가지고 왔다. "대·중·소를 합쳐 50여 척이 되는 왜의 배가 웅천에서 진해로 향한다"고 하기에 오수 등에게 정탐시켰다. 흥양 배홍립이 방문했다. 사량 만호 이여념이 돌아갔다. 아들 회와 조카 해가 들어왔다. 어머님이 평안하시다고 하니 다행, 다행이다.

26일 맑음. 새벽에 우수사와 신 조방장이 20여 척의 배를 인솔하고 순찰·탐색하러 나갔다. 늦게 동지 권준, 흥양, 사도, 여도 김인영 등과 활 20순을 쏘았다.

27일 맑고 바람도 없었다. 몸이 몹시 불편했다. 권 동지, 미조항 첨사, 영등포 만호 등이 와서 함께 활 10순을 쏘았다. 자정에 우수사가 수색·토벌하고 진으로 돌아와서 "아무 곳에도 적의 종적이 없다"

고 했다.

28일 맑음. 식사 후에 대청에 나가 업무를 보았다. 우수사와 경상 수사가 와서 활을 쏘았다. 송덕일이 하동 수령 성천유를 잡으러 왔다.

29일 새벽 2시부터 비가 오더니 오전 6시쯤에 맑아졌다. 해남 현감 최위지와 공사례를 마쳤다. 하동 현감이 두 번이나 기일을 어겼기 때문에 곤장 90대를 때리고, 해남 현감은 곤장 10대를 때렸다. 미조항 첨사는 휴가를 고했다. 세 조방장과 함께 이야기했다. 노윤발이 미역 99동을 따 왔다.

30일 맑음. 활 10순을 쏘았다.

5월

1일 비바람이 세차게 불었다.

2일 맑음. 아침에 바람이 몹시 사납게 불었다. 늦게 웅천 이운룡, 거제 안위, 영등포 조계종, 옥포 이담이 방문했다. 밤 10시에 탐후선이 들어왔는데 어머님이 평안하시고 종사관이 이미 본영에 도착했다고 했다.

3일 맑음. 활 15순을 쏘았다. 해남이 방문했다. 금갑도 이정표가 진에 왔다.

4일 맑음. 오늘은 어머님의 생신인데, 몸소 나가서 잔을 드리지 못하고 홀로 먼바다에 앉았으니 마음이 답답하다. 늦게 활 15순을 쏘았다.

해남이 돌아갔다. 아들의 편지를 보니 '요동遼東 왕작덕王爵德이 왕씨(왕건)의 후손으로서 군사를 일으키려 한다'고 하니 참으로 놀라운 일이다.

5일 비가 주룩주룩 내렸다. 6시쯤에 잠깐 갰다. 활 3순을 쏘았다. 우수사 이억기, 경상 수사 배설과 여러 장수들이 함께 모였다. 오후 5시에 종사관 유공진이 들어왔다. 이충일, 최대성, 신경황이 함께 왔다. 몸이 춥고 불편해서 많이 토하고 잤다.

6일 맑고 바람은 없었다. 아침에 종사관이 교서에 숙배한 뒤, 공사례를 받고 함께 이야기했다. 늦게 활 20순을 쏘았다.

7일 맑음. 아침에 종사관 유공진, 우후 이몽구와 함께 이야기했다.

8일 흐렸지만 비는 오지 않았다. 아침을 먹은 뒤에 행선하여 삼도가 같이 선인암仙人巖으로 가서 이야기하고 구경도 하고 활도 쏘았다. 이날 방답 첨사 장린이 들어왔다. 아들의 편지를 가지고 왔는데 "초나흗날 종 춘세가 실수로 불을 내 집 10여 채가 탔으나 어머님 계신 집에는 미치지 않았다"고 했다. 이것만은 다행한 일이었다. 저물기 전에 배를 돌려 진으로 들어왔다. 종사관과 우후는 함께 방榜 붙이는 일로 뒤떨어졌다.

9일 맑음. 아침을 먹은 뒤에 종사관이 돌아갔다. 우후도 함께 갔다. 활 20순을 쏘았다.

10일 맑음. 활 20순을 쏘았는데 많이 맞았다. 종사관들이 영문에 도착했다고 했다.

11일 늦게 비가 내렸다. 두치와 남원, 순차, 옥과 등의 군량 68석을 실어 왔다.

12일 궂은비가 그치지 않다가 저녁에야 잠깐 멎었다. 대청에 나가 업무를 보았다. 동지 권준과 조방장 신호가 왔다.

13일 비가 퍼붓듯이 내리며 종일 그치지 않았다. 혼자 대청 가운데에 앉았는데 온갖 생각이 끝이 없었다. 배영수를 불러 거문고를 타게 했다. 세 조방장을 불러다가 함께 이야기했다. 요사이 엿새가 지나도록 탐후선이 오지 않았다. 어머님의 안부를 알 수 없어 무척 걱정스럽다.

14일 궂은비가 그치지 않았다. 종일토록, 밤새도록 비가 내렸다. 아침을 먹은 뒤 대청에 나가 업무를 보았다. 사도가 와서 고하되 "흥양이 받아 간 전투선이 돌섬에 걸려서 엎어졌다"고 하므로 대리장수 최벽과 십선장十船將, 도훈도를 잡아다가 곤장을 때렸다. 동지 권준이 왔다.

15일 궂은비가 그치지 않았다. 지척을 분간하기 어렵다. 새벽꿈이 몹시 심란했다. 조카(해)가 잘 갔는지 모르겠다. 아침을 먹은 뒤 업무를 보았다. 광양 김두검金斗劍(김헌)이 복병할 적에 순천과 광양의 두 수령에게서 이중으로 월급을 받은 벌로 수군으로 나왔는데, 칼도 안 차고 또 활과 화살도 안 차고서 무척 오만하게 굴어 곤장 70대를 때렸다. 늦게 우수사가 술을 가지고 와서 몹시 취해 돌아갔다.

16일 흐렸지만 비는 내리지 않았다. 아침에 탐후선이 들어왔는데, 어머님은 평안하시다 하고 아내는 불난리로 심신이 많이 상해서 천식이 더해졌다고 했다. 큰 걱정이다. 비로소 해 일행이 잘 간 것을 알았다. 활 20순을 쏘았는데 권 동지가 잘 맞혔다.

17일 맑음. 아침에 나가서 본영 각 배의 사부射夫와 격군으로 급료를 받은 사람들을 점검했다. 늦게 활 20순을 쏘았는데 박, 권 두 조방장이 잘 맞혔다. 소금 가마솥 하나를 만들었다.

18일 맑음. 아침에 충청 수사가 진에 왔다. 결성結城 손안국, 보령, 서천 만호 소희익을 거느리고 왔다. 충청 수사가 교서에 숙배한 뒤에 세 조방장과 함께 이야기했다. 저녁에 활 10순을 쏘았다. 거제가 방문해서 그대로 잤다.

19일 맑음. 동풍이 차게 불었다. 아침을 먹은 뒤에 권, 박, 신 세 조방장과 사도, 방답 두 첨사와 함께 활 30순을 쏘았다. 수사 선거이도 와서 함께 참여했다. 저녁에는 소금 가마솥 하나를 만들었다.

20일 저녁에 비바람이 불더니 밤새도록 그치지 않았다. 아침을 먹은 뒤에 업무를 보았다. 선 수사, 권 조방장과 함께 장기를 두었다.

21일 흐림. 오늘은 반드시 본영에서 누군가 올 것 같은데, 어머님의 안부를 몰라 자못 답답했다. 종 옥이와 무재를 본영으로 보냈다. 포어鮑魚, 소어蘇魚 젓갈, 어란魚卵 등을 어머님께 보냈다. 아침에 나가 업무를 보았다. 항복한 왜인들이 와서 고하되 "동료 왜인인 산소山素란 자가 흉측한 일을 많이 했기 때문에 죽이겠다"고 했다. 그래서 왜인을 시켜 그의 목을 베게 했다. 활 20순을 쏘았다.

22일 맑고 화창했다. 권 동지 등과 함께 활 20순을 쏘았다. 이수원이 서울에 올라가는 일로 들어왔다. 비로소 어머님이 평안하신 줄을 알았다. 참으로 다행이다.

23일 맑음. 세 조방장과 함께 활 15순을 쏘았다.

24일 맑음. 아침에 이수원이 장계를 가지고 나갔다. 조방장 박종남과 충청 수사, 선 수사를 시켜 활을 쏘게 했다. 또 소금 가마솥을 만들었다.

25일 맑음. 늦게 비가 내렸다. 경상 수사, 우수사, 충청 수사가 함께 모여 활 9순을 쏘았다. 충청 수사가 술을 내어 몹시 취해 헤어졌다. 배 수사에게, 김응서가 기틈 대간臺諫[1]들의 논란을 받았고 원수도 그 속에 끼어 있다는 말을 들었다.

26일 늦게 갰다. 혼자 대청에 앉아 업무를 보았다. 충청 수사, 세 조방장과 함께 종일 이야기했다. 저녁에는 현덕린이 들어왔다.

27일 맑음. 활 10순을 쏘았다. 선 수사, 두 조방장이 취해서 돌아갔다. 정철이 서울에서 왔는데, 장계에 대한 회답 내용 중에 김응서가 함부로 강화講和를 언급한 것을 죄로 돌린다는 말이 많았다. 영의정 유성룡과 좌의정 김응남의 편지가 왔다.

28일 저녁에 흐리더니 비가 크게 쏟아졌다. 밤새도록 큰 바람이 불었다. 전투선을 안정시킬 수 없었는데, 간신히 구호했다. 식사 후에 선 수사, 세 조방장과 이야기했다.

29일 비바람이 그치지 않고 종일토록 퍼부었다. 사직社稷의 위엄과 영험에 힘입어 겨우 조그마한 공로를 세웠을 뿐인데, 임금의 총애와 영광이 너무 커서 분에 넘치는 바가 있다. 장수의 직책을 띤 몸으로

---

1 감찰의 임무를 맡은 대관과 국왕에 대한 간쟁의 임무를 맡은 간관을 합하여 부르는 명칭.

티끌만 한 공로도 바치지 못했으며, 입으로는 교서를 외면서 얼굴에는 군인으로서 부끄러움이 있음을 어찌하랴.

―――――
6월
―――――

1일 비가 늦게 갰다. 권, 박, 신 세 조방장과 웅천 이운룡, 거제 안위 등과 함께 활 15순을 쏘았다. 수사 선거이는 이질을 앓아 쏘지 못했다. 새로 당번이 된 영리營吏(감영의 관리)가 들어왔다.

2일 하루 종일 가랑비가 내렸다. 식사 후에 대청으로 나가서 업무를 보았다. 한비가 돌아가는 편에 어머님께 편지를 썼다. 영리 강기경, 조춘종, 김경희, 신홍언 등이 모두 당번을 서기 위해 갔다. 오후에 가덕, 천성, 평산포, 적량 등이 방문했다. 천성 만호 윤홍년이 와서 청주 이계의 편지와 서숙의 편지를 전하며, 김개는 지난 3월에 죽었다고 했다. 비통함을 참을 길이 없었다. 저물녘에 권언경 영공이 와서 이야기했다.

3일 흐렸지만 비는 오지 않았다. 식사 후에 나가 앉아서 업무를 보았다. 각 지역에 서류를 적어 보냈다. 늦게 가리포 이응표, 남도포 강응표가 왔다. 권, 신 두 조방장과 방답 장린, 사도 이완, 여도 김인영, 녹도 송여종과 함께 활 15순을 쏘았다. 아침에 남해 기효근이 급히 보고하되 "해평군海平君 윤두수가 남해에서 본영으로 건너온다"고 하였다. 무슨 이유인지 모르겠으나, 곧 배를 정비하고 현덕린을 영으로 보냈다. 사량 만호 이여념이 와서 양식이 떨어졌다고 아뢰고 곧 작별하고 돌아갔다.

4일 맑음. 진주의 서생書生 김선명이 식량을 대 주는 일을 맡고 싶다며 왔는데, 보인保人 안득이라는 자가 데리고 왔다. 그가 하는 말을 듣고 행동을 살펴보았는데, 그것을 보장하기 어려워 기다려 보기로 하고 공문을 만들어 주었다. 세 조방장과 사도, 방답, 여도, 녹도와 활 15순을 쏘았다. 탐후선이 오지 않아 어머님의 안부를 알지 못해 답답하다.

5일 맑음. 이 조방장 등과 아침을 같이했는데 박자윤(박종남)은 병으로 오지 못했다. 늦게 우수사, 웅천, 거제가 와서 하루 종일 함께 이야기했다. 정오 때부터 비가 와서 활을 쏘지 못했다. 몸이 몹시 불편하여 저녁을 먹지 않고 하루 종일 앓았다. 서울 머슴이 들어왔다. 어머님이 평안하시다 하니 다행이다.

6일 하루 종일 비가 내렸다. 몸이 몹시 불편했다. 송희립이 들어왔다. 그 편에 도양장道陽場의 농작 형편을 들으니 "흥양이 무척 애를 써서 추수가 잘될 것 같다"고 했다. 군량을 대는 임영도 애를 많이 쓴다고 했다. 정항이 왔으나, 나는 몸이 불편해서 종일 앓았다.

7일 종일 비가 왔다. 몸이 몹시 불편해 누웠다 앉았다 하며 신음했다.

8일 비. 몸이 조금 나은 것 같았다. 늦게 세 조방장이 방문했다. 곤양이 아버지가 돌아가셔서 분상奔喪[1]했다고 전했다. 매우 섭섭했다.

---

1 부모가 돌아가셨다는 소식을 먼 곳에서 듣고 급히 집으로 돌아감.

9일 맑음. 몸이 아직 편하지 않았다. 매우 민망스럽다. 신 조방장 호와 사도, 방답과 함께 편을 갈라 활을 쏘았는데 신 조방장 편이 이겼다. 저녁에 원수의 군관 이희삼이 분부하는 문서를 가지고 왔는데, 조형도가 무고하여 장계하되 "수군 1명에 하루 양식 5홉씩과 물 7홉씩을 준다"고 했다 하니, 참으로 놀랍다. 천하에 어찌 이같이 무도한 일이 있을 것인가. 저물 무렵에 탐후선이 들어왔는데 어머님이 이질에 걸리셨다고 하니 걱정스럽다.

10일 맑음. 새벽에 탐후선을 본영으로 내보냈다. 늦게 세 조방장과 충청, 경상 수사가 방문했다. 광주 군량 39석을 받았다.

11일 가랑비가 오고 큰 바람이 불었다. 아침에 원수의 군관 이희삼이 돌아갔다. 저녁에 나가서 업무를 보았다. 광주 군량을 훔친 놈을 잡아 가두었다.

12일 가랑비가 오고 바람이 불었다. 새벽에 아들 울이 들어오는 편에 들으니 어머님 병환이 조금 나아졌다고 하나, 아흔 노인이 이런 위태한 병(이질)에 걸렸으니 자못 걱정스럽다.

13일 흐림. 새벽에 경상 수사 배설을 잡아 올리라는 명령이 내려오고 그 대신으로 권준이 임명되었다. 남해 기효근은 그대로 유임되었다고 하니 놀랄 일이다. 늦게 배 수사를 방문하고 돌아왔다. 저물 무렵에 탐후선이 들어왔다. 금오랑(금부도사)이 이미 영 안에 도착했다. 그리고 별좌別坐(각 관아에 둔 정·종5품 벼슬)의 편지에, 어머님의 병환이 차도가 있다니 다행, 다행이다.

14일 새벽에 큰 비가 내렸다. 사도가 활쏘기를 청하므로 우수사와 여러 장수들이 모두 모이고 늦게 날이 개어 활 13순을 쏘았다. 저녁에는 금오랑이 배 수사를 잡아가는 일로 들어왔다. 권 수사 준을 임명하는 조정의 공문과 유서論書, 밀부密符[1]도 왔다.

15일 맑음. 새벽에 망궐례를 드렸다. 식사 후에 포구에 나가서 배설을 송별했다. 심기가 불편했다. 아들 울이 다시 돌아갔다. 오후에 조방장 신호와 함께 활 10순을 쏘았다.

16일 맑음. 나가 앉아서 업무를 보았다. 순천 칠선장七船將 장일이 군량을 도둑질하다가 잡혔으므로 처벌했다. 오후에 두 조방장, 미조항 등과 함께 활 7순을 쏘았다.

17일 맑음. 큰 바람이 종일 불었다. 경상 수사, 충청 수사 선거이, 두 조방장 등과 함께 활을 쏘았다.

18일 비가 오다 개다 했다. 진주 선비 유기룡과 하응문이 양식을 달라고 청하여 쌀 5섬을 주었다. 늦게 박 조방장과 함께 활 15순을 쏘고 헤어졌다.

19일 비가 주룩주룩 내렸다. 다락 위에 홀로 앉았다가 잠깐 졸았다. 꿈 속에서 아들 면이 윤덕종의 아들 운로와 같이 왔는데, 가지고 온 어머님 편지를 보니 병환이 완쾌되었다고 했다. 천만다행이었다. 신홍헌 등이 들어와서 보리 76섬을 바쳤다.

20일 비가 오다 개다 했다. 하루 종일 다락에 앉았다가 충청 수사 선거이의 발음이 분명치 못하다는 말을 듣고 저녁에 친히 가서 보았다.

---

1 유수, 감사, 병마사, 수사, 방어사 등이 차던 병부의 일종.

중한 상태까지는 이르지 않았지만 바람과 습기에 많이 악화되어 더욱 걱정스러웠다.

21일 맑음. 몹시 더웠다. 식사 후에 나가 앉아서 업무를 보았다. 신홍헌이 돌아가고 거제가 왔다. 경상 수사 권준이 "평산포 김축의 병이 중하다"고 보고했다. 그래서 바로 보내라고 적어 보냈다.

22일 맑음. 할머님의 제삿날이라 업무를 보지 않았다. 경상 수사가 방문했다.

23일 맑음. 두 조방장과 함께 활을 쏘았다. 저녁에 배영수가 돌아갔다.

24일 맑음. 우도의 각 관포 전투선의 부정 사실을 조사했다. 음탕한 여인 12명을 잡아내고, 아울러 그 대장隊長(말단 소대급의 지휘자)까지 처벌했다. 늦게 침을 맞아 활을 쏘지 못했다. 허주와 조카 해가 들어오고 전마戰馬도 왔다. 기성백의 아들 징헌이 그의 서숙 경충과 함께 왔다.

25일 맑음. 원수의 공문이 들어왔는데, 세 위장衛將(5위의 대장)을 세 패로 갈라 보낸다고 했다. 그리고 소서행장이 일본에서 와 휴전회담을 이미 결정했다고 했다. 저녁에 조방장 박종남과 함께 충청 수사 선거이에게 가서 그 병세를 보니 이상한 점이 많았다.

26일 맑음. 식사 후에 나가 앉아서 업무를 보았다. 활 15순을 쏘았다. 경상 수사 권준이 방문했다. 오늘은 언경彦卿(권준의 자) 영공의 생일이라 국수를 만들어 먹고 술도 취하고 거문고도 듣고 피리도 불다가 저물어서 헤어졌다.

27일 맑음. 허주와 조카 해, 기운로 등이 돌아갔다. 신 조방장, 거제와 함께 활 10순을 쏘았다.

28일 맑음. 나라의 제삿날이라 업무를 보지 않았다.

29일 맑음. 일찍 대청에 나갔다. 우수사가 왔다. 활 10여 순을 쏘았다.

30일 맑음. 문어공文語恭이 삼을 사들일 일로 떠났다. 군관 이상록도 돌아갔다. 늦게 거제와 영등이 방문했다. 방답과 녹도, 신 조방장이 활 15순을 쏘았다.

7월

1일 잠깐 비가 왔다. 인종 임금의 제삿날이라 업무를 보지 않았다. 혼자 다락 위에 있었다. 나라의 정세가 아침 이슬처럼 위태로운데 안으로는 정책을 결정할 만한 기둥 같은 인재가 없고, 밖으로는 나라를 바로 잡을 만한 주춧돌 같은 인물이 없음을 생각해 보니, 사직이 장차 어떻게 될지 몰라 마음이 심란했다. 하루 종일 누웠다 앉았다 하며 뒤척였다.

2일 이날은 선친의 생신이다. 슬픈 생각에 눈물지었다. 늦게 활 10순을 쏘았다. 또 철전鐵箭 5순을 쏘고, 편전片箭 3순을 쏘았다.

3일 맑음. 아침에 충청 수사에게 가서 문병하니 차도가 있다고 했다. 늦게 경상 수사 권준이 와서 이야기한 뒤에 활 10순을 쏘았다. 밤 10시경에 탐후선이 들어왔는데 어머님이 평안하시긴 하나 입맛이 없다고 하신다고 했다. 더욱 민망스럽다.

186

4일 나주 판관 원종의가 배를 거느리고 진으로 돌아왔다. 이전 등이 산에서 노 만들 나무를 가져와 바쳤다. 식사 후에 대청으로 나갔다. 미조항과 웅천이 와서 활을 쏘았다. 군관들도 향각궁鄕角弓으로 내기 활을 쏘았는데 노윤발이 1등을 했다. 저녁에 임영과 조응복이 왔다. 양정언은 휴가를 받아 돌아갔다.

5일 맑음. 대청에 나가서 업무를 보았다. 늦게 조방장 박종남과 신호가 왔다. 방답 장린이 활을 쏘았다. 임영은 돌아갔다.

6일 맑음. 정항, 금갑도 가안책, 영등포 조계종이 방문했다. 늦게 나가서 업무를 보았다. 활 8순을 쏘았다. 종 목년이 고음내에서 왔다. 어머님이 평안하시다고 했다.

7일 흐렸지만 비는 오지 않았다. 경상 수사 권준과 신, 박 두 조방장, 충청 수사 선거이가 왔다. 방답 도사들에게 명령하여 편을 갈라 활을 쏘게 했다. 경상 우병사 김응서에게 온 분부에 "나라의 재앙이 참혹하고 사직의 원수가 아직도 남아 있어서 신의 부끄러움과 사람의 원통함이 온 천지에 사무쳤건만 아직도 깨끗이 쓸어버리지 못한 채 원수와 함께 한 하늘을 이고 있으니 무릇 혈기를 가진 자로서 어느 누가 팔을 걷고 마음을 썩히면서 그놈의 살을 산적 뜨고자 아니하랴. 그런데 그대는 원수와 마주하여 진을 치고 있는 장수로서 조정의 명령도 없이 어찌 함부로 적과 대면하여 감히 무리한 말을 뇌까리는가. 또 자주 사사로운 편지로 놈들을 높이고 아첨하는 일이 있을 뿐더러 서로 수호 강화하자고 말해, 그 말이 명나라 조정에까지 들려서 부끄러움을 끼치고 혼란을 일으켰으니 마땅히 군법에 부쳐도 부족함이 없을 것이다. 그런데도 오히려 너그러이 용서하고서 돈독히 타이르고 책망하여 경고하기를 분명히 했었다. 그랬으나 고집을 더 세우고 스스로 죄의 구렁텅이로 빠져들어 가니 내가 보기에는 자못 해괴하고 또 그 까닭을 알 수가 없다. 그래서 이제 비변사 낭청[1] 김용을 보내어 구두로 내 뜻을 전하니 그대는 마음을 고치고 정신을 가다듬어 앞으로는 후회할 일을 끼치지 말라" 했다. 이 글을 보니 황송함을 이길 수가 없다. 김응서란 대체 어떤 사람인가. 스스로 회개하여 다시 힘쓴다는 말도 듣지 못하였는가. 만일 생각이 있는 자라면 곧 반드시 자결이라도 할 일이다.

8일 맑음. 식사 후에 나가서 업무를 보았다. 영등과 박 조방장이 방문했다. 우수사의 군관 배영수가 그 대장의 명령을 가지고 와서 군량 20섬을 빌려 갔다. 동래 수령 정광좌가 와서 새로 부임한 것을 신고하기에 활 10순을 쏘고 헤어졌다. 종 목년이 돌아갔다.

9일 맑음. 오늘은 말복이라 가을 기운이 서늘하다. 여러 가지 생각이 많이 든다. 미조항이 방문했다가 갔다. 웅천과 거제가 활을 쏘고 갔다. 밤 10시경 달빛이 다락에 가득 차니 생각이 어지러웠다. 다락 위를 거닐었다.

10일 맑음. 몸이 몹시 불편했다. 늦게 우수사와 서로 이야기했다. 양식이 떨어져도 아무런 계책이 없다는 말을 많이 했다. 민망스럽기 그

---

1 비변사, 선혜청, 준천사, 오군영 등의 실무 담당 종6품 관직. 본래 낭관과 같은 의미로 각 관서의 당하관을 가리켰으나 1555년(명종 10) 비변사가 상설기구로 바뀌어 12명의 낭청을 두면서 관직명의 하나로 쓰였다.

지없다. 박 조방장도 왔다. 술을 몇 잔 마시고 몹시 취했다. 밤이 깊어 다락 위에 누워 있으니 초승달 빛은 다락에 가득 차고 심란한 마음을 누를 수 없었다.

11일 맑음. 아침에 어머님께 편지를 쓰고 또 여러 곳에 편지를 썼다. 무재와 박영이 신역身役 나가는 일로 돌아갔다. 나가서 업무를 보았다. 활 10순을 쏘았다.

12일 맑음. 아침 식사 후에 경상 우수사 권준이 방문했다. 함께 활 10순을 쏘았다. 철전 5순을 쏘았다. 날이 저물어 서로 회포를 풀고 물러 갔다. 가리포 이응표도 왔다가 함께 갔다.

13일 맑음. 가리포와 우수사가 함께 왔는데 가리포가 술을 바쳤다. 활 5순을 쏘았다. 철전 2순을 쏘았다. 몸이 편안하지 않았다.

14일 늦게 날씨가 갰다. 군사들에게 휴가를 주었다. 녹도 송여종을 시켜 죽은 군졸들에게 제사를 지내도록 쌀 2섬을 주었다. 이상록, 태구련太九連(귀련), 공태원 등이 들어왔다. 어머님이 평안하시다니 다행스럽다.

15일 늦게 대청에 나갔다. 곧 박, 신 두 조방장과 방답 첨사, 여도 만호, 녹도 만호, 보령 현감, 결성 현감 손안국, 이언준 등이 활을 쏘고 술을 마셨다. 경상 수사도 와서 함께 이야기하다가 씨름 시합을 하였다. 정항이 왔다.

16일 맑음. 아침에 들으니 김대복의 병세가 몹시 위독하다고 한다. 걱정스럽다. 그래서 송희립과 유흥근을 시켜 치료하게 했으나, 무슨 병인지 알지 못했다. 민망스럽다. 늦게 나가서 업무를 보았다. 순천 정석주와 영광 도훈도 주문상을 처벌했다. 저녁에 원수와 병사에게 보내는 공문을 만들어 주었다. 미조항 첨사 성윤문과 사도 첨사 김완이 휴가 청원장을 바치므로 미조항 성 첨지에게는 10일, 사도 김 첨지에게는 3일을 주었다. 녹도를 유임시킨다는 병조의 공문이 왔다.

17일 비. 거제 안위가 보고하되 "거제의 적들이 이미 다 철수했다"고 한다. 그래서 정항에게 명령하여 보냈다. 대청에 나가서 업무를 보았다. 내일 배로 출발하여 나가는 일을 명령했다.

18일 맑음. 아침에 대청으로 나갔다. 박, 신 두 조방장과 함께 아침을 먹었다. 오후에 길을 떠나 저녁에 지도紙島에 배를 대고 묵었다. 자정에 거제 현감이 와서 하는 말이 "장문포長門浦 소굴이 벌써 텅 비었고, 다만 30여 명만 있다"고 한다. 또 사냥하는 왜인들을 만나 1명은 쏘아 목을 베고, 1명은 사로잡았다고 한다. 새벽 2시쯤에 길을 떠나 다시 견내량으로 왔다.

19일 맑음. 우수사, 경상 수사, 충청 수사, 두 조방장과 함께 이야기하고 헤어졌다. 오후 4시경에 진으로 돌아왔다. 당포 만호를 잡아다 성실하지 못한 죄로 곤장을 때렸다. 김대복의 병세를 살펴보았다.

20일 흐림. 두 조방장과 아침을 같이 먹었다. 늦게 거제 안위와 전 진해 현감 정항이 왔다. 오후에 나가서 업무를 보았다. 활 5순과 철전 4순을 쏘았다. 좌병사 군관이 편지를 가지고 왔다.

21일 비바람이 크게 불었다. 우후가 들어온다고 한다. 식사 후에 태구련과 언복이 만든 환도環刀를 충청 수사 선거이와 두 조방장에게 각

190

각 한 자루씩 보냈다. 저물 무렵에 회, 울, 우후가 같은 배로 도착했다. 아들들이 들어왔다.

22일 흐리고 큰 바람이 불었다. 이충일이 아버지의 사망 소식을 듣고 나갔다.

23일 맑음. 늦게 말 달리는 일로 원두구미元頭龜尾로 갔다. 곧 박, 신 두 조방장과 충청 병사도 왔다. 저녁에 작은 배를 타고 돌아왔다.

24일 맑음. 도조度祖(태조 이성계의 할아버지)의 제삿날이라 업무를 보지 않았다. 충청 수사가 와서 이야기했다.

25일 맑음. 충청 수사의 생일이라 음식을 준비해 가지고 왔다. 우수사, 경상 수사와 신 조방장 등이 술에 취한 채 이야기했다. 저녁에 정 조방장이 들어왔다.

26일 맑음. 아침에 정영동, 윤엽 등이 흥양과 함께 들어왔다. 식사 후에 정 수사와 충청 수사도 왔다. 조용히 이야기했다.

27일 맑음. 어사의 공문이 들어왔다. 내일 진에 온다고 했다.

28일 맑음. 아침을 먹은 뒤 배로 내려가 삼도가 합해서 포구 안에 진을 쳤다. 오후 2시에 어사 신식이 왔다. 곧 대청으로 내려가 한 시간 정도 이야기했다. 각 수사와 세 조방장을 청해 함께 이야기했다.

29일 흐리고 큰 바람이 불었다. 어사가 좌도에 소속된 다섯 포구를 검열하고 저녁에 왔기에 조용히 이야기했다.

1일 비바람이 크게 불었다. 어사 신식과 아침을 함께 먹고 곧 배로 내려
   가 순천 등 다섯 고을의 배를 점검했다. 저물 무렵 어사가 있는 곳
   으로 내려가 함께 이야기했다.

2일 흐림. 우도의 전투선을 점검한 뒤에 그대로 남도포막南桃浦幕에서 머
   물렀다. 나가서 임무를 보며 충청 수사 선거이와 같이 이야기했다.

3일 맑음. 어사는 늦게 경상도 진으로 가서 점검했다. 저녁에 경상도 진
   으로 가서 같이 이야기하다가 몸이 좋지 않아 곧 돌아왔다.

4일 비. 어사가 오기에 여러 장수들을 모아 종일토록 이야기하고 헤어
   졌다.

5일 흐렸지만 비는 오지 않았다. 아침에 어사와 작별 이야기를 하러 충
   청 수사에게 갔다. 어사와 헤어졌는데, 조방장 정응운도 돌아간다
   고 했다.

6일 비가 크게 쏟아졌다. 우수사, 경상 수사, 두 조방장과 모여 종일토
   록 이야기하고 헤어졌다.

7일 비가 주룩주룩 내렸다. 아침에 아들 울과 허주, 현덕린, 우후 이몽
   구 등이 같은 배로 나갔다. 늦게 두 조방장과 충청 수사와 함께 이
   야기했다. 저녁에 증표를 지닌 선전관 이광후가 유지를 가지고 왔
   는데 "원수는 삼도 수군을 거느리고 바로 적의 소굴로 들어가라"는
   것이었다. 함께 이야기하며 밤을 지새웠다.

8일 비. 선전관이 나갔다. 경상 수사 권준, 충청 수사 선거이, 두 조방

장과 함께 이야기했다. 저녁을 같이하고 날이 저물 무렵 각자 돌아
갔다.

9일 서풍이 크게 불었다.

10일 맑음. 몸이 좋지 않은 것 같았다. 홀로 다락 위에 앉으니 온갖 생
각이 끝이 없다. 늦게 대청에 나가서 업무를 본 뒤에 활 5순을 쏘았
다. 정제와 결성 수령 손안국이 같은 배로 떠나갔다.

11일 비가 오다 개다 했다. 종 한경이 본영으로 갔다. 배영수와 김응겸
이 활쏘기 승부를 겨루었다. 김응겸이 이겼다.

12일 흐림. 일찍 나가서 업무를 보았다. 늦게 두 조방장과 활을 쏘았다.
김응겸이 경상 수사 권준에게 갔다가 돌아올 때 우수사에게 가서
활쏘기 내기를 하였는데, 배영수가 또 졌다고 했다.

13일 비. 하루 종일 비가 내렸다. 장계를 쓰고 공문을 적어 보냈다. 독
수가 왔는데, 그 편에 도양장 둔전의 일을 들었다. 이기남이 하는
짓에 괴상한 것이 많으므로 우후에게 달려가 부정한 사실을 조사하
도록 공문을 만들어 보냈다.

14일 하루 종일 비가 내렸다. 진해 정항과 조계종이 와서 이야기했다.

15일 새벽에 망궐례를 드렸다. 우수사 이억기, 가리포 이응표, 임치 홍
견 등 여러 장수들이 같이 왔다. 삼도 사사射士(활 쏘는 병사)와 잡색
군雜色軍[1]을 먹이고, 종일 여러 장수들과 같이 취했다. 이날 밤, 으

---

1 품관, 생원, 진사, 교생 등의 지방 유력자와 향리, 공사천 등으로 평상시에는 생업에 종사하
고 유사시에 군대에 편입되었던 군인.

스름 달빛이 다락을 비추는데, 잠이 들지 못하고 시를 읊으며 밤을 지새웠다.

16일 궂은비가 개지 않더니 하루 종일 안개비가 내렸다. 마음이 몹시 어지러웠다. 두 조방장과 함께 이야기했다.

17일 가랑비가 내리고 동풍이 불었다. 새벽에 김응겸을 불러 일에 대해 물어보았다. 늦게 나가서 업무를 보았다. 두 조방장과 함께 이야기하고 활 10순을 쏘았다.

18일 궂은비가 개지 않았다. 신, 박 두 조방장이 와서 함께 이야기했다.

19일 날씨가 맑았다. 두 조방장, 방답 장린과 함께 활을 쏘았다. 밤 10시에 조카 봉, 아들 회와 울이 들어왔다. 체찰사 이원익이 21일 진성에 도착할 것이며, 군사에 대한 일을 물어볼 일로 체찰사 군관이 들어왔다고 했다.

20일 맑음. 종일 체찰사의 전령이 오기를 기다렸으나 오지 않았다. 수사 권준과 우수사, 발포 황정록이 방문했다가 돌아갔다. 밤 10시에 전령이 들어왔다. 자정에 배를 타고 곤이도昆伊島에 이르렀다.

21일 흐림. 늦게 소비포所非浦 앞바다에 닿으니 전라 순찰사 홍세공의 군관 이준이 공문을 가지고 왔다. 강응호와 오계성이 함께 와서 한참 동안 같이 이야기했다. 경수(이억기의 아들)와 언경과 자윤(박종남의 아들), 언심에게 편지를 썼다. 저녁때 사천 땅 침도針島(삼천포) 앞에 배를 대고 잤다. 밤 기운이 몹시 차고 마음이 불편했다.

22일 맑음. 이른 아침에 여러 가지 공문을 만들어 체찰사에게 보냈다. 아침 식사 후에 사천현에 이르렀다. 오후에 진주 남강변에 이르니 체찰사가 이미 진주에 들어왔다고 한다.

23일 맑음. 체찰사에게 가서 조용히 이야기하는데, 그에게는 백성들의 어려움을 덜어 주어야겠다는 뜻이 많았다. 호남 순찰사는 남을 비방하는 의도가 많았다. 탄식스러웠다. 늦게 김응서와 함께 촉석루에 이르러 장사들이 패전한 뒤에 죽은 곳을 보고 비통함을 이기지 못했다. 이윽고 체찰사가 나에게 먼저 가라고 하므로 배를 타고 소비포로 돌아와서 잤다.

24일 맑음. 새벽에 소비포 앞에 닿으니 곧 고성 현령 조응도가 와서 인사했다. 그대로 소비포 앞바다에서 잤다. 체찰사와 부사 김륵도 종사관 노경임과 함께 잤다.

25일 맑음. 일찍 식사한 뒤에 체찰사, 부사, 종사관 등과 함께 내 배에 동승하고 오전 8시경에 출발하여 여러 섬과 진 중에서 합병할 곳과 접전하던 곳들을 점검하며 하루 종일 의논했다. 곡포는 평산포와 합하고, 상주포는 미조항과 합하고, 적량은 삼천진과 합하고, 소비포는 사량과 합하고, 가배량은 당포와 합하고, 지세포는 조라포와 합하고, 제포는 웅천과 합하고, 율포는 옥포와 합하고, 안골포는 가덕진과 합하는 일에 대해 결정했다. 저녁때 진중에 이르러 여러 장수들이 교서에 숙배하고 인사를 마친 뒤에 헤어졌다.

26일 맑음. 저녁에 부사 김륵과 서로 만나 은밀히 이야기했다.

27일 맑음. 군사 5,480명에게 음식을 먹였다. 저녁에 상봉上峰에 올라가 적진과 적선들이 왕래하는 길을 살펴보았다. 바람이 몹시 사나웠다. 저녁에 다시 내려왔다.

28일 맑음. 이른 아침에 체찰사, 부사, 종사관과 함께 다락 위에 앉아서 여러 가지 폐단을 의논했다. 식사 전에 배로 내려가 배를 띄워 떠나갔다.

29일 맑음. 일찍 나가서 업무를 보았다. 경상 수사 권준이 체찰사로부터 왔다.

9월

1일 맑음. 망궐례를 드렸다. 탐후선이 들어왔다. 우후 이몽구가 도양장으로부터 영에 이르러 공문서를 바쳤는데, 정사립을 욕하는 내용이 많았다. 가소롭다. 종사관 유공진이 또한 병으로 돌아가서 치료하기를 청하기에 허락하였다.

2일 맑음. 새벽에 지휘선을 출발시켰다. 재목을 끌어내릴 군사 1,283명에게 밥을 먹이고 일을 시켰다. 충청 수사, 우수사, 경상 수사와 두 조방장 등이 함께 와서 하루 종일 이야기하고 헤어졌다.

3일 맑음. 동풍이 크게 불었다. 아우 여필과 아들 울, 유헌이 돌아갔다. 정항, 우수, 이섬 등이 정탐하고 들어왔는데 "영등포에 있는 적진은 2일에 소굴이 모두 비고 누각과 모든 소굴이 모조리 불타 버렸다"고 했다. 웅천 지역인으로 적에게 투항했던 공수복 등 17명을 데리고 왔다.

4일 맑음. 경상 수사 권준이 와서 보기를 청하더니 종일 이야기하고 돌아갔다. 여필과 울 등이 어떻게 갔는지 몰라 무척 걱정스러웠다.

5일 맑음. 아침에 권 수사가 쇠고기를 조금 보내왔다. 충청 수사, 조방장 신호와 함께 아침을 먹었다. 식사 후에 신 조방장, 선거이 수사와 한 배를 타고 경상 수사에게로 가서 종일 이야기하다가 저물어서야 돌아왔다. 이날 체찰사의 공문이 왔는데 순천, 광양, 낙안, 흥양의 갑오년 토지세를 실어 오라고 했기에 곧 답장을 했다.

6일 맑았으나 바람이 세게 불었다. 충청 수사가 술을 바치므로 우수사와 두 조방장이 와서 함께 먹었다. 송덕일이 들어왔다.

7일 맑음. 식사 후에 경상 우수사가 왔다. 충청도 병영의 배와 서산, 보령의 배들을 내보냈다.

8일 맑음. 세조 임금의 제삿날이라 업무를 보지 않았다. 식사 후에 아들 회와 송덕일이 같은 배로 나갔다. 충청 수사와 두 조방장이 와서 이야기했다.

9일 맑음. 우수사 이억기와 여러 장수들이 모두 모였는데, 병영의 군사들에게 떡 한 섬을 나누어 주고 초저녁에 헤어져 돌아왔다.

10일 맑음. 오후에 충청 수사와 신, 박 두 조방장과 함께 우수사에게 가서 이야기하고 돌아왔다.

11일 흐림. 몸이 몹시 불편했다. 업무를 보지 않았다.

12일 흐림. 충청 수사와 신, 박 두 조방장을 불러서 함께 아침을 먹고 늦게 헤어졌다. 저녁에 경상 수사와 함께 우후 이몽구, 정항 등이 술을 가지고 와서 같이 이야기하다가 밤이 깊어서야 헤어졌다.

13일 비. 홀로 다락에 기대앉았으나 마음이 편치 않았다.

14일 맑음. 늦게 나가서 업무를 보았다. 우수사와 경상 수사가 함께 와서 작별하는 술잔을 같이 나누고 밤 늦게 헤어졌다. 선거이 수사와 작별하며 절구 한 수를 써 주었다.

북쪽[1]에 갔을 때도 같이 일하고   北去同勤苦
남쪽[2]에 와 죽고 삶을 같이하더니   南來共死生
오늘 밤 이 달 아래 잔을 나누면   杯今夜月
내일은 우리 서로 떠나겠구려.   明日別離情

15일 맑음. 수사 선거이가 와서 작별하고 돌아갔다. 작별하는 술잔을 들고 헤어졌다.

16일 맑음. 나가서 업무를 보고 장계를 봉해 올렸다. 이날 저물어 월식이 있더니 밤에 달빛이 밝아졌다.

17일 맑음. 식사 후에 서울에 편지를 써 보냈다. 김희번이 장계를 가지고 떠났다. 유자 30개를 영의정 유성룡에게 보냈다.

18일 늦게 조방장 정응운이 들어와서 같이 이야기했다.

19일 맑음. 정 조방장이 들어왔다가 곧 돌아갔다.

20일 새벽 2시에 둑제를 지냈다. 사도 첨사 김완이 헌관獻官으로 행사했다. 아침에 우수사가 방문했다.

---

1 녹둔도
2 전라 좌수영

21일 맑음. 박, 신 두 조방장과 함께 아침을 먹었다. 박 조방장과 작별하려 했지만, 경상 수사를 작별하러 갔다가 날이 저물어서 가지 못했다. 저녁에 이종호가 들어왔다. 다만 목화만 가져왔기에 모두 나누었다.

22일 동풍이 크게 불었다. 박자윤(박종남) 영공이 떠나갔다. 경상 우수사도 와서 전별했다.

23일 맑음. 태조 비 신의왕후 한씨의 제삿날이라 업무를 보지 않았다. 웅천 사람으로 사로잡혔던 박녹수, 김희수가 와서 적의 정세를 자세히 말해 주기에 각각 무명 1필씩을 주어 보냈다.

24일 맑음. 아침에 각처에 편지 10여 장을 썼다. 아들 울과 면이 방익순, 온개 등과 함께 떠났다. 이날 저녁에 우수사와 경상 수사가 방문했다.

25일 맑음. 오후 2시에 녹도 하인이 실수로 불을 내어 대청과 다락방이 모두 타 버렸다. 군량과 화약, 군기軍器가 있는 곳간에는 불이 닿지 않았으나 다락 아래 두었던 장편전長片箭 200여 개가 모두 타 버려서 애석했다.

26일 맑음. 홀로 배 위에서 종일토록 앉았다 누웠다 했는데 마음이 편안치 않았다. 거북선의 장수 이언량이 재목을 깎아 가지고 왔다.

27일 흐림. 왜적들에게 붙었던 안골포 사람 230여 명이 왔는데, 배는 22척이라고 우수가 와서 보고했다. 식사 후에 불난 곳으로 올라가서 집 지을 만한 터를 정했다.

28일 맑음. 식사 후에 집 짓는 곳에 올라갔다. 우수사, 경상 수사가 방문했다. 회와 울도 기별을 듣고 들어왔다.

29일 맑음.

30일 맑음.

10월

1일 맑음. 조방장 신호와 함께 아침을 먹고, 그대로 작별하는 술자리를
　　열었다.

2일 맑음. 대청에 들보를 올렸다. 지휘선을 연기로 그을렸다. 우수사 이
　　억기, 경상 수사 권준과 이정충이 방문했다.

3일 맑음. 해평군 윤근수의 공문을 구례 선비가 가지고 왔는데 "김덕령
　　이 전주 김윤선 등과 함께 죄 없는 사람을 때려죽이고 수군 진영으
　　로 도망해 들어갔다"고 했다. 수색해 보니 9월 10일경에 보리씨를
　　바꾸러 진에 왔다가 곧 돌아갔다고 했다.

4일 맑음.

5일 이른 아침에 다락에 올라가서 일하는 것을 감독했다. 다락 위의 바
　　깥 서까래에 흙을 올려 발랐다. 항복해 온 왜인들을 시켜 흙을 운
　　반하게 했다.

6일 식사 후에 우수사와 경상 수사가 방문했다. 저녁에 웅천 이운룡이
　　하는 말에 "명나라 사신 양방형楊方亨이 부산으로 들어갔다"고 했
　　다. 이날 사로잡혔던 사람 24명이 나왔다.

200

7일 맑음. 화창하기가 봄날 같다. 임치 첨사 홍견이 방문했다.

8일 맑음. 조카 완이 들어왔다. 진원과 함께 조카 해의 편지도 왔다.

9일 맑음. 각처에 답장을 써 보냈다. 대청 역사役事를 모두 마쳤다. 우우 후 이정충이 방문했다.

10일 맑음. 늦게 대청에 나가서 업무를 보았다. 우수사, 경상 수사 등이 와서 조용히 이야기했다.

11일 맑음. 일찍 다락방에 올라가서 하루 종일 일을 감독했다.

12일 맑음. 일찍 다락 위로 올라가서 일을 감독했다. 서쪽 사랑채를 만 들었다. 저녁에 송홍득이 들어왔는데, 이상한 말을 많이 했다.

13일 맑음. 일찍 새로 지은 다락에 올라가 항복한 왜인들에게 대청에 흙 바르는 일을 모두 끝마치게 했다. 송홍득이 군관을 따라갔다.

14일 맑음. 우수사, 경상 수사 권준, 사도 김완, 여도 김인영, 녹도 송여 종 등이 방문했다.

15일 맑음. 새벽에 망궐례를 드렸다. 저녁에 달빛을 타고 우수사 경수 (이억기)에게 가서 전별했다. 경상 수사, 미조항 성윤문, 사도 등이 방문했다.

16일 맑음. 새벽에 새로 지은 다락방으로 올라갔다. 우수사, 임치, 목포 등이 떠나갔다. 그대로 새 다락방에서 잤다.

17일 맑음. 가리포 첨사, 금갑도 만호가 와서 아침을 같이 먹었다. 진주 의 하응구, 유기룡 등이 계원미繼援米 20석을 가져와 바쳤다. 부안 김성업과 미조항 첨사 성윤문이 방문했다. 정항이 작별하고 돌아간 다고 했다.

18일 맑음. 수사 권준과 우우후 이정충이 방문했다.

19일 맑음. 회와 면이 떠나갔다. 송두남이 장계를 가지고 서울로 올라
갔다. 김성업도 돌아갔다. 이운룡이 왔다. 유사有司 하응문과 유기
룡이 나갔다.

20일 맑음. 늦게 가리포, 금갑도, 남도, 사도, 여도가 방문했기에 술을
먹여 보냈다. 저물어 영등 조계종도 와서 저녁을 먹고 돌아갔다.
밤바람이 몹시 싸늘하고 치가운 달빛이 낮과 같아 잠을 못 자고 밤
새도록 뒤척거렸다. 온갖 근심이 가슴속에 치밀었다.

21일 맑음. 이설이 휴가를 청했으나 허락하지 않았다. 늦게 우우후 이
정충, 금갑 만호 가안책, 이진 권관 등이 방문했다. 바람이 몹시 차
가웠다. 누워도 잠이 오지 않아 공태원을 불러 왜의 정세에 대해
물었다.

22일 맑음. 가리포, 미조항 첨사, 우후 이몽구 등이 방문했다. 저녁에
송희립, 박태수, 양정언이 들어왔다. 임금께 올리는 전문箋文을 받
들고 갈 선비도 들어왔다.

23일 맑음. 아침에 전문을 보낸 뒤 대청에 나가서 업무를 보았다.

24일 맑음. 경상 수사가 방문했다. 하응구도 와서 종일 이야기하다가
저물어 돌아갔다. 박태수, 김대복이 작별하고 갔다.

25일 맑음. 가리포, 우후, 금갑도, 회령포 민정붕, 녹도 등이 방문했다
가 돌아갔다. 저녁에는 정항이 작별하고 돌아간다고 하므로 전별했
다. 띠를 베어 올 일로 이상록, 김응겸, 하천수, 송의련, 양수개 등
이 군졸 80명을 데리고 나갔다.

26일 맑음. 들으니 임달영이 왔다고 한다. 불러서 제주 가는 일을 물었다. 방답 장린이 들어왔다. 송홍득과 송희립 등은 사냥을 나갔다.

27일 맑음. 우우후와 가리포가 왔다.

28일 맑음. 경상 우후 이의득이 방문했다. 띠 베러 갔던 배가 들어왔다. 밤에 천둥이 여름 같으니 변괴로다.

29일 가리포, 이진 등이 돌아갔다. 경상 수사, 웅천, 천성 윤홍년이 함께 왔다.

11월

1일 맑음. 망궐례를 드렸다. 늦게 나가서 업무를 보았다. 사도 김완이 나갔다. 함평, 진도, 무장의 전투선을 내보냈다. 김희번이 서울에서 내려와서 조보와 영의정 유성룡의 편지를 가져와 바쳤다. 항복한 왜인들에게 술을 먹였다. 오후에는 방답과 함께 활 7순을 쏘았다.

2일 맑음. 곤양 군수 이수일이 방문했다.

3일 맑음. 황득중이 들어와서 "왜선 2척이 청등靑燈을 거쳐 흥도에 이르러 해북도海北島에 가까이 와서 불을 지르고 춘원포春院浦 등지로 돌아갔다"고 전했다. 새벽에 지도紙島로 돌아갔다.

4일 맑음. 새벽에 이종호와 강기경 등이 들어왔다. 변존서의 편지를 보니 봉, 해 형제가 본영에 왔다고 했다.

5일 맑음. 남해 기효근, 금갑도, 남도, 어란, 회령포와 정담수가 방문했다. 방답 장린과 여도 김인영을 불러다 이야기했다.

6일 맑음. 송희립이 들어왔다. 베어 온 띠 400동과 생칡 100동을 실어
왔다.

7일 맑음. 하동 현감 최기준이 교지와 유서에 숙배했다. 경상 우수사
권준이 순찰사로부터 왔다. 미조항 첨사 성윤문과 남해 기효근도
왔다.

8일 맑음. 새벽에 조카 안과 서울 종이 본영으로 돌아갔다. 늦게 김응겸
과 경상 순찰사의 군관들이 왔다.

9일 맑음. 여도 만호 김인영이 들어왔다.

10일 맑음. 새벽에 경상 순찰사의 군관들이 다시 돌아갔다.

11일 맑음. 새벽에 탄일하례誕日賀禮(임금의 탄신 축하례)를 드렸다. 본영 탐
후선이 들어왔다. 변 주부, 이수원, 이원룡 등이 들어왔다. 그 편에
어머님이 평안하시다는 말을 들으니 반갑고 다행스럽다. 저녁에 이
의득이 방문했다. 금갑도와 회령포가 떠나갔다.

12일 맑음. 발포 임시장수로 이설을 정해 보냈다.

13일 맑음. 도양장에서 추수한 벼와 콩이 820석이었다.

14일 맑음.

15일 맑음. 아버님 제삿날이라 업무를 보지 않았다. 홀로 앉아 있으니
여러 가지 생각을 이길 수가 없었다.

16일 맑음. 항복한 왜인 여문련기汝文戀己, 야시로也時老 등이 와서 고하
기를 "왜인들이 도망치려 한다"고 하였다. 우우후 이정충을 시켜
잡아다가 주모자 준시俊時 등 2명의 머리를 베었다. 경상 수사와 우

후, 웅천, 방답, 남도, 어란, 녹도가 왔는데 녹도는 곧 보냈다.

17일 맑음.

18일 맑음. 어응린이 와서 전하되 "소서행장이 그 부하들을 데리고 바다로 나갔는데 어디로 갔는지 모른다"고 하기에, 경상 수사에게 명령하여 바다와 육지에서 살피게 했다. 늦게 유사 하응문이 와서 군량을 대는 일에 대해 아뢰었다. 이윽고 경상 수사와 웅천 등이 와서 의논하고 갔다.

19일 맑음. 이른 아침에 도망갔던 왜인이 스스로 돌아와서 얼굴을 보였다. 밤 10시에 조카 분, 봉, 해와 아들 회가 들어왔다. 어머님이 평안하심을 알고 매우 기뻤다. 하응문이 돌아갔다.

20일 맑음. 거제 안위와 영등 조계종이 방문했다.

21일 맑음. 북풍이 종일 불었다. 새벽에 송희립을 보내서 견내량 적선을 조사하게 했다. 이날 청어 132,040두름[1]을 곡식과 바꾸려고 이종호가 받아 갔다.

22일 맑음. 동지冬至라 새벽에 임금께 하례하는 마음으로 숙배했다. 늦게 웅천 이운룡, 거제, 안골 우수, 옥포 이담, 경상 우후 이의득 등이 왔다. 변존서와 조카 봉이 함께 갔다.

23일 맑았으나 큰 바람이 불었다. 이종호가 하직하고 나갔다. 견내량을 순찰시키는 일로 경상 수사를 보냈으나 바람이 몹시 사나워서 떠나지 못했다.

---

1 생선 20마리를 10마리씩 두 줄로 묶은 것.

24일 맑음. 순라선巡邏船(경계를 위해 다니는 배)이 떠나가다가 밤 10시에 진으로 돌아왔다. 변익성이 곡포 권관이 되어 왔다.

25일 맑음. 식사 후에 곡포 권관의 공식 인사를 받았다. 늦게 경상 우후가 와서 "항복한 왜인 8명이 가덕에서 나왔다"고 전했다. 웅천 이운룡, 우우후 이정충, 남도포 강응호, 방답 장린, 당포 하종해 등이 방문했다. 조카 분과 밤 10시까지 이야기했다.

26일 아침에 흐리더니 늦게 갰다. 식사 후에 나가서 업무를 보았다. 광양 도훈도가 매복 갔다가 도망간 자들을 잡아 와서 처벌했다. 정오에 경상 수사 권준이 왔다. 항복한 왜인 8명과 그들을 인솔해 온 김탁 등 2명에게 술을 먹였다. 그리고 김탁 등에게는 각각 무명 한 필씩을 주어 보냈다. 저녁에 유척과 임영 등이 왔다.

27일 맑음. 김응겸이 2년 된 나무를 찍어 오는 일로 목수 5명을 거느리고 갔다.

28일 맑음. 예종 임금의 제삿날이라 업무를 보지 않았다. 유척, 임영이 돌아갔다. 조카들과 함께 이야기하다가 밤이 깊어졌다.

29일 맑음. 인종 비 인성왕후 박씨의 제삿날이라 업무를 보지 않았다.

30일 맑음. 남해에 항복한 왜인 야여문也汝文, 신시로信時老 등이 왔다. 경상 수사 권준이 방문했다. 체찰사에게 보내는 토지세와 군량 30섬을 경상 수사가 받아 갔다.

12월

1일 맑음. 망궐례를 드렸다.

2일 맑음. 거제 안위, 당포 하종해, 곡포 변익성 등이 방문했다. 술을 먹였더니 취해 돌아갔다.

3일 맑음.

4일 맑음. 순천 2선과 낙안 1선의 군사를 점검하고 내보냈으나 바람이 불어 떠나지 못했다. 분, 해가 본영으로 갔다. 황득중, 오수 등이 청어 7천여 두름을 싣고 왔으므로 김희방의 무곡선貿穀船(곡식을 사러 가는 배)에 계산해서 주었다.

5일 맑았으나 바람이 불순했다. 몸이 불편하여 하루 종일 나가지 않았다.

6일 맑음. 늦게 경상 수사가 방문했다. 저녁에 울이 들어왔다. 어머님이 평안하시다고 한다. 천만다행한 일이다.

7일 맑았으나 바람이 불순했다. 웅천, 거제, 평산포, 천성 등이 방문했다가 갔다. 청주 이희남에게 답장을 써서 보냈다.

8일 맑음. 우우후 이정충과 남도포 강응표가 왔다. 체찰사의 전령이 왔는데 "근일 소비포에서 만나자"고 했다.

9일 맑음. 충청도 순찰사 박홍노와 수사 선거이에게 공문을 만들어 보냈다.

11일 맑음. 해와 분이 무사히 본영에 도착했다는 편지를 보니 기뻤다. 그러나 고생스러운 모습을 어찌 다 말하랴.

12일 맑음. 경상 수사 권준이 방문했다. 우후도 왔다.

13일 맑음. 왜의倭衣 50벌과 연폭連幅…….[1] 초저녁에 종 돌쇠가 와서 말하되 "왜선 3척과 작은 배 1척이 등산登山 바깥 바다로부터 합포合浦에 와서 대어 있다"고 한다. 아마도 사냥하는 왜인들인가 보다. 곧 경상 수사와 방답, 우우후에게 명령하여 정탐해 보도록 했다.

14일 맑음. 새벽에 경상 수사 권준과 여러 장수들이 합포로 나가 왜놈들을 타일렀다. 미조항 첨사 성윤문과 남해 기효근, 하동 최기준 등이 들어왔다.

15일 맑음. 체찰사의 처소로 나아갔던 진무鎭撫가 들어와서 "18일에 삼천포에서 만나자"고 한다기에 약속했다. 초저녁에 경상 수사가 방문했다.

16일 맑음. 새벽 4시에 배가 출발하여 달빛을 타고 당포 앞바다에 대어 아침을 먹고, 다시 사량 뒤에 대었다.

17일 비가 뿌렸다. 삼천진 앞에 이르니 체찰사 이원익은 사천에 이르렀다고 한다.

18일 맑음. 아침 식사 후에 삼천진으로 나아갔다. 정오에 체찰사가 보堡[2]에 들어와서 조용히 함께 의논했다. 초저녁에 체찰사가 함께 이야기하기를 청하므로 새벽 2시까지 이야기하고 헤어졌다.

19일 맑음. 아침 식사 후에 나가 앉아서 군사들에게 한턱 먹이고, 끝난 뒤에 체찰사가 길을 떠나므로 나도 배로 내려왔다. 바람이 몹시 사

---

1 원문에 다음 글이 빠져 있다.
2 성城, 진鎭 정도의 크기가 아닌 야전 초소 정도를 말한다.

나워 배가 떠날 수 없었다. 그대로 머무르면서 밤을 지냈다.

20일 맑음. 큰 바람이 불었다.

병신년

丙申年

1596년, 선조 29

정월

1일 맑음. 새벽 2시께 어머님 앞에 들어가 뵈었다. 늦게 남양 아저씨[1]와
　신 사과愼司果가 와서 이야기했다. 저녁에는 어머님께 하직 인사를
　드리고 영으로 돌아왔다. 마음이 몹시 심란하여 밤새도록 잠을 이
　루지 못했다.

2일 맑음. 명종 비 인순왕후 심씨의 제삿날이다. 일찍 나가서 군기를 일
　일이 점검했다. 부장部將 이계가 비변사의 공문을 가지고 왔다.

3일 맑음. 새벽에 바다로 내려갔다. 아우 여필과 여러 조카들이 배 위까
　지 따라왔다. 날이 밝아 배를 띄우며 서로 작별했다. 정오에 곡포
　바다 가운데 이르니 곧 동풍이 약간 불었다. 상주포 앞바다에 이르
　자 바람이 잦아들어 노를 재촉하여 자정에는 사량에 닿아 거기서
　잤다.

4일 맑음. 새벽 2시쯤에 첫 나발을 불고 날이 새자 배를 띄웠다. 이여념
　이 방문하였기에 진중 소식을 물으니 모두 여전하다고 했다. 오후
　3시쯤부터 가랑비가 보슬보슬 내리기 시작했다. 걸망포에 이르니

---

1 이순신의 장인은 상주 방씨, 장모는 남양 홍씨다. 일기에 나오는 남양 아저씨는 장모 쪽 사
　람을 의미한다.

경상 수사 권준이 여러 장수들을 거느리고 나와 기다리고 있었다. 우후 이몽구는 먼저 선상에 왔으나 취해서 인사불성이었으므로 곧 자기의 배로 돌아갔다. 송한련 등이 말하기를 "청어 1,000여 두름을 잡아서 널었는데, 내가 간 동안 잡은 청어가 모두 1,800여 두름이나 된다"고 했다. 비가 몹시 퍼부어 밤새도록 그치지 않았다. 여러 장수들이 해질녘에 떠났는데, 길이 질어서 넘어진 사람이 많았다고 한다. 기효근과 김축이 휴가를 받아서 돌아갔다.

5일 종일 비가 왔다. 새벽에 우후가 방답 장린, 사도 김완 두 첨사와 함께 문안 왔기에 세수를 빨리 하고 밖으로 나가 불러들여 그동안의 일을 물었다. 늦게 첨사 성윤문과 우우후 이정충, 웅천 현감 이운룡, 거제 현감 안위, 안골포 만호 우수, 옥포 만호 이담 등이 왔다가 어두워진 뒤에야 돌아갔다. 이몽상이 또한 권 수사의 심부름으로 문안하고 돌아갔다.

6일 비. 오수가 청어 1,310두름을, 박춘양이 787두름을 바쳤는데, 하천수가 받아다가 말리기로 했다. 황득중은 202두름을 바쳤다. 종일 비가 내렸다. 사도가 술을 가지고 와서 군량 500여 석을 마련해 놓았다고 말했다.

7일 맑음. 이른 아침 이영남과 좋아지내는 여인이 와서 말하기를 "권숙이 덤벼들기 때문에 피해 왔는데 다른 곳으로 가겠노라"고 했다. 늦게 권 수사와 우후, 사도, 방답 등이 오고, 권숙도 왔다. 오후 2시에 견내량 복병장伏兵將인 삼천포 권관이 급히 보고하기를 "항복한 왜놈 5명이 애산厓山(부산釜山으로도 기록하고 있다)으로부터 나왔다"고

하므로 안골포 만호 우수와 공태원을 뽑아 보냈다. 날씨가 몹시 차고 서풍이 매웠다.

8일 맑음. 입춘인데도 날씨가 몹시 추워 마치 한겨울 같았다. 아침에 우우후와 방답을 불러서 약식藥食을 같이 먹었다. 일찍이 항복한 왜인 5명이 들어왔다. 그 사연을 물으니 "장수가 성질이 포악하고 일도 너무 고되기 때문에 도망쳐 나와 항복하는 것"이라고 했다. 그들이 가진 크고 작은 모든 칼을 거두어 다락 위에 두었다. 실상 그들은 부산에 있는 왜적이 아니고 가덕 심안둔沈安屯의 부하라고 했다.

9일 날이 음산하고 추워서 마치 살을 에는 것 같았다. 오수가 잡은 청어 360두름을 하천수가 실어 갔다. 각처의 공문을 처리해 나누어 보냈다. 저물 무렵 경상 수사가 와서 방어 대책을 토의했다. 서풍이 종일 불어서 배가 바다로 나가지 못했다.

10일 맑았으나 서풍이 세게 불었다. 이른 아침에 적이 다시 나올지 여부를 점쳤더니 '수레에 바퀴가 없는 것 같다如車無輪'는 괘가 나왔다. 다시 또 치니 '임금을 보고 모두들 기뻐하는 것 같다如見君主皆喜'는 괘가 나왔다. 좋은 괘였다. 식사 후 대청에 나가 앉아서 업무를 보았다. 우우후와 어란於蘭이 방문했다. 사도도 왔다. 세 위장衛將을 시켜 체찰사가 보낸 여러 가지 물건들을 많은 사람들에게 나누어 주었다. 웅천, 곡포, 삼천포, 적량도 방문했다.

11일 맑음. 서풍이 밤새도록 크게 불고 겨울보다 훨씬 추웠다. 몸이 몹시 불편했다. 늦게 거제가 와서 수사의 옳지 못한 일에 대해 자세히 말했다. 광양 김성이 들어왔다.

12일 맑았으나 서풍이 세게 불어 추위가 지독했다. 날이 샐 무렵, 한 곳에 이르러 영의정 유성룡과 함께 이야기하는 꿈을 꾸었다. 한동안 둘이 의관을 벗어 놓고 앉았다 누웠다 하면서 서로 나라에 대한 근심을 털어놓다가 끝내는 억울한 사정까지 쏟아 놓았다. 이윽고 바람이 불고 비가 퍼붓는데도 흩어지지 않고 그대로 조용히 이야기를 계속하는 동안, 만일 서쪽의 적이 급히 들어오고 남쪽의 적까지 덤비게 된다면 임금이 어디로 가시겠는가 하고 걱정하며 말을 잇지 못했다. 앞서 듣건대, 영의정 유성룡이 천식증으로 몹시 편찮다고 했는데 나았는지 모르겠다. 글자 점을 던져 보았더니 '바람이 물결을 일으키는 것 같다如風起浪'는 괘가 나왔다. 또 오늘 중으로 길흉간에 무슨 소식을 들을지 점을 쳐 보니 '가난한 사람이 보배를 얻은 것 같다如貧得寶'는 괘가 나왔다. 이 괘는 참 좋다. 어제 저녁에 종금金을 본영으로 내보냈는데 바람이 심히 고약하여 염려된다. 늦게 나가서 각지의 서류를 처리해 보냈다. 낙안이 들어왔다. 웅천 현감의 급한 보고에 "왜선 14척이 거제 금이포에 들어와서 머물고 있다"고 하기에 경상 수사에게 삼도의 여러 장수를 거느리고 가 보게 했다.

13일 맑음. 아침에 경상 수사가 와서 견내량으로 배를 몰고 간다고 아뢴 뒤에 떠났다. 늦게 대청에 나가서 서류를 처결해 보냈다. 체찰사에게 올리는 서류를 보냈다. 성균관의 학문을 다시 세운다는 선비들의 통문을 가지고 왔던 성균관의 종이 하직을 고했다. 이날은 바람이 자고 날씨가 따뜻했다. 저녁 달빛은 대낮 같고 바람 한 점

없는데 홀로 앉아 있으니 마음이 심란했다. 잠을 이루지 못해 신홍
수를 불러 퉁소를 듣다가 밤 10시경에 잠들었다.

14일 맑았으나 큰 바람이 불더니 늦게 바람이 자고 날씨도 따뜻한 것
같았다. 흥양 최희량이 들어왔다. 정사립과 김대복도 들어왔다. 조
기, 김숙도 왔다. 그 편에 연안延安에 있는 옥의 외조모가 작고했다
는 기별을 들었다. 밤 늦도록 이야기했다.

15일 맑고 따뜻했다. 날이 샐 무렵 망궐례를 드렸다. 낙안 선의문과 흥
양을 불러 아침을 함께 먹었다. 늦게 대청에 나가서 업무를 보고
서류를 처리한 다음, 투항한 왜인들에게 술과 음식을 먹였다. 낙안
과 흥양의 전투선과 군기, 부속물, 사부射夫와 격군格軍 등을 점검하
니 낙안이 더욱 엉성했다고 한다. 저녁 달빛이 한결 더 맑았다. 풍
년이 들 징조라고 했다.

16일 맑음. 서리가 마치 눈처럼 하얗게 내렸다. 늦게 나가서 업무를 보았
다. 경상 수사, 우우후 등이 방문하고 웅천도 와서 취해 돌아갔다.

17일 맑음. 아침에 방답 첨사 장린이 말미를 받아 변존서, 조카 이분,
김숙 등과 같은 배로 떠나갔다. 마음이 편치 않았다. 낮에 나가서
업무를 보았다. 우후 이몽구를 불러서 활을 쏘았는데, 성윤문과 변
익성이 함께 와서 같이 활을 쏘고 돌아갔다. 저물 무렵에 강대수
등이 편지를 가지고 들어왔는데 "종 금이 16일에 본영에 도착했다"
고 하고, "종 경이 돌아온다"고 하며, "아들 회는 오늘 은진으로 돌
아간다"고 했다.

18일 맑음. 아침부터 종일 군복을 마름질했다. 늦게 곤양 이수일과 사

천 기직남이 왔다가 취해서 돌아갔다. 동래 현령 정광좌가 급히 보고하기를 "왜놈들이 많이 반역하는 눈치가 보이고, 또 심 유격(심유경)이 소서행장과 함께 정월 16일에 먼저 일본으로 갔다"고 했다.

19일 맑고 따뜻했다. 늦게 나가서 업무를 보았다. 사도가 여도와 함께 왔고 우후와 곤양도 왔다. 경상 수사도 와서 우우후를 불렀는데, 곤양이 술을 차리므로 조용히 이야기를 했다. 부산에서 빠져나온 4명이 전하되 "심유경이 소서행장, 현소玄蘇, 사택정성寺澤正成, 소서비少西飛와 함께 정월 16일 새벽에 바다를 건너갔다"고 하기에, 양식 3말씩을 주어 보냈다. 저녁에 순찰사 서성이 진중으로 온다는 말에 여러 가지 물건을 가지러 박자방이 본영(여수)으로 떠났다. 메주를 쑤었다.

20일 종일 비가 왔다. 기운이 피곤하여 반 시간 정도 낮잠을 잤다. 오후 1시쯤에 메주 만드는 일을 끝내고 온돌에 넣었다. 낙안 선의문이 와서 "둔전에서 추수한 벼를 실어 왔다"고 했다.

21일 맑음. 아침에 나가서 업무를 보았다. 체찰사에게 보내는 순천 관련 서류를 작성했다. 식사 후에 미조항 첨사 성윤문과 흥양 최희량이 함께 왔기에 술을 대접해 보냈다. 미조항 첨사가 휴가를 청했다. 늦게 대청에 나가니 사도, 여도, 사천, 광양, 곡포가 방문했다가 갔으며 곤양도 왔다. 활 10순을 쏘았다.

22일 맑음. 몹시 추웠고 바람 또한 매우 거셌다. 종일 나가지 않았다. 늦게 경상 우후 이의득이 와서 권 수사의 경솔하고 망령된 짓을 전했다. 이날 밤은 유난히 바람이 차고 세차서 아이들이 들어오기에 고생스러울까봐 걱정되었다.

23일 맑음. 바람이 찼다. 작은 형님(요신)의 제삿날이라 나가지 않았다. 마음이 몹시 어지러웠다. 아침에 옷 없는 군사 17명에게 옷을 두 벌씩 주었다. 종일 바람이 험했다. 저녁에 가덕에서 나온 김인복이 인사하므로 적의 정세를 물어보았다. 밤 10시에 면, 완, 최대성, 신여윤, 박자방이 본영에서 왔다. 어머님이 평안하시다는 편지를 받으니 기쁘기 한이 없다. 종 경이 오고 또 금이가 애수와, 금곡에 사는 종 한성과 공돌 등을 데리고 왔다. 자정에야 잠자리에 들었다. 눈이 2치(약 6센티미터) 정도 내렸다. 근년에 없는 일이라고 한다. 밤에 몸이 몹시 불편했다.

24일 맑았으나 북풍이 크게 일고 눈보라가 치면서 모래까지 날려, 사람도 감히 걸어 다닐 수 없었고 배도 감히 움직일 수 없었다. 새벽에 견내량 복병이 급히 보고하되 "어제 왜놈 1명이 복병한 곳에 와서 항복하며 들어오기를 청하였다" 하므로 보내라고 회답했다. 늦게 좌우 우후와 사도가 방문했다.

25일 맑음.

26일 맑았으나 바람이 고르지 못했다. 나가서 업무를 보고 활을 쏘았다.

27일 맑고 온화했다. 아침을 먹은 뒤에 나가서 장흥 배홍립의 죄를 심의하고 흥양과 함께 이야기했다. 늦게 경상 우도 순찰사 서성이 들어왔기에 오후 4시경에 우수사 진으로 가서 보고 자정에야 돌아왔다. 사도의 진무鎭撫가 화약을 훔치다가 붙들렸다.

28일 맑음. 늦게 나갔다. 정오에 순찰사가 와서 활을 쏘고 같이 이야기도 했다. 순찰사가 나와 함께 활쏘기를 겨루다가 7푼을 졌는데, 섭섭한 기색이 없지 않았다. 우스웠다. 군관 3명도 모두 졌다. 밤이 되자 취해서 돌아갔다.

29일 종일 비가 왔다. 아침을 먹고 경상도 진으로 가서 순찰사와 조용히 이야기하였다. 오후에 활을 쏘았는데 순찰사가 또 9푼을 졌다. 김대복이 혼자서 활을 쏘고, 피리를 듣다가 자정이 다 되어서야 헤어져 진으로 돌아왔다. 어두울 무렵, 화약을 훔친 사도 사람이 도망갔다.

30일 비가 계속 내리다가 늦게 갰다. 나가서 군관들이 활 쏘는 것을 보았다. 천성 만호 윤홍년, 여도 김인영, 적량 고여우 등이 방문했다가 돌아갔다. 이날 저녁, 청주 이희남의 종 4명과 준복俊福이 들어왔다.

2월

1일 아침에 흐렸다가 늦게 갰다. 여러 장수들과 함께 활을 쏘았다. 권숙이 왔다가 취해서 갔다.

2일 맑고 따뜻했다. 아들 울이 조기趙琦와 함께 배로 떠났다. 우후도 갔다. 저녁에 사도가 와서 "어사의 장계로 파면되었다"고 하므로, 곧 장계 초안을 작성했다.

3일 맑았으나 큰 바람이 불었다. 홀로 앉아서 아들이 떠나간 것을 생각하니 마음이 편치 않았다. 아침에 장계를 수정했다. 경상 수사가 방문해 "적량 만호 고여우가 장담년에게 소송을 당한 관계로 순찰사가 장계를 올려 파면하려 한다"고 했다. 저물 무렵에 어란 만호가 견내량의 복병한 곳으로부터 와서 "부산 왜놈 3명이 성주星州에서 항복한 사람을 거느리고 복병한 곳에 와서 장사를 하겠다고 한다"고 하므로, 곧 장흥 부사 배흥립에게 명령하여 "내일 새벽에 가서 보고 타일러 쫓으라"고 했다. 이놈들이 어찌 감히 물건을 사려고 온 것이랴. 아마 우리의 허실虛實을 염탐하려는 것이리라.

4일 맑음. 아침에 사도 사람 진무성에게 장계를 주어 보냈다. 그 편에 영의정 유성룡과 신식 두 집에 가는 문안 편지도 함께 부쳤다. 늦게 흥양 최희량이 방문했다가 갔다. 오후에 활 10순을 쏘았다. 여도, 거제, 당포 안이명, 옥포 이담 등이 왔다가 갔다. 저녁에 장흥이 복병한 곳에서 돌아와 왜놈들이 다시 들어갔다고 보고했다.

5일 아침에 흐리다가 늦게 갰다. 사도와 장흥이 일찍 왔기에 아침을 같이 먹었다. 식사 후에 권숙이 와서 돌아간다고 하므로 종이와 먹 2개 그리고 패도佩刀(차는 칼)를 주어 보냈다. 늦게 삼도의 여러 장수들을 불러서 위로하는 음식을 먹이고 겸하여 활도 쏘고 풍악도 울렸다. 모두 취해서 헤어졌다. 웅천 이운룡이 손인갑과 좋아지내는 여인을 데려왔기에 여러 장수들과 함께 가야금 두어 곡조를 들었다. 저녁나절에 김이실이 순천에서 돌아왔는데, 그 편에 어머님이 평안하시다는 소식을 들으니 기쁘고 다행하다. 우수사의 편지가 왔는데, 군사에 대한 기일을 물리자는 것이었다. 우습고 한심스러웠다.

6일 흐림. 새벽에 목수 10명을 거제로 보내 배 만드는 기술을 가르치게 했다. 침실 천장에 흙이 떨어진 곳이 많아 수리하도록 했다. 사도 첨사 김완이 조도 어사의 장계로 파면되었다는 기별이 와서 본포 本浦(골사도)로 보냈다. 순천 별감 유繪와 군관 정응진 등을 처벌하고 나서 곧 다락으로 들어왔다. 송한련이 숭어를 잡아 가지고 여도, 낙안, 흥양을 불러서 같이 먹었다. 적량 고여우가 큰 매를 가지고 왔으나 오른쪽 발가락이 모두 얼어서 무질어졌으니 어찌하랴, 어찌하랴. 초저녁에 잠시 땀을 내었다.

7일 아침에 날이 흐리고 동풍이 크게 불었다. 심기가 불편했다. 늦게 나가서 군사들에게 음식을 나누어 먹였다. 장흥, 우후, 낙안, 흥양을 불러 이야기하다가 날이 저물어서야 헤어졌다.

8일 맑음. 이른 아침에 녹도 만호 송여종이 왔다. 아침에 벗나무 껍질을 벗겼다. 늦게 손인갑과 좋아지내던 여인이 들어왔다. 시간이 어느 정도 지난 후에 오철, 현응원을 불러서 군사에 대한 일을 물어보았다. 저녁때 군량에 대한 장부를 만들고 흥양 둔전에서 추수한 벼 352석을 받아들였다. 서풍이 크게 불어 배를 띄울 수 없었다. 유황 柳滉이 떠나지 못했다.

9일 맑음. 서풍이 크게 불어서 배가 다니지 못했다. 늦게 권 수사가 와서 이야기했다. 활 10순을 쏘았다. 저녁에는 바람이 그쳤다. 견내 량과 부산에 있는 왜선 2척이 들어왔다는 정보를 듣고서 웅천과 우후에게 정찰하도록 했다.

10일 날이 맑고 온화했다. 일찍이 박춘양이 대나무를 싣고 왔다. 늦게 나가서 태구생太仇生을 처벌했다. 저녁에는 직접 창고 지을 장소에 가 보았다. 아침에 웅천과 우우후가 견내량에서 와서 왜인들이 몹시 두려워 떠는 꼴을 이야기했다. 해질녘에 창녕 사람이 술을 가져와 밤이 깊도록 마시다가 헤어졌다.

11일 맑음. 체찰사에게 가는 공문을 서류로 만들어 보냈다. 보성에서 계향 유사 임찬이 소금 10섬을 실어 갔다. 임달영이 제주 이경록으로부터 돌아왔는데 제주와 박종백, 김응유의 편지를 가지고 왔다. 늦게 장흥과 우우후가 왔기에 낙안과 흥양을 불러서 활을 쏘았다. 날이 어두워질 무렵에 영등 조계종이 소실을 데리고 술을 들고 와서 마시기를 권했다. 꼬마 아이도 함께 왔는데 놔두고 돌아갔다. 땀을 흘렸다.

12일 맑음. 일찍이 창녕 사람이 웅천에 있는 별장으로 돌아갔다. 아침에 살대(대나무 화살대) 50개를 경상 수사에게 보냈다. 늦게 수사가 와서 함께 이야기했다. 저녁때 활을 쏘았는데, 장흥과 흥양도 같이 쏘다가 해가 진 뒤에 헤어졌다. 꼬마 아이가 밤 늦기 전에 돌아갔다.

13일 맑음. 식사 후에 나가서 업무를 보고, 기한을 어겨 늦게 온 강진 이극신의 죄를 다스렸다. 영암 군수 박홍장을 파면시킬 장계의 초안을 작성했다. 저녁때 어란과 임달영이 돌아갔다. 제주 목사에게 청어, 대구, 화살대, 곶감, 삼색 부채 등을 보냈다.

14일 맑음. 늦게 나가서 업무를 보고, 장계 초안을 수정했다. 동복同福

에서 식량 조달의 임무를 맡은 유사 김덕린이 방문했다. 경상 수사가 쑥떡과 초 한 쌍을 보내왔다. 낙안과 녹도 등을 불러서 떡을 먹였다. 창고 세 곳의 지붕을 이었다. 얼마 뒤 강진 이극선이 방문했기에 위로하고 술을 주었다. 저녁에 물을 부엌가로 끌어들여 물 긷는 수고를 덜어 주었다. 이날 밤 바다 위의 달빛은 대낮처럼 밝고 물결은 비단결 같은데, 홀로 높은 다락 위에 기대 앉았노라니 마음이 몹시 어지러워 밤이 깊어서야 잠자리에 들었다. 흥양 유사 송상문이 와서 쌀과 벼 7섬을 바쳤다.

15일 새벽에 망궐례를 드리려다 보슬비가 내리고 마당이 젖어서 거행하지 않았다. 해질녘에 들으니 우도(전라 우도)에 항복한 왜인이 경상도의 왜인과 짜고서 도망칠 계획을 꾸민다고 하므로 전령을 놓아 막았다. 아침에 화살대를 골라 큰 살대 111개와 그 다음 치 154개를 옥지玉只에게 주었다. 장계 초안을 수정했다. 늦게 나갔더니 웅천, 거제, 당포, 옥포, 우우후 이정충, 경상 우후 이의득 등이 방문했다. 순천 둔전에서 추수한 벼를 내가 보는 앞에서 받아들이게 했다. 동복의 계향 유사 김덕린, 흥양 유사 송상문 등이 돌아갔다. 저녁때 사슴 한 마리와 노루 두 마리를 사냥해 가지고 왔다. 이날 밤 달빛은 대낮처럼 밝고 물결은 비단결 같아서 자려 해도 잠이 오지 않았다. 아랫사람들은 밤새도록 술에 취해서 노래를 불렀다.

16일 맑음. 아침에 장계 초안을 수정하고 늦게 나갔다. 장흥 부사, 우우후, 가리포 등이 와서 함께 활을 쏘았다. 지난번에 졌던 군관들 편에서 한턱을 내어 모두 술이 몹시 취해 가지고 헤어졌다. 이날 밤에 너무 취해서 잠을 이루지 못하다가 밤을 밝혔다. 봄철의 피곤한 기운이 벌써 이렇구나.

17일 흐림. 세종 임금의 제삿날이라 업무를 보지 않았다. 식사 후에 면이 본영으로 가고 박춘양과 오수는 조기 잡는 곳으로 갔다. 어제 취한 술 때문에 몸과 마음이 몹시 불편했다. 저녁때 흥양이 와서 이야기하다가 저녁을 함께 먹었다. 미조항 성윤문의 문안 편지가 왔는데 "방금 감시監司의 공문을 받고 곧 진성晉城(진주)으로 가게 되어 인사하지 못한다"고 하였다. "그 후임으로는 황언실이 되었다"고 했다. 응천의 답장도 왔다. 임금이 내린 분부는 아직 받지 못했다고 한다. 이날 어두워질 무렵에 서풍이 크게 일더니 밤새도록 그치지 않았다. 아들이 떠나간 것을 생각하니 걱정스럽다. 답답한 마음을 어찌 다 말하랴. 봄 기운이 몹시 피곤케 한다.

18일 맑음. 식사 후에 나갔다. 서풍이 크게 불었다. 체찰사의 비밀 공문 3통이 왔는데, 하나는 제주목에서 계속 후원해 오는 일에 관한 것이요, 또 하나는 영등 만호 조계종을 신문하는 일에 관한 것이요, 또 하나는 진도의 전투선을 아직 독촉하여 취합치 말라는 것이었다. 저녁에 김국이 서울에서 왔는데 비밀 공문 두 통과 책력[1] 한 권 그리고 조보를 가지고 왔다. 황득중이 철물을 실어다 바쳤다. 절節이 술을 가져왔다. 땀이 온몸에 흠씬 배었다.

19일 맑았으나 바람이 크게 불었다. 아들 면이 잘 갔는지 몰라서 밤새

---

1 일 년 동안의 월일, 해와 달의 운행, 월식과 일식, 절기, 특별한 기상 변동 등을 적은 책.

224

도록 걱정했다. 저녁에 들으니 군량을 싣고 오던 낙안 배가 바람에 막혀 사량에 정박했는데 바람이 자야 온다고 한다. 새벽에 이곳에 있는 왜인 난여문亂汝文 등을 시켜 경상도 진에서 항복한 왜인들의 목을 베도록 했다. 권 수사가 왔다. 장흥, 웅천, 낙안, 흥양, 우우후, 사천 등과 함께 이야기하고 부안에서 온 술을 마셨다. 황득중이 가져온 총통 만들 쇠를 저울로 달아서 보관하게 했다.

20일 맑음. 이른 아침 조계종이 현풍 수군 손풍련에게 소송을 당한 결과 마주 대면하고 공술하기 위해 이곳까지 왔다가 갔다. 늦게 나가서 서류를 처리해서 나누어 보냈다. 입대에 관한 공문을 사사로이 만든 죄로 손만세를 처벌했다. 오후에 낙안과 녹도가 와서 활 7순을 쏘았다. 비가 올 듯한 날씨였다. 새벽에 기운이 노곤했다.

21일 흐리고 새벽에 비가 보슬거리다가 늦게 그쳤다. 나가지 않고 혼자 앉아 있었다.

22일 맑고 바람도 없었다. 아침을 먹고 나가니 웅천과 흥양이 방문했다. 흥양은 심기가 불편하다면서 먼저 돌아갔다. 우우후, 장흥, 낙안, 남도포, 가리포, 여도 김인영, 녹도 송여종 등이 와서 활을 쏘기에 나도 쏘았다. 손현평도 왔다. 몹시 취해서 헤어졌다. 밤에 땀을 흘렸다. 봄 기운이 사람을 노곤하게 했다. 강소작지姜所作只가 그물을 가지러 본영에 갔다. 충성 수사가 화살에 쓸 만한 대나무를 바쳤다.

23일 맑음. 일찍 아침을 먹고 나가 둔전에서 받아들인 벼를 다시 작석作石(곡식을 담아서 한 섬씩 만드는 것)했는데 새로 지은 창고에 쌓은 것이

167섬으로, 48섬이 줄었다. 늦게 거제, 고성, 하동, 강진, 회령포 등이 왔는데 고성에서 가지고 온 술을 모두 마셨다. 웅천이 저녁에 와서 몹시 취했다. 밤 10시경에 자리를 파하고 돌아갔다. 하천수, 이진 등이 왔다. 방답이 들어왔다.

24일 맑음. 식사 후에 나가서 둔전에서 받은 벼의 작석을 감독했다. 우수사 권준이 들어왔다. 오후 4시경에는 비바람이 크게 불었다. 둔전에서 받아들인 벼를 다시 작석한 결과 창고에 들여 쌓은 것이 170여 섬으로, 30여 섬이 줄었다. 낙안 선의문이 교체되었다는 기별이 왔다. 방답과 흥양이 왔다. 본영으로 배를 내보내려다가 비바람으로 중지했다. 밤새도록 바람이 그치지 않았다. 몸이 노곤했다.

25일 비가 주룩주룩 내리다가 낮에 갰다. 아침에 장계 초안을 수정했다. 늦게 우수사 이억기가 오고 나주 판관 원종의도 왔다. 장흥 부사 배흥립이 와서, 수군에 관한 사무를 진행하기가 곤란한 것은 감사가 방해했기 때문이라고 말했다. 이진이 둔전으로 돌아갔다. 춘절, 복춘, 사화 등이 본영으로 돌아갔다.

26일 아침에는 맑더니 저물 무렵에 비가 내렸다. 늦게 대청에 나갔다. 여도, 흥양이 와서 백성을 침해하는 영리들의 폐단을 이야기했다. 지극히 놀라운 일이다. 양정언과 영리 강기경, 이득종, 박취 등을 중죄로 다스리는 동시에 경상도와 전라도의 영리를 잡아들이라고 명령했다. 경상 수사가 방문했다. 이윽고 견내량 복병에서 긴급 보고가 왔는데 "왜선 1척이 견내량으로부터 들어와서 해평장까지 이른 것을 머물지 못하게 했다"고 했다. 둔전에서 받아들인 벼

230섬을 다시 작석한 수가 198섬으로, 32섬이 줄었다고 한다. 낙
안에게 작별 술을 대접해 보냈다.

27일 흐리다가 늦게 갰다. 이날 녹도 만호 송여종 등과 함께 활을 쐈
다. 흥양 최희량이 휴가를 얻어 돌아갔다. 둔전에서 받아들인 벼
220여 섬을 다시 작석한 결과 여러 섬이 줄다.

28일 맑음. 이른 아침에 침을 맞았다. 나갔더니 장흥과 체찰사의 군관
이 왔다. 장흥은 체찰사의 종사관이 군령을 가지고 자기를 체포하
러 온 일 때문에 왔다고 한다. 또 전라도 수군 중 우도 수군만은 좌
도와 우도를 왔다 갔다 하면서 제주와 진도를 성원하라는 명령이
있다고 한다. 참 어이없다. 조정의 지도가 이럴 수 있는가. 체찰사
로서 계획을 세우는 것이 이렇게 무의미할 수 있는가. 나라의 일이
이렇고 보니 어찌하랴, 어찌하랴. 저녁에 거제를 불러다가 일을 물
어보고 돌려보냈다.

29일 맑음. 아침에 서류 초안을 수정했다. 식사 후에 나갔더니 우수사
와 경상 수사가 장흥과 관찰사의 군관을 데리고 왔다. 경상 우순찰
사의 군관이 편지를 가지고 왔다.

30일 맑음. 아침에 정사립에게 보고문을 쓰게 하여 체찰사에게 보냈다.
장흥이 체찰사에게 갔다. 늦게 우수사 이억기가 고하기를 "이제 바
람도 온화해졌으니 여기저기 돌아다니면서 제때에 경계해야 할 것
이라. 시급히 부하를 거느리고 본도(전라 우도)로 가야겠다"는 것이
었다. 그 마음가짐이 극히 이상해서 그의 군관과 도훈도를 붙잡아
다가 곤장 70대를 때렸다. 수사가 자기 부하를 거느리고 견내량에

서 복병하기를 꺼렸는데, 하는 짓이 여러 가지로 우스웠다. 저녁에 송희립, 노윤발, 이원룡 등이 왔다. 송희립은 술까지 가지고 왔다. 심기가 몹시 불편하여 밤새도록 식은땀을 흘렸다.

3월

1일 맑음. 새벽에 망궐례를 드렸다. 아침에 경상 수사가 와서 이야기하고 돌아갔다. 늦게 해남 현감 유형, 임치 첨사 홍견, 목포 만호 방수경 등을 기한을 어긴 죄로 처벌했다. 해남 현감은 새로 부임했기 때문에 매를 때리지 않았다.

2일 맑음. 아침에 장계 초본을 수정했다. 보성 안홍국이 들어왔다. 몸이 몹시 불편해서 업무를 보지 않았다. 기운을 차릴 수도 없었고 땀도 많이 흐르는 것으로 보아 병의 시초인 것 같다.

3일 맑음. 새벽에 이원룡이 본영으로 돌아갔고, 늦게 반관해가 왔다. 정사립 등을 시켜서 장계를 쓰게 했다. 이날은 명절이라 방답, 여도, 녹도와 남도 만호 등을 불러 술과 떡을 먹였다. 일찍이 송희립을 우수사에게 보내서 미안하다는 뜻을 전했더니 공손하게 대답하더라고 한다. 땀으로 젖었다.

4일 맑음. 아침에 장계를 봉했다. 늦게 보성 군수 안홍국을 제 기일 안에 오지 못한 죄로 처벌했다. 낮에 배를 띄워 바로 소근두所斤頭를 거쳐 경상 우수사가 있는 곳으로 가서 그를 불렀다. 경상 좌수사

228

이운룡도 와서 조용히 이야기하다가, 그대로 좌리도佐里島 바다 가운데서 같이 잠을 잤다. 땀이 계속 흘렀다.

5일 맑다가 구름이 끼었다. 새벽 4시경에 배를 띄워, 환하게 밝은 뒤 우수사가 복병하고 있는 견내량으로 가니 마침 아침 식사 때였다. 식사 후에 우수사를 만나서 잘못된 것을 말하니, 우수사 이억기는 모든 것을 사과했다. 나중에 술을 내어서 잔뜩 취해 돌아오다가 이정충의 장막으로 들어가서 조용히 이야기하였다. 몸을 가누지 못할 정도로 또 술을 마셨다. 큰 비가 갑자기 쏟아지는 바람에 나만 먼저 배로 돌아왔다. 우수사는 취해 쓰러져 정신을 못 차리므로 작별도 못하고 왔다. 우스웠다. 배에 돌아오니 회, 해, 면, 울과 수원壽元 등이 와 있었다. 비를 맞으면서 진중으로 돌아온즉, 김혼이 와 있었다. 같이 이야기하다가 자정에야 잤다. 계집종 덕금, 한대, 효대와 은진에 있는 계집종도 왔다.

6일 흐렸으나 비는 오지 않았다. 새벽에 종 한대를 불러서 사건의 내용을 물어보았다. 아침부터 기분이 좋지 않았다. 식사 후에 하동 신진, 고성 조응도가 돌아갔다. 늦게 함평 손경지, 해남 유형이 작별하고 돌아갔고, 남도포 강응표도 하직하고 돌아가는데 기일을 5월 10일로 정했다. 우우후와 강진은 초8일이 지난 뒤에 떠나가도록 일렀다. 함평 현감(손경지), 남해 현감(박대남), 다경포 만호(윤승남) 등이 칼 연습을 했다. 땀이 계속 흘렀다. 사슴 세 마리를 사냥해 왔다.

7일 맑음. 새벽에 땀이 많이 흘렀다. 늦게 나가서 업무를 보았다. 가리포, 방답, 여도가 왔다가 갔다. 머리를 꽤 오래 빗었다. 녹도가 노루 두 마리를 잡아 왔다.

8일 맑음. 아침에 안골포 만호 우수와 가리포 이응표가 큰 사슴을 한 마
리씩 보내왔다. 식사 후에 나가서 업무를 보았다. 우수사, 경상 수
사, 좌수사, 가리포, 방답, 평산포, 여도, 우우후, 경상 우후, 강진
등이 함께 와서 종일 취했다가 헤어졌다. 저녁에 잠시 비가 내렸다.

9일 아침에는 맑았다가 저물 무렵에 비가 내렸다. 아침에 우우후와 강
진이 작별하고 돌아간다기에 술을 먹였더니 잔뜩 취해 우후는 곧
돌아가지 못했다. 저녁에 좌수사가 왔기에 작별 술을 나누었더니
취해 쓰러져 대청에서 잤다. 개ਜ਼[1]와 함께 잤다.

10일 비. 아침에 다시 좌수사를 청해 와서 이별 잔을 나누며 전송했더
니 종일 크게 취해 나가지 못했다. 수시로 땀이 났다.

11일 흐림. 해, 회, 완과 수원이 계집종 3명을 데리고 떠나갔다. 이날
저녁에 방답 첨사 장린이 성낼 일도 아닌데 성을 내어 지휘선의 급
수(수영에서 물 긷는 일을 맡은 군사)에게 곤장을 때린 것은 참으로 놀라
운 일이었다. 그래서 방답의 군관과 이방을 붙잡아 들여 군관에게
는 20대, 이방에게는 50대의 매를 때렸다. 늦게 전임 천성 만호가
하직을 고했다. 새로 오는 천성은 체찰사의 공문으로 병사에게 체
포되어 있는 중이다. 나주 판관이 또 왔기에 술을 먹여 보냈다.

12일 맑음. 아침을 먹은 뒤에 노곤하여 잠깐 잠을 잤다. 경상 수사가 와
서 같이 이야기했다. 여도, 금갑도 이정표, 나주 판관이 왔는데 군

---

1 계집종인 듯하다.

관들이 술을 내놓았다. 저녁에 소국진이 체찰사의 처소에서 돌아왔
는데, 그 회답에 우도의 수군을 본도로 보내라는 것은 본의가 아니
라고 했다. 우스웠다. 또한 들으니 원흉元兇(원균)은 곤장 40대를 맞
고 장흥은 20대를 맞았다고 한다.

13일 하루 종일 비가 왔다. 저녁 무렵에 도착한 견내량 복병이 급히 알
리기를 "왜선이 계속해서 나온다"고 하므로 여도 만호와 금갑도 만
호를 뽑아 보냈다. 봄비 속에 몸이 노곤하여 누워서 앓았다.

14일 궂은비가 개지 않았다. 새벽에 삼도에서 급한 보고가 왔는데 "견
내량 근처 거제 땅 세포에 왜선 5척, 고성 땅에 5척이 와서 상륙했
다"고 하므로, 삼도의 여러 장수들에게 5척을 더 뽑아 보내도록 명
령했다. 늦게 나가서 각처의 서류를 처결해 보냈다. 아침나절 군
량에 대한 회계를 맞추어 보았다. 방답과 녹도가 왔다. 체찰사에게
보내는 공문을 서류로 작성했다. 봄기운에 몸이 노곤해서 밤새도록
땀을 흠뻑 흘렸다.

15일 맑음. 새벽에 망궐례를 드렸다. 가리포, 방답, 녹도가 와서 참례하
고, 우수사와 다른 사람은 오지 않았다. 늦게 경상 수사가 와서 함
께 이야기하다가 취해서 돌아갔다. 갈 때 아랫방에서 덕德과 무엇
을 수군거렸다고 한다. 이날 저녁에 바다 위에 비친 달이 어슴푸레
하게 밝았다. 피곤기가 심해서 밤새도록 식은땀을 흘렸다. 자정에
비가 억수로 쏟아졌다. 낮에는 노곤해서 머리를 빗었다. 땀이 수시
로 흘렀다.

16일 비가 억수같이 내리며 종일 그치지 않았다. 오전 7시경에 동남풍

이 몹시 불어 지붕이 걷힌 데가 많았고 창문 종이가 떨어져 비가 방안으로 들이쳐서 괴로워 견딜 수가 없었다. 정오가 되어서야 바람이 그쳤다. 저녁나절에 군관들을 불러다가 술을 먹였다. 자정에야 비가 잠깐 그쳤다. 어제같이 땀을 흘렸다.

17일 종일 가랑비가 오더니 밤새도록 그치지 않았다. 늦게 나주 판관이 왔기에 술을 취하도록 권해서 보냈다. 저물 무렵에 박자방이 들어왔다. 이날 밤에 식은땀이 등을 적셔서 옷 두 겹이 다 젖고 이부자리도 젖었다. 심기가 편치 않았다.

18일 맑았으나 종일 동풍이 불고 날씨가 몹시 차가웠다. 늦게 나가서 소지所志[1] 들어온 것들을 처결했다. 방답, 금갑, 회령포 민정붕, 옥포 이담 등이 방문했다. 활 10순을 쏘았다. 이날 밤 바닷물에 달빛이 어슴푸레하게 비치고 밤 기운이 몹시 차가웠다. 잠이 오지 않고 앉으나 누우나 편안치 못했다. 몸이 좋지 않았다.

19일 맑았으나 동풍이 크게 불고 날씨가 매우 차가웠다. 아침에 새로 만든 가야금에 줄을 매었다. 늦게 보성 군수가 못자리판 파종播種을 검사할 일로 휴가를 받았다. 김혼도 같은 배로 나갔다. 종 경도 같이 갔다. 정량이 볼일이 있어 왔다가 곧 돌아갔다. 저녁에 가리포, 나주 판관이 왔기에 술을 취하도록 먹여 보냈다. 어두워진 뒤부터 바람이 몹시 사나웠다.

20일 바람이 거세고 비가 죽죽 내려 온종일 나가지 않았다. 몸이 몹시

---

1 관청에 올리는 모든 종류의 민원 관련 문서. 소장, 청원서, 진정서, 발괄이라고도 한다.

불편했다. 바람막이를 2개 만들어 달았다. 밤새도록 비가 내렸다. 옷과 이부자리가 땀으로 흠뻑 젖었다.

21일 종일 큰 비가 쏟아졌다. 초저녁에는 곽란과 구토가 나서 한 시간이나 고통스러워하다가 자정에 조금 가라앉았다. 일어났다 앉았다 몸을 뒤척거리면서 공연한 고생을 하는 듯 생각하니 한스럽기 짝이 없었다. 이날 너무 무료해서 군관 송희립, 김대복, 오철 등을 불러서 종정도를 놀았다. 바람막이 3개를 만들어 달랬는데, 이언량과 김응겸이 만드는 것을 감독했다. 자정에야 비가 그치고, 오전 2시경에 이지러진 달이 비치었다. 방 밖에 나가서 거니는데 몸이 몹시 피곤했다.

22일 맑음. 아침에 종 금이를 시켜서 머리를 빗기게 했다. 늦게 우수사 이억기와 경상 수사 권준이 왔기에 술을 대접해 보냈다. 들으니 작은 고래가 죽어서 섬 위로 떠내려 왔다 하므로 박자방을 보냈다. 이날 저녁에 수시로 땀이 났다.

23일 새벽에 정사립이 물고기 기름을 많이 짜서 가져왔다고 한다. 오전 4시경 몸이 불편해서 종 금이를 불러 머리를 긁게 했다. 늦게 나가서 각처의 서류를 처결하고 활 10순을 쏘았다. 조방장 김완이 들어왔다. 충청도 수군의 배 8척도 들어왔다. 우후도 왔다. 종 금이가 편지를 가지고 왔는데 어머님이 평안하시다고 했다. 밤 9시가 지나서 영등 조계종이 그의 딸을 데리고 술병을 들고 왔다고 하는데 만나지 않았다. 11시가 넘어 돌아갔다. 이날 처음으로 미역을 땄다. 자정에야 잤는데 땀에 옷이 흠씬 젖어서 갈아입고 잤다.

24일 맑음. 새벽에 미역을 따러 나갔다. 헌 활집은 베로 만든 것이 8개, 무명으로 만든 것이 2개였는데, 그중 활집 하나를 고쳐 만들라고 감을 내주었다. 아침을 먹은 뒤에 나가서 업무를 보았다. 마량 첨사 김응황, 파지도波知島 송세응, 결성 현감 손안국 등을 처벌했다. 늦게 우후가 가져온 술을 방답, 평산포, 여도, 녹도, 목포와 함께 마셨다. 나주 판관 어운급은 4월 15일까지 기한을 정하고 휴가를 주어 내보냈다. 저물 무렵 몹시 피곤하고 수시로 땀이 흐르니, 아마도 비가 올 것 같다.

25일 새벽에 비가 내리기 시작해서 종일 퍼붓더니 잠시도 그치지 않았다. 다락에 기대어 저녁나절을 보냈는데 심회가 언짢았다. 머리를 꽤 오랫동안 빗었다. 낮에는 땀이 옷에만 배더니 밤에는 옷 두 겹이 젖고 다시 방바닥까지 흘렀다.

26일 날이 맑고 서풍이 불었다. 늦게 나가니 조방장과 방답, 녹도가 와서 활을 쏘고 경상 수사가 와서 이야기했다. 체찰사의 전령이 왔는데 전일 우도(전라 우도)의 수군을 돌려보내라 한 것은 회계回啓[1]를 잘못 보았기 때문이라고 했다. 가소로웠다.

27일 날이 맑고 남풍이 불었다. 늦게 나가서 활을 쏘았다. 우후, 방답도 오고, 충청 우후, 마량 첨사, 임치 첨사, 결성 현감, 파지도 권관 등이 모두 왔기에 그들에게 술을 먹여 보냈다. 저녁때 신 사과와 여필이 한 배로 들어와서 어머님이 평안하시다는 소식을 전했다. 기

---

1 임금의 물음에 신하들이 논의하여 대답하던 일.

쁘고 다행스럽기 이를 데 없었다.

28일 궂은비가 종일 그치지 않았다. 나가서 서류를 작성하여 나누어 보냈다. 충청도 뱃사람들을 시켜 방비를 갖추게 했다.

29일 궂은비가 그치지 않았다. 늦게 부찰사 한효순이 성주에서 이곳 진영까지 온다는 통지가 왔다.

4월

1일 큰 비가 내렸다. 신 사과와 함께 이야기했다. 비가 온종일 퍼붓듯이 왔다.

2일 늦게 날이 갰다. 저물녘에 경상 수사가 부찰사를 맞이하러 나갔는데 신 사과도 같은 배로 갔다. 이날 밤에 몸이 몹시 불편했다.

3일 맑았으나 종일 동풍이 불었다. 어제 저녁 견내량에 있는 복병의 긴급 보고에 "왜놈 4명이 부산에서 장사하러 나왔다가 바람에 휩쓸려 표류되었다"고 하므로, 새벽에 녹도 만호 송여종을 보내 그 연유를 물어보게 하고 그 흔적을 탐사해 본즉, 정탐하러 왔던 것이 명확하므로 목을 베어 죽였다. 우수사에게 가 보려다가 몸이 불편하여 가지 못했다.

4일 흐림. 아침에 군관 오철이 떠나갔고 종 금이도 같이 갔다. 아침에 체찰사의 공문을 연폭으로 해서 벽에 붙였다. 여러 장수들의 표신標信을 고쳤다. 충청도 부대에 목책木柵을 설치했다. 늦게 우수사에게 가 보고 취해서 이야기하다가 돌아왔다. 8시가 지나서야 저녁을 먹었다. 속이 후덥지근하고 땀이 배었다. 밤 10시쯤 잠깐 비가 내리다 그쳤다.

5일 맑음. 부찰사가 들어왔다.

6일 흐렸지만 비는 내리지 않았다. 부찰사가 활 쏘는 연습을 했다. 저녁에는 우수사 등과 들어가 앉아 군인들에게 음식을 먹였다.

7일 맑음. 부찰사가 업무를 보고 나가 앉아서 상을 나누어 주었다. 새벽에 부산 사람이 들어왔는데, 명나라 수석 사신 이종성李宗誠이 도망쳐 달아났다고 하니 무슨 일인지 모르겠다. 부찰사가 입봉立峯에 올라갔다. 점심을 먹은 뒤 두 수사와 더불어 이야기했다.

8일 종일 비. 늦게 들어가 부찰사와 더불어 마주 앉아 술을 마셨다. 몹시 취해 불을 밝힌 후에 헤어졌다.

9일 맑음. 이른 아침에 부찰사가 떠나기에 배를 타고 포구로 나가서 함께 배 위에서 이야기하며 작별했다.

10일 맑음. 아침에 어사가 들어온다는 기별을 듣고 수사 이하가 포구에 나가서 기다렸다. 조붕이 왔다. 그의 모습을 본즉, 오래 학질을 앓아 몹시 말라 있었다. 매우 딱했다. 늦게 어사가 들어와 함께 이야기하고 촛불을 밝힌 다음에 헤어졌다.

11일 맑음. 어사와 함께 아침을 먹고 조용히 이야기했다. 늦게 여러 장사들에게 잔치를 베풀고 활 10순을 쏘았다.

12일 맑음. 아침을 먹고 어사가 밥을 지어서 군사들에게 먹인 뒤에 활 10순을 쏘고 종일 이야기했다.

13일 맑음. 어사와 같이 아침을 먹었다. 늦게 포구로 나가니 남풍이 세게 불어 배가 갈 수 없었다. 선인암仙人巖으로 가서 종일 이야기하다 어둠을 타서 작별하고, 저물어 거망포巨網浦(걸망포)에 이르렀다. 어사가 잘 갔는지 모르겠다.

14일 종일 비. 아침을 먹은 뒤에 나갔다. 홍주 판관 박륜과 당진 만호 조효열이 교서에 숙배한 뒤에 충청 우후 원유남에게 곤장 40대를 때렸다. 당진 만호도 같은 죄를 받았다.

15일 맑음. 아침에 단옷날 진상할 물품을 봉해 곽언수에게 주어 보냈다. 영의정 유성룡, 영부사領府事 정탁, 판서 김명원, 윤자신, 조사척, 신식, 남이공에게 편지를 써 보냈다.

16일 맑음. 아침을 먹은 뒤에 나가서 난여문亂汝文 등을 불러다가 불 지른 왜놈 3명이 누구인지를 물어본 뒤 붙들어다 처형시켰다. 우수사, 경상 수사와 같이 앉아서 이야기하고 여필이 가져온 술을 마셨다. 가리포와 방답도 같이 마셨는데 밤이 되어서야 헤어졌다. 이날 밤 바다에는 달빛이 차갑게 비치고, 티끌 한 점 일지 않았다. 다시 땀을 흘렸다.

17일 맑음. 아침 식사 후에 여필과 면이 종을 데리고 돌아갔다. 늦게 각 고을의 공문서를 처리해 보냈다. 이날 저녁에는 울이 안위安衛를 보고 왔다.

18일 맑음. 식사 전에 각 고을의 공문과 소지들을 처결해 보냈다. 체찰사에게 가는 서류를 보냈다. 늦게 충청 우후 원유남, 경상 우후 이의득, 방답 장린, 조방장 김완 등과 활 20순을 쏘았다. 마도馬島 군관이 복병하고 있는 곳으로 투항한 왜인 1명을 붙잡아 왔다.

19일 맑음. 습기와 열 때문에 침을 20여 군데나 맞았더니 속에서 열이
　　나고 가슴이 답답하여 종일 방에서 나가지 않았다. 어두워질 무렵
　　에 영등이 와서 보고 돌아갔다. 종 목년, 금화, 풍진 등이 인사했
　　다. 이날 아침 남여문南汝文을 통해 풍신수길이 죽었다는 말을 들었
　　다. 기쁘기 한량없으나 믿을 말이 못 된다. 이 소문이 벌써부터 퍼
　　졌었는데, 아직 확실한 기별은 안 왔다.

20일 맑음. 경상 수사가 와서 내일 만나자고 청했다. 활 10순을 쏘았다.

21일 맑음. 아침을 먹은 뒤 경상 수사의 진으로 가는 길에 우수사 이억
　　기의 진에 들러 동행했다. 종일 활을 쏘고 잔뜩 취해 돌아왔다. 조
　　방장 신호가 병으로 집에 돌아갔다. 영인永人이 왔다.

22일 맑음. 아침을 먹은 뒤에 나갔다. 부산의 허내은만許乃隱萬이 편지를
　　보냈는데 "명나라 수석 사신 이종성은 달아나고 부사 양방형楊方亨
　　만 전처럼 왜인의 진영에서 머무르고 있는데, 4월 8일에 이종성이
　　도망쳐 달아난 사유를 위에 아뢰었다"는 말을 들었다고 한다. 김
　　조방장이 와서 노천기가 술을 먹고 주책없이 굴다가 본영의 진무
　　황인수, 성복 등에게 욕을 당했다고 아뢰므로 곤장 30대를 때렸다.
　　활 10순을 쏘았다.

23일 흐리다가 늦게 갰다. 아침에 첨지 김경록이 들어왔기에 밥을 먹고
　　업무를 본 뒤 함께 술을 마셨다. 늦게 군사들 중에서 힘센 사람을
　　뽑아 씨름을 시켰더니, 성복이란 자가 뛰어나 상으로 쌀을 주었다.
　　충청 우후 원유남, 마량 첨사 김응, 당진 만호 조효열, 홍주 판관

박륜, 결성 현감 손안국, 파지도 권관 송세응, 옥포 만호 이담 등도 같이 활 10순을 쏘았다. 자정에 영인이 돌아갔다.

24일 맑음. 식사 후에 목욕탕에 들어갔다가 나와서 여러 장수들과 같이 이야기했다.

25일 맑음. 남풍이 크게 불었다. 일찍이 목욕탕에 들어가서 오랫동안 있었다. 우수사가 방문했다가 이야기하고 돌아갔다. 또 목욕탕에 들어갔다가 물이 너무 뜨거워서 도로 나왔다.

26일 맑음. 아침에 들으니 체찰사의 군관이 경상도로 갔다고 한다. 식사 후에 목욕을 했다. 늦게 경상 수사가 왔다가 돌아갔다. 또 체찰사의 군관 오^吳도 왔다. 김양간이 소를 실어 오기 위해 본영으로 갔다.

27일 맑음. 저녁에 목욕을 한 차례 했다. 체찰사의 회답 공문이 왔다.

28일 맑음. 아침과 저녁 두 차례 목욕을 했다. 여러 장수들이 모두 방문했다. 경상 수사는 뜸을 뜨느라고 오지 못했다.

29일 맑음. 저녁에 목욕을 한 차례 했다. 남여문에게 투항한 왜인 사고여음沙古汝音의 목을 베개 했다.

30일 맑음. 저녁에 목욕을 한 차례 했다. 우수사가 왔다. 충청 우후도 방문했다가 돌아갔다. 늦게 부산의 허내은만에게서 편지가 왔는데, 소서행장이 군사를 거두어 철수시킬 것 같다고 했다. 김경록이 돌아갔다. 어머님의 편지가 왔다.

5월

1일 흐렸지만 비는 내리지 않았다. 경상 수사가 방문했다가 돌아갔다. 목욕을 한 차례 했다.

2일 맑음. 일찍이 목욕하고 진으로 돌아왔다. 총통 2자루를 만들었다. 조방장 김완과 조계종이 왔었다. 우수사가 김인복의 목을 베어 효시했다. 이날은 업무를 보지 않았다.

3일 맑음. 가뭄이 너무 심했다. 자못 걱정스러운 말을 어찌 다하랴. 나가서 업무를 보았다. 경상 우후가 와서 활 15순을 쏘았다. 저물어서 돌아왔다. 총통 2자루를 녹여 만들었다.

4일 맑음. 이날은 어머님의 생신인데 헌수하는 술잔을 올리지 못해 마음이 편치 못했다. 나가지 않았다. 오후에 우수사가 업무를 보는 공관公館에 불이 나서 건물이 모두 탔다. 이날 저녁에 문촌공이 부요富饒에서 왔다. 조종趙琮의 편지를 가지고 왔는데, 조정趙玎이 4월 1일에 세상을 떠났다고 했다. 슬프고 애석하다. 우후가 전봉前峯에서 여제[1]를 지내기로 했다.

5일 맑음. 이날 새벽에 여제를 지냈다. 일찍이 식사를 마치고 나가서 업무를 보았다. 회령 만호가 교서에 숙배한 뒤에 여러 장수들이 모인 자리에서 회의하고 그대로 들어가 앉아 위로하는 술잔을 4순배 돌렸다. 몇 순배 돌아간 뒤 경상 수사가 씨름을 붙인 결과 낙안 수령

---

1 나라에 역질이 돌 때 지내던 제사.

임계형이 1등이었다. 밤이 깊도록 즐겁게 뛰놀게 했다. 그것은 스스로 즐겁자는 것이 아니라 다만 오랫동안 고생하는 장수와 병사들의 노고를 풀어 주자는 생각에서였다.

6일 맑음. 아침에 흐리더니 늦게 큰 비가 내렸다. 농민의 소망을 채워 주니 기쁘고 다행스런 마음을 이루 말할 수 없다. 비 오기 전에 활 5, 6순을 쏘았다. 비는 밤새도록 그치지 않았다. 날이 막 어두워질 무렵에 총통과 숯을 넣어 둔 창고에 불이 나서 모두 타 버렸다. 감관監官 무리들이 새로 받은 숯을 쌓으면서 묵은 불을 살피지 못해 일어난 재변이었다. 참으로 한탄스럽다. 울이 김대복과 같은 배로 떠나갔는데 비가 크게 쏟아졌으니 잘 갔는지 모르겠다. 밤새도록 앉아서 걱정했다.

7일 종일 비가 오다가 늦게 갰다. 이날도 울이 떠난 후 잘 갔는지 몰라서 걱정스러웠다. 밤에도 걱정하고 앉았는데, 문 두드리는 소리가 나기에 열고 물어보니 이영남이 도착한 것이었다. 불러들여 조용히 옛날 일을 이야기했다.

8일 맑음. 아침에 이영남과 이야기하고 늦게 나가서 업무를 보았다. 경상 수사가 왔다. 활 10순을 쏘았다. 몸이 몹시 불편해서 두 번씩이나 구토를 했다. 이날 영산靈山 이중의 무덤을 파낸다는 말을 들었다. 저녁에는 완이 들어왔다. 김효성과 비인 현감 신경징도 들어왔다.

9일 맑음. 몸이 몹시 편치 않아서 나가지 않았다. 이영남과 서관西關(황해도와 평안도)의 일에 대해 이야기했다. 날이 어두워질 무렵부터 비가 뿌리기 시작한 것이 새벽까지 계속했다. 부안 전투선에 불이 났으나 그다지 타지 않아 다행이었다.

10일 맑음. 태종 임금의 제삿날이라 업무를 보지 않았다. 몸이 편치 않아 종일 신음했다.

11일 맑음. 새벽에 이정과 이야기를 했다. 식사 후에 나가서 업무를 보았다. 비인 현감 신경징이 제 기한에 오지 못한 죄로 곤장 20대를 때리고, 또 순천의 격군을 감독하는 감관 조명의 죄도 다스렸다. 몸이 불편하여 일찍 들어가 신음했다. 거제 안위, 영등 조계종, 이영남과 함께 잤다.

12일 맑음. 이영남이 돌아갔다. 몸이 불편하여 종일 신음했다. 김해 부사 백사림의 긴급 보고가 왔는데 "부산 적의 점령 지구에 있는 김필동이 보낸 편지에도, 풍신수길은 비록 없을지라도 정사正使와 부사가 그대로 있으니 곧 화친하고 철병하려고 한다"고 했다.

13일 맑음. 부산 허내은만이 보고서를 보내 "가등청정加藤淸正이란 놈이 벌써 10일에 제 군대를 거느리고 바다를 건너갔으며, 각 진에 있는 왜적 또한 장차 철거할 것이고, 부산 왜적은 명나라 사신을 모시고 건너가려고 그대로 남아 있는 것"이라고 했다. 이날 활 9순을 쏘았다.

14일 맑음. 아침에 받은 김해 부사 백사림의 보고도 허내은만의 편지와 같았다. 그래서 순천 부사에게 전통傳通(돌려 읽는 통지문)을 내고 차례로 통보를 돌리도록 지시했다. 활 10순을 쏘았다. 결성 현감 손안국이 떠났다.

15일 맑음. 새벽에 망궐례를 드렸는데 우수사는 오지 않았다. 식사 후에 나갔다. 들으니 한산도 뒷산 상봉에서 다섯 개의 섬과 대마도를 바라볼 수 있다고 하기에 혼자 말을 타고 올라가 보니, 과연 다섯 섬과 대마도가 보였다. 늦게 조그마한 냇가로 돌아 내려와 조방장, 거제와 함께 점심을 먹고 저물어서야 진으로 돌아왔다. 어두워져 따뜻하게 목욕을 하고 잤다. 바다의 달은 밝고 바람 한 점 없었다.

16일 맑음. 아침에 송한련 형제가 물고기를 잡아 왔다. 충청 우후, 홍주 판관, 비인 현감, 파지도 권관 등이 왔고, 우수사도 방문했다가 돌아갔다. 이날 밤에 비 올 징조가 많더니 자정에 비로소 비가 죽죽 내렸다. 이날 밤, 정화수井華水를 마시고 싶었다.

17일 종일 비가 내렸다. 농사에 아주 흡족해서 풍년이 들겠다. 영등포 만호 조계종이 방문했다. 다락에 기대어 혼자 시를 읊조렸다.

18일 맑음. 비가 잠깐 갰지만 바다의 안개는 걷히지 않았다. 체찰사에게서 서류가 왔다. 늦게 경상 수사가 왔다. 나가서 업무를 보고 활을 쏘았다. 저녁에 탐후선이 들어왔다. 어머님은 평안하시나 식사를 전같이 잡수시지 못하신다니 답답하고 슬프다. 춘절이 누비옷을 가지고 왔다.

19일 맑음. 방답 장린이 어머니의 상사를 당했기 때문에 우후를 대리장수로 정해 보냈다. 활 10순을 쏘았다. 땀이 온몸에 배었다.

20일 맑고 바람도 없었다. 대청 앞에 기둥을 세웠다. 늦게 나갔더니 웅천 현감 김충민이 와서 양식이 떨어졌다고 하기에 벼 2곡(20말)을 체지帖紙(영수증)로 써서 주었다. 사도 첨사가 다시 돌아왔다.

21일 맑음. 나가서 업무를 보고 우후들과 활을 쏘았다.

22일 맑음. 충청 우후 원유남, 좌우후 이몽구, 홍주 박윤 등과 활을 쏘았다. 홍우가 장계를 가지고 감사監司[1]에게 갔다.

23일 흐렸으나 비는 오지 않았다. 충청 우후 등과 활 15순을 쏘았다. 아침에 미조항 첨사 장의현이 교서에 숙배한 뒤 장흥으로 갔다. 춘절이 본영으로 돌아갔다. 밤 10시경부터 땀이 수시로 흘렀다. 이날 저녁 새로 지은 다락 지붕을 다 이지 못했다.

24일 아침에 날이 흐려 비가 올 것 같았다. 문종 임금의 제삿날이라 업무를 보지 않았다. 저녁에 나가서 활 10순을 쏘았다. 부산 허내은만의 편지가 왔는데 "좌도(경상 좌도) 각 진의 왜군이 벌써 모조리 철수하고 다만 부산만 남았다"고 했다. 명나라 수석 사신이 갈려서 새로 임명된 사람이 온다는 기별이 22일 부사副使에게 왔다고 한다. 허내은만에게 쌀 10말과 소금 1곡을 보내 주고 힘껏 정보를 수집해서 보내라고 일렀다. 어두워질 무렵에 비가 내리기 시작해서 밤새 쏟아졌다. 박옥, 옥지, 무재 등이 살대 150개를 처음으로 만들어 냈다.

25일 종일 비가 내렸다. 홀로 다락 위에 앉아 있으니 온갖 생각이 끊

---

1 관찰사를 말한다. 관찰사는 13도에 한 명씩 두었으며 이들은 병마절도사, 수군절도사의 무관직을 겸하고 있었다. 중요한 정사에 대해서는 중앙의 명령에 따라 시행했지만, 자신이 관할하는 도의 민정·군정·재정·형정 등에 대해 절대적인 권력을 행사했으며, 지역의 수령을 지휘·감독했다.

이질 않는다. 우리나라 역사를 읽어 보니 개탄스러운 느낌이 많이 들었다. 무재들이 화살을 만들었는데 흰 굽에 톱질을 넣은 것이 1,000개, 흰 굽이 그대로 있는 것이 870개였다.

26일 음산한 안개는 걷히지 않고 남풍이 세게 불었다. 늦게 나가서 업무를 보았다. 충청 우후 등이 화살을 쏘는데, 경상 수사도 와서 같이 활 10순을 쏘았다. 이날 저녁 날씨가 찌는 것 같아 계속 땀을 흘렸다.

27일 가랑비가 종일 내렸다. 충청 우후, 우우후가 와서 종정도를 놀았다. 이날 저녁도 찌는 듯이 무더워서 온몸이 땀으로 젖었다.

28일 궂은비가 개지 않았다. 들으니 전라 감사 홍세공이 파면되었다고 한다. 가등청정이 부산으로 돌아왔다고 한다. 못 믿을 말이다.

29일 궂은비가 저녁까지 내렸다. 장모의 제삿날이라 업무를 보지 않았다. 고성과 거제가 방문했다가 갔다.

30일 흐림. 아침에 곽연수가 들어왔다. 영의정 유성룡과 도원수 김명원, 판부사 정탁, 지사 윤자신, 조사척, 신식, 남이공의 편지가 왔다. 늦게 우수사를 만나서 종일 즐기다가 돌아왔다.

6월

1일 궂은비가 종일 내렸다. 늦게 충청 우후 원유남, 영우후 이몽구, 홍주 판관 박윤, 비인 현감 신경징 등을 불러와 술을 나누며 이야기했다. 윤연[1]이 자기 포구로 간다고 하기에 도양장의 종자 콩이 부족하거든 김덕록에게 가져가도록 체지(영수증)를 써 주었다. 남해현령이 부임 명령서를 가지고 와서 바쳤다.

2일 비가 그치지 않았다. 아침에 우후가 방답으로 가고 비인 현감 신경징도 떠났다. 이날 가죽으로 앞치마를 만들었다. 늦게 나가서 업무를 보고 활 10순을 쏘았다. 편지를 써서 본영에 보냈다.

3일 흐림. 아침에 제포 만호 성천유가 교서에 숙배했다. 김양간이 농우農牛를 싣고 떠나갔다. 새벽꿈에 낳은 지 대여섯 달밖에 안 되는 어린아이를 안았다가 도로 내려놓았다. 금갑도가 방문했다.

4일 맑음. 식사 후에 나가서 업무를 보았다. 가리포 이응표, 임치 홍견, 목포 방수경, 남도 강응표, 충청 우후 원유남, 홍주 판관 박윤 등이 와서 활 7순을 쏘았다. 우수사 이억기가 왔기에 다시 과녁을 그려 붙이고 12순을 쏘았다. 취해서 헤어졌다.

5일 흐림. 나가서 업무를 보았다. 아침에 박옥, 무재, 옥지 등이 연습용 화살 150개를 만들어 바쳤다. 활 10순을 쏘았다. 경상 우도 감사의 군관이 편지를 가지고 왔는데, 감사는 집안에 혼사가 있어 서울로 올라갔다고 했다.

6일 맑음. 사도四道의 여러 장수들이 모두 모여 활을 쏘았다. 술과 음식을 먹고 다시 또 활을 쏘아 승부를 겨루게 하고 헤어졌다.

7일 아침에는 흐리더니 늦게 갰다. 늦게 나가서 충청 우후 등과 활 10여

---

1 이순신의 첩인 부안댁의 오빠.

순을 쏘았다. 이날 왜의 조총 값을 주었다.

8일 맑음. 일찍 나갔다. 활 15순을 쏘았다. 남도포 만호의 소실인 본포 사람이 허許가의 집으로 뛰어 들어가서 억지를 부리고 싸움을 했다고 한다.

9일 맑음. 일찍 나가서 업무를 보았다. 충청 우후, 당진 만호 조효열, 여도, 녹도와 활을 쏘는데, 경상 수사가 와서 같이 20순을 쏘았다. 경상 수사가 잘 맞혔다. 이날 아침에 종 금이가 본영으로 갔고, 옥지도 갔다. 저녁에 몹시 더워 땀을 계속 흘렸다.

10일 비가 종일 쏟아졌다. 낮에 부산에서 보고서가 왔는데 "평의지(대마도주)가 9일 이른 아침에 대마도로 들어갔다"고 했다.

11일 비가 계속 내리다가 늦게 갰다. 활 10순을 쏘았다.

12일 맑음. 더위가 찌는 듯했다. 충청 우후 등을 불러 활 15순을 쏘았다. 남해 수령 박대남의 편지가 왔다.

13일 맑고 몹시 더웠다. 경상 수사가 술병을 차고 와서 활 10순을 쏘았다. 경상 수사도 잘 맞혔지만 김대복이 가장 잘 쏘았다.

14일 맑음. 일찍 나가서 업무를 보았다. 활 15순을 쏘았다. 아침에 회와 수원이 함께 왔는데 어머님이 평안하시다고 한다.

15일 맑음. 망궐례를 드렸는데 우수사, 가리포, 나주 판관은 병을 핑계로 참석하지 않았다. 늦게 나가서 업무를 보고 충청 우후와 조방장 김완 등 여러 장수를 불러서 활 15순을 쏘았다. 이날 일찍 부산 허내은만이 와서 왜적의 정세를 전하기에 양곡을 주어 돌려보냈다.

16일 맑음. 늦게 경상 수사가 와서 이야기했다. 나가서 업무를 보고 활

10순을 쏘았다. 저녁에 김붕만, 배승련 등이 돗자리를 사 가지고 진에 왔다.

17일 맑음. 늦게 우수사가 와서 활 15순을 쏘고 헤어졌다. 수사는 술을 마시지 않았다. 충청 우후는 아버지의 제삿날이므로 거망포(걸망포) 로 간다고 했다.

18일 맑음. 늦게 나갔다. 활 15순을 쏘았다.

19일 맑음. 체찰사에게 공문을 만들어 보냈다. 늦게 나가서 활 15순을 쏘았다. 이설에게서 황정록의 못된 행실을 들었다. 발포 보리밭에 서 26섬을 수확했다고 한다.

20일 맑음. 어제 아침에 곡포 권관 장후완이 교서에 숙배한 뒤에 평산 포 만호 김축에게 진에 늦게 돌아온 일을 문책하니, 기일을 정해 주지 않았기 때문에 50여 일을 연기하게 된 것이라고 대답했다. 정 말 이상했기에 곤장 30대를 때렸다. 오늘 낮에 남해 수령 박대남이 들어와 교서에 숙배한 뒤 같이 이야기도 하고 활도 쏘았다. 충청 우후도 와서 같이 활 15순을 쏘았다. 다시 박朴 남해南海를 데리고 안으로 들어가서 자잘한 사정을 이야기하다가 밤이 깊은 후에 헤어 졌다. 임달영이 왔는데, 소를 무역한 명세표와 제주 목사의 편지를 가지고 왔다.

21일 내일이 할머님 제삿날이라 업무를 보지 않았다. 아침에 남해를 불 러다가 밥을 같이 먹었다. 남해 현령이 경상 수사에게 갔다가 저녁 때 돌아와서 이야기했다.

22일 맑음. 할머님의 제삿날이라 업무를 보지 않고 종일 남해와 이야기했다.

23일 하루 종일 비가 왔다. 남해와 이야기했다. 늦게 남해가 경상 수사에게 갔다. 경상 수사가 조방장 김완, 충청 우후 원유남, 여도 김인영, 사도 황세득 등을 불러서 술과 고기를 먹었다. 곤양 군수 이극일도 방문했다. 저녁때 남해 수령이 경상 수사로부터 돌아왔는데 술에 취해 인사불성이었다. 하동도 왔는데 본 고을로 돌려보냈다.

24일 맑음. 초복. 일찍이 나가서 충청 우후와 활 15순을 쏘았는데, 경상 수사도 와서 함께 쏘았다. 남해는 자기 고을로 돌아갔다. 항복한 왜인 야여문也汝文 등이 동료인 신시로信是老를 죽이자고 청하기에 처형하라고 명령했다. 군량을 축낸 일에 대해서 증거 자료를 얻고자 남원의 김굉이 이리로 왔다.

25일 맑음. 일찍 나가서 서류를 처결해 보냈다. 조방장, 충청 우후, 임치 첨사, 목포 만호, 마량 첨사, 녹도 만호, 당포 만호, 회령포 만호, 파지도 권관 등이 와서 철전 5순, 편전 3순, 화살 5순을 쏘았다. 남원의 김굉이 작별하고 돌아갔다. 이날 저녁때 몹시 더워서 땀을 흘렸다.

26일 큰 바람이 불고 잠시 비까지 죽죽 쏟아졌다. 늦게 나가서 업무를 보고 철전과 편전을 각기 5순씩 쏘았다. 왜인 난여문 등이 와서 고하는 목수의 아내를 붙잡아 들여 곤장을 때렸다. 이날 낮에 망아지 2필…낙사하落四下….[1]

---

1 '낙사하落四下' 세 자의 뜻은 알려지지 않음.

27일 맑음. 나가서 업무를 보았다. 조방장 김완, 충청 우후, 가리포, 당진포, 안골포 등과 함께 철전 5순, 편전 3순, 화살 7순을 쏘았다. 이날 저녁에는 송구宋逑를 가두었다.

28일 맑음. 명종 임금의 제삿날이라 업무를 보지 않았다. 아침에 고성 현령이 보낸 긴급 보고에 "순찰사 일행이 어제 벌써 사천에 도착하였고, 오늘은 소비포로 오리라"고 했다. 수원이 돌아갔다.

29일 아침에는 흐리더니 늦게 날이 갰다. 주선周旋이 받아 갔다. 늦게 나가서 업무를 본 뒤에 조방장, 충청 우후, 나주 판관 원종의와 함께 철전, 편전, 활 도합 18순을 쏘았다. 무더위가 찌는 듯했다. 초저녁에 땀이 온몸에 줄줄 흘렸다. 남해 수령의 편지가 오고, 야여문이 돌아갔다.

7월

1일 맑음. 인종 임금의 제삿날이라 업무를 보지 않았다. 경상 우도 순찰사 서성이 진중에 이르렀다. 그러나 이날은 서로 만나지 못하겠다고 그의 군관 나꾕이 주장主將(서성)의 말을 전하기 위해서 왔다.

2일 맑음. 아침을 먹은 뒤 경상도 진으로 가서 순찰사와 함께 이야기했다. 얼마 후 새로 지은 정자 위에 올라가서 편을 짜고 활을 쏘았는데 경상 우도 순찰사 편이 163점이나 졌다. 하루 종일 즐겁게 지내다가 불을 켜 들고 돌아왔다.

3일 맑음. 아침 식사 후에 순찰사와 도사都事가 이곳 진으로 와서 활을 쏘았다. 순찰사 편에서 또 96점을 지고 밤이 깊어서야 돌아갔다. 오전 중에 체찰사에게서 서류가 왔다.

4일 맑음. 아침 식사 후에 경상도 진으로 가서 순찰사와 만나 한참 이야기하다가 배로 내려가 함께 타고 포구로 나가니 여러 배들이 열을 지어 있었다. 하루 종일 이야기하고 선암 앞바다에 이르러 배를 나누어 갈아타고 떠났다. 멀리 바라보면서 서로 인사하고 그 길로 우수사, 경상 수사와 더불어 같은 배로 들어왔다.

5일 맑음. 늦게 나가서 활을 쏘았다. 충청 우후도 와서 함께 쏘았다.

6일 맑음. 일찍이 나가서 각처의 서류를 처리했다. 저물 무렵 거제, 웅천, 삼천포가 방문했다. 이곤변의 편지가 왔는데, 사연 중에는 입석立石의 잘못이 많이 있다. 가소로웠다.

7일 맑음. 경상 수사와 우수사가 여러 장수들과 함께 와서 세 가지 화살로 활 연습을 했다. 종일 비는 오지 않았다. 저녁때 활 만드는 지이, 춘복 등이 본영으로 돌아갔다.

8일 맑음. 충청 우후와 함께 활 10순을 쏘았다. 체찰사의 비밀표험秘密標驗을 받아 갔다고 한다.

9일 맑음. 오전 중에 체찰사에게 가는 여러 가지 공문을 서류로 작성해 이전李田이 받아 가지고 갔다. 늦게 경상 수사가 와서 통신사가 탈 배의 돗자리가 완전히 준비되지 않았다고 누누이 말했다. 우리 것을 빌려 썼으면 하는 뜻이 그 말속에 나타났다. 물을 끌어들일 대나무와 중국 가는 사신들이 요구하는 부채를 만들 대나무를 얻어

오기 위해서 박자방을 남해로 보냈다. 오후에 활 10순을 쏘았다.

10일 맑음. 새벽꿈에 어떤 사람이 화살을 멀리 쏘고, 또 어떤 사람이 갓을 발로 차서 부수는 것이었다. 스스로 점을 쳐 보니, 화살을 멀리 쏘는 것은 적들이 멀리 도망가는 것이요, 갓을 발로 차서 부수는 것은 머리 위에 있는 갓이 발길에 채이는 것으로서, 적의 괴수를 모두 잡아 없앨 징조라 하겠다. 늦게 받은 체찰사의 전령에 "첨지 황신이 이제 명나라 사신을 따라가는 정사正使가 되고, 권황이 부사가 되어 근일 중에 바다를 건너게 될 것이니, 그들이 타고 갈 배 3척을 정비하여 부산으로 돌려 대라"고 했다. 경상 우후가 와서 백문석白紋席 150닢을 빌려 갔다. 충청 우후, 사량 만호 김성옥, 지세포 만호, 옥포 만호 이담, 홍주 판관 박윤, 전 적도 만호 고여우 등이 왔다. 경상 수사가 보낸 긴급 보고에 "춘원도春院島에 왜선 1척이 들어왔다"고 하므로 장수들을 뽑아 보내며 수색하라고 명령했다.

11일 맑음. 체찰사에게 통문선通文船(명나라로 가는 사신이 타고 갈 배)과 관련된 일로 아침에 공문을 만들어 보냈다. 늦게 경상 수사가 와서 바다를 건너가는 사신들을 뒤따라갈 격군들에 대해 의논하였다. 또 그 사람들이 길에서 사용할 양식으로 벼 23섬을 찧은 것이 21섬이 되어 2섬 1말이 줄었다. 나가서 업무를 보고 세 가지 화살로 활 쏘는 것을 보았다.

12일 맑음. 새벽녘에 비가 잠시 뿌리다가 곧 그치고 무지개가 서더니 한참 그대로 있었다. 늦게 경상 우후 이의득이 와서 삿자리 15닢을 빌려 갔다. 부산에 실어 보낼 군량으로 상등미 20섬, 중등미 40섬을 차사원差使員[1] 변익성과 수사 군관 정존극이 받아 갔다. 조방장이 오고 충청 우후도 와서 활을 쏘았다. 같은 해에 과거에 급제한 남치온이 왔다.

13일 맑음. 명나라 사신을 따라가는 사람들이 탈 배 3척을 정비해서 오전 10시경에 띄워 보냈다. 늦게 활 13순을 쏘았다. 해진 뒤에 항복해 온 왜인들이 광대놀이를 차렸다. 장수된 사람으로서는 그대로 둘 것이 못 되지만, 항복한 왜인들이 놀음 한번 놀기를 간절히 바라기 때문에 금하지 않았다.

14일 아침에 비가 내렸다. 오늘이 망望(음력 15일, 보름)이다. 저녁에 고성 현령 조응도가 와서 이야기했다.

15일 새벽에 비가 내려서 망궐례를 드리지 못했다. 늦게 활짝 갰다. 경상 우수사, 전라 수사가 같이 모여서 활을 쏘고 헤어졌다.

16일 새벽에 비가 오다가 늦게 갰다. 북쪽으로 툇마루 3칸을 만들었다. 이날 충청도 홍주의 격군인 신평에 사는 사삿집 종 엇복이 도망치다가 붙잡혔으므로 목을 잘라 효시했다. 사천, 하동 두 수령이 왔다. 늦게 세 가지 화살로 활을 쏘았다. 이날 저녁에는 바다의 달빛이 하도 밝아서 혼자 다락에 기대 있다가 10시 경에 잠자리에 들었다.

17일 새벽에 비가 내리다가 곧 그쳤다. 충청도 홍산에서 도둑 무리가 일어나 홍산 수령 윤영현이 붙잡히고, 서천 군수 박진국도 끌려갔다

---

1 각종 특수 임무의 수행을 위하여 임시로 차출 · 임명된 정3품 이하의 당하관직. 중앙 정부에서 지방으로, 각 도에서 중앙으로 파견되는 두 종류가 있다. 차사差使라고도 한다.

고 한다. 외구外寇도 아직 멸하지 못한 이때, 도둑마저 이러하니 참으로 가슴 아픈 일이다. 남치온과 고성, 사천이 작별하고 돌아갔다.

18일 맑음. 각처의 공문을 적어 보냈다. 충청 우후와 홍주 판관이 충청도에 도둑이 일어났다는 소식을 듣고 와서 아뢰었다. 저녁때 들으니 항복한 왜적 연은기戀隱己, 사이여문沙耳汝文 등이 흉악한 음모를 꾸미며 남여문南汝文을 죽이려 했다고 한다.

19일 맑았으나 종일 큰 바람이 불었다. 남여문이 연은기와 사이여문들의 목을 베었다. 우수사가 왔다가 돌아갔다. 경상 우후 이의득, 충청 우후, 다경포 만호 윤승남도 왔다.

20일 맑음. 경상 수사가 왔다. 본영의 탐후선이 들어와서 어머님이 평안하시다는 소식을 들었다. 기쁘고 다행하다. 그 편에 들으니 충청도 토구土寇(지방에서 일어난 도적 떼) 이몽학이 포수 이시발의 총에 맞아서 즉사했다고 한다.[1] 다행스런 일이다.

21일 맑음. 늦게 나가서 업무를 보았다. 거제와 나주, 홍주 판관 등이 옥포, 웅천, 당진포 등과 함께 왔다. 옥포에는 배 만드는 데 쓸 양식이 없다고 하므로 체찰사 관계의 군량 중 2곡(20말)을 내주고, 웅천과 당진포에는 배 만들 쇠 15근을 함께 주었다. 아들 회가 방자

---

1 이몽학의 난. 임진왜란 중(1596년) 이몽학이 민중을 선동하여 충청도에서 일으킨 난. 이몽학은 왕족의 서얼 출신으로, 부친에게 쫓겨나 충청도·전라도 등지를 전전하다가 모속관 한현의 부하로 들어갔다. 그 뒤 한현과 반란을 모의하고, 왜군의 재침에 대비한다는 명목으로 의병을 모집하여 훈련시키는 한편 동갑회라는 비밀결사를 조직하여 반란을 준비했다. 정부군의 진압으로 반란군은 분열되었고, 결국 이몽학이 부하 김경창 등에게 살해됨으로써 난은 평정되었다. 이순신이 들은 "이시발의 총에 맞아 죽었다"는 말은 잘못 전해진 풍문이다.

房子 수壽에게 곤장을 때렸다 하기에 회를 뜰 아래로 붙들어다가 잘 타일렀다. 밤에 땀이 줄줄 흘렀다. 통신사가 청하는 표범 가죽을 가지러 본영에 배를 보냈다.

22일 맑았으나 큰 바람이 불었다. 종일 나가지 않고 홀로 다락 위에 앉아 있었다. 종 효대와 팽수가 흥양의 군량선을 타고 나갔다. 저녁 때 순천에서 보낸 통문을 보니 "충청도 도둑이 홍산에서 일어났다가 곧 죽었으며, 홍주 등 세 고을이 포위당했다가 간신히 면했다"고 했다. 통탄할 일이다. 자정에 비가 크게 쏟아졌다. 낙안에서 교대할 배가 들어왔다.

23일 큰 비가 내리다가 오전 10시경에 갰으나 이따금 보슬비가 내렸다. 늦게 홍주 판관 박윤이 작별하고 돌아갔다.

24일 맑음. 문종 비 현덕왕후 권씨의 제삿날이라 업무를 보지 않았다. 이날 우물을 고쳐 파는 곳에 가 보았다. 경상 수사도 왔다. 거제, 금갑도, 다경포도 뒤이어 왔다. 샘 줄기가 깊이 들어가고 우물의 근원도 깊었다. 점심을 먹은 후에 돌아와서 활 세 가지를 쏘았다. 어두워질 무렵 곽언수가 표범 가죽을 가지고 돌아왔다. 이날 밤에 속이 답답해서 잠을 이루지 못하고 밤중까지 앉았다 누웠다 하다가 밤이 깊어서야 잠들었다.

25일 맑음. 아침에 사냥한 짐승 가죽의 수효를 세어 녹피鹿皮(사슴 가죽) 10장은 창고에 넣고, 표범 가죽과 화문석花紋席은 통신사에게 보냈다.

26일 맑음. 이전이 체찰사로부터 표험標驗 3개를 받아 가지고 왔기에 하나는 경상 수사에게 보내고, 하나는 전라 우수사에게 보냈다. 금부

禁府의 나장이 윤승남을 붙잡아 가려고 내려왔다.

27일 맑음. 늦게 활터로 달려가서 녹도에게 길 닦을 것을 지시했다. 다 경포 만호 윤승남이 잡혀갔다. 종 경이 병을 앓았다.

28일 맑음. 종 무학, 무화, 박수매, 우로, 음금 등이 26일에 왔다가 오늘 돌아갔다. 늦게 충청 우후와 함께 활 3가지를 쏘았는데, 철전이 36분, 편전이 60분, 보통 화살이 26분으로 합계 122분이었다. 종 경이 몹시 앓는다고 하니 염려된다. 고향 아산으로 추석 세물祭物을 보내는 편에 홍, 윤, 이 등 네 곳에 편지를 부쳤다. 밤 10시쯤에는 꿈에서까지 땀을 흘렸다.

29일 맑음. 경상 수사와 우후가 왔고, 충청 우후가 함께 와서 활 3가지를 쏘았다. 내가 쏘던 활은 고재(활의 양 끝에 휘어진 부분)가 들떠서 곧 수리하라고 했다. 체찰사로부터 초시初試를 보게 한다는 공문이 도착했다. 저녁때 들으니 점쟁이 집의 집 보던 아이가 그 집의 잔 세간을 훔쳐 가지고 도망쳤다고 했다.

30일 맑음. 새벽에 갈몰葛沒이 들어왔다. 꿈에 영의정과 조용히 이야기했다. 아침에 이진이 본영으로 돌아가고, 춘화도 돌아갔다. 김대인이 담제禪祭[1]를 지내기 위해서 휴가를 받아 돌아갔다. 조방장이 와서 활 3가지를 쏘았다. 저녁때 탐후선이 들어와서 어머님이 평안하신 것을 알았다. 임금의 분부 문서 2통이 내려왔다. 싸움에 쓸 전마

---

1 삼년상이 끝난 뒤 상주가 일상으로 돌아감을 고하는 제례 의식. 일반적으로 부모상일 경우 대상 후 3개월째 즉, 상 후 27개월이 되는 달의 정일丁日 또는 해일亥日에 지낸다. 담제가 끝나면 비로소 술과 고기를 먹어도 된다.

戰馬와 면의 말도 들어오고 지이, 무재도 함께 왔다.

8월

1일 맑음. 새벽에 망궐례를 드렸다. 충청 우후 원유남, 금갑도, 목포, 사도, 녹도 등이 참석했다. 늦게 파지도 권관 송세응이 돌아갔다. 오후에 활터로 나가서 말을 달리다가 저물어 돌아왔다. 부산 갔던 곽언수가 돌아와서 통신사의 답장을 전했다. 저녁 무렵에 비가 올 것 같아 예비할 일을 지시했다.

2일 아침에 큰 비가 쏟아졌다. 지이 등에게 새로 만든 활을 살펴보게 했다. 늦게 광풍이 일어나고 빗발이 장대 같아서 대청 마루에 걸어 놓은 바람막이가 방 마루 바람막이에 부딪혀 두 바람막이가 산산조각 부서졌다. 아까웠다.

3일 맑았으나 가끔 비가 뿌렸다. 지이에게 새로 만든 활을 살펴보게 했다. 조방장과 충청 우후가 와서 활을 쏘았다. 아들들은 육냥궁六兩弓(무게가 6냥쭝인 것)을 쏘았다. 이날 저녁에 송희립과 아들들을 시켜 이름이 기록된 황득중, 김응겸에게 허통許通[2]하는 증명서를 작성해 주도록 했다. 오후 8시부터 비가 내리기 시작해서 새벽 2시경에야 그쳤다.

---

2 서얼들에게 금고법(차별법)을 풀어 과거 시험에 응시하도록 한 제도.

4일 맑았으나 동풍이 크게 불었다. 회는 면, 조카 완 등과 함께 아내의
생일에 헌수잔을 올리기 위해 떠나갔다. 정선도 나가고 정사립도
휴가를 얻어서 갔다. 늦도록 다락에 앉아서 아이들이 떠나는 것을
보다가 바람에 상하는 줄도 몰랐다. 늦게 대청에 나가서 활 2순을
쏘다가 몸이 몹시 불편해서 활을 중지하고 안으로 들어왔다. 몸이
움츠러들어서 두텁게 덮고 땀을 내었다. 저물 무렵에 경상 수사가
와서 문병하고 갔다. 밤에는 낮보다 곱절이나 앓아 신음하면서 밤
을 꼬박 새웠다.

5일 맑음. 몸이 불편하여 업무를 보지 않았다. 가리포 이응표가 방문
했다.

6일 흐렸으나 비는 오지 않았다. 아침에 김 조방장과 충청 우후, 경상
우후 등이 와서 문병하고 갔다. 당포 만호가 와서 자기 어머니의
병환이 위중함을 알렸다. 경상 수사와 우수사가 방문했다. 조방장
배흥립이 왔다가 해가 진 뒤에 돌아갔다. 밤비가 많이 내렸다.

7일 비가 쫙쫙 내리다가 늦게 갰다. 몸이 불편해서 업무를 보지 않았다.
서울에 보낼 편지를 썼다. 이날 밤에 땀이 옷 두 겹을 흠뻑 적셨다.

8일 날이 흐렸으나 비는 오지 않았다. 박담동이 서울로 올라가는 편에
승지 서성에게 혼수를 보냈다. 늦게 강희로가 왔는데 남해의 병은
좀 낫다고 했다. 밤이 깊도록 함께 이야기했다. 의능이 생마 120근
을 가져왔다.

9일 흐렸으나 비는 내리지 않았다. 아침에 수인守仁에게서 생마 330근을
받았다. 하동에다가 종이를 가공해 달라고 도련지搗練紙 20권, 주지

258

注紙 32권, 장지壯紙 31권을 김응겸과 곽언수에게 주어 보냈다. 마량 첨사 김응황이 포폄褒貶(칭찬하고 질책할 것을 따짐)에서 하下를 맞고 떠나갔다. 늦게 나가서 업무를 보고 서류를 처결해 주었다. 활 10순을 쏘았다. 몸이 몹시 불편했다. 10시쯤에 이르러 땀을 흘렸다.

10일 맑음. 충청 우후가 문병하러 왔다가 조방장과 같이 아침을 먹었다. 아침에 송한련에게 그물을 만들라고 생마 40근을 주어 보냈다. 몸이 몹시 불편해서 한동안 베개를 베고 누워 있었다. 늦게 두 조방장과 충청 우후를 불러 상화떡을 만들어 함께 먹었다. 저녁에 체찰사에게 보낼 공문을 서류로 만들었다. 어두울 무렵 달빛은 마치 비단결 같고 생각은 만 갈래라 도무지 잠을 잘 수 없었다. 밤 10시경에 방으로 들어왔다.

11일 맑았으나 동풍이 크게 불었다. 체찰사에게 가는 각종 공문을 서류로 만들어 발송했다. 조방장 배흥립과 아침을 같이 먹고 늦게 활터로 가서 말 달리는 것을 본 후 저물어서야 영營으로 돌아왔다. 초저녁에 거제가 급히 보고하기를 "왜선 1척이 등산登山에서 송미포松美浦로 들어왔다"고 하더니, 밤 10시경에 다시 보고하되 "아자포阿自浦로 옮겼다"고 하므로 배를 정해 내보낼 즈음, 또다시 보고가 오되 "견내량으로 넘어갔다"고 했다. 이리하여 복병장에게 나가서 잡으라고 명령했다.

12일 맑았으나 동풍이 크게 불어 동으로 행선하는 배가 도무지 왕래하지 못했다. 오랫동안 어머님의 안부를 듣지 못해 답답했다. 우수사가 방문했다. 땀이 옷 두 겹을 적셨다.

13일 날이 갰다가 흐리고 동풍이 크게 불었다. 충청 우후와 활을 쏘았다. 밤에 땀이 흘러 등을 적셨다. 아침에 우馬가 곤장을 맞아 죽었다는 말을 듣고 장사 지낼 물건을 조금 보내 주었다.

14일 흐리고 큰 바람이 불었다. 동풍이 연일 불어서 벼 곡식이 떨어진다고 한다. 배 조방장, 충청 우후와 함께 이야기했다. 땀이 나지 않았다.

15일 새벽부터 비가 쫙쫙 내려 망궐례를 못 드렸다. 늦게 우수사, 경상 수사, 두 조방장, 충청 우후, 경상 우후, 가리포, 평산포 등 19명의 장수들과 함께 이야기했다. 비는 종일 그치지 않았다. 밤 8시경 남풍이 불면서 비가 더 크게 쏟아졌다. 새벽 3시까지 세 번 땀을 흘렸다.

16일 잠깐 갰으나 남풍이 크게 불었다. 강희로가 남해로 갔다. 몸이 몹시 불편해서 종일 누워서 지냈다. 저녁때 체찰사가 진성(진주시)에 왔다는 기별을 받았다. 새로 갠 하늘의 달빛이 하도 밝아서 좀처럼 잠을 이룰 수 없었다. 밤 10시쯤에는 가랑비가 오다가 이윽고 그쳤다. 땀을 흘렸다.

17일 갰다 흐렸다 하며 비가 오락가락했다. 경상 수사와 충청 우후, 거제가 방문했다. 이날 동풍이 그치지 않고 불었다. 체찰사에게 사람을 보냈다.

18일 비가 개다 오다 했다. 자정에 죄인에게 사면을 내리는 글을 가지고 온 차사원差使員 구례 현감 이원춘이 들어왔다. 땀이 수시로 흘렸다.

19일 흐렸다 맑았다 했다. 새벽에 우수사 이하 여러 장수들과 함께 사
면을 내리는 조서에 숙배하고 아침을 같이 먹었다. 차사원 구례 현
감이 작별하고 돌아갔다. 송의련이 본영에서 들어왔다. 울의 편지
를 가지고 왔는데 어머님이 내내 평안하시다니 다행, 다행이다. 늦
게 거제, 금갑도가 와서 이야기했다. 밤 10시경부터 자정까지 땀을
흘렸다. 해질녘에 목수 옥지가 재목에 치여서 중상을 입었다는 보
고를 받았다.

20일 동풍이 크게 불었다. 새벽에 전투선 만들 재목을 끌어 내리기 위
해서 우도 군사 300명, 경상도 100명, 충청도 300명, 좌도 390명을
송희립이 인솔하고 갔다. 늦은 아침에 봉, 해, 회, 면, 완이 최대성,
윤덕종, 정선 등과 함께 들어왔다.

21일 맑음. 식사 후에 활터에 나가서 아들들에게 활 쏘기를 익히게 하
고, 또 말을 달리면서 활 쏘는 것도 연습시켰다. 배 조방장과 김 조
방장이 충청 우후와 함께 와서 같이 점심을 먹었다. 저물 무렵에
돌아왔다.

22일 맑음. 외조모님의 제삿날이라 업무를 보지 않았다. 경상 수사가
방문했다.

23일 맑음. 활터에 가 보았다. 경상 수사도 와서 같이 갔다.

24일 맑음.

25일 맑음. 우수사와 경상 수사가 방문했다가 돌아갔다.

26일 맑음. 새벽에 배로 출발하여 사천에 이르러 유숙했다. 충청 우후
와 함께 하루 종일 이야기하고 헤어졌다.

27일 맑음. 일찍이 떠나 사천에 이르러 점심을 먹고 그대로 진성(진주)으로 향해 체찰사 이원익을 뵙고 하루 종일 의논했다. 해질녘에 목사 나정언의 처소로 돌아와 잤다. 김응서도 왔다가 곧 돌아갔다. 이날 저녁때 이용제가 역적 무리에 관한 편지를 가지고 왔다.

28일 맑음. 일찍 출발해 사천에 이르러 아침을 먹고 그대로 선소船所(수군 기지)로 왔다. 고성 조응도도 왔다. 삼천포와 이곤변이 뒤따라 와서 밤늦도록 이야기하고 구라량仇羅梁에서 잤다.

윤8월

1일 맑음. 일식이 있었다. 이른 아침에 비망 나루로 와서 이곤변 등과 같이 아침을 먹고 서로 작별했다. 저물어 진중에 이르니 우수사와 경상 수사가 와서 기다리고 있었다. 우수사와 서로 이야기했다.

2일 맑음. 아침에 여러 장수들이 방문했다. 늦게 경상 수사, 우수사가 와서 이야기했다. 경상 수사와 함께 사정射亭(활 쏘는 곳)으로 나갔다.

3일 맑음.

4일 비. 이날 밤 10시경에 땀을 흘렸다.

5일 맑음. 사정에 나가서 아이(아들)들이 말 달리고 활 쏘는 것을 구경했다. 하천수가 체찰사에게 갔다.

6일 맑음. 식사 후에 경상 수사, 우수사와 함께 사정에 가서 말 달리며 활 쏘는 것을 보고 저물어서야 돌아왔다. 방답 첨사가 진중에 도착했다. 이날 밤 약간의 땀을 흘렸다.

7일 맑음. 아침에 아산의 종 백시가 들어왔다. 가을보리 소출은 43섬이고, 봄보리는 35섬이며, 쌀은 늦게 나가서 소지所志를 처리했다.

8일 맑음. 식사 후에 사정에 나가서 말 달리며 활 쏘는 것을 보았다. 광양 이함림, 고성 조응도가 시관試官으로 들어왔다. 하천수가 진주에서 돌아왔다. 수하의 병졸 임정로가 휴가를 받아서 떠났다. 이날 밤에 땀을 냈다.

9일 맑음. 아침에 광양 수령이 교서에 숙배했다. 봉, 회와 김대복이 교서에 숙배하고 같이 이야기했다. 이날 저녁에 우수사와 경상 수사가 와서 이야기했다.

10일 맑음. 새벽에 초시를 보았다. 면이 쏜 것은 모두 55보步, 봉이 쏜 것은 모두 35보, 해가 쏜 것은 모두 30보, 회가 쏜 것은 35보, 완이 쏜 것은 모두 25보라고 했다. 진무성이 쏜 것은 모두 55보로 합격되었다. 어두워질 무렵에 우수사와 경상 수사, 배 조방장이 함께 왔다가 밤 10시께 헤어졌다.

11일 맑음. 체찰사를 모시는 일로 진중을 출발해 당포에 이르렀다. 저녁 8시경에 체찰사에게 갔던 사람이 돌아왔는데, 14일에 떠난다고 했다.

12일 맑음. 종일 노를 빨리 저어 밤 10시경에 어머님 앞에 이르렀다. 백발이 부스스한 채 나를 보고 놀라 일어나시는데, 기운이 흐려져서 아침저녁을 보전하시기 어려울 듯하다. 눈물을 머금고 서로 붙들고 앉아 밤이 새도록 어머니를 위안하면서 기쁘게 해 드렸다.

13일 맑음. 어머님을 모시고 곁에 앉아 아침 진지상을 드리니 대단히 즐거워하셨다. 늦게 하직 인사를 드리고 본영(여수)으로 돌아왔다. 오후 6시경에 작은 배를 타고 밤새 노를 재촉했다.

14일 맑음. 새벽에 두치에 다다르니 체찰사와 부사 한효순이 어제 벌써 와서 잤다고 한다. 뒤이어 점검하는 곳으로 가서 소촌 찰방察訪[1]을 만나고 일찍이 광양 고을에 이르렀다. 지나온 지역이 온통 쑥대밭이 되어 차마 참혹한 꼴을 눈으로 볼 수 없었다. 먼저 전투선 정비하는 것을 면제해 주어 군사와 백성의 마음을 풀어 주어야 할 것 같다.

15일 맑음. 일찍 떠나 순천에 닿으니 체찰사 일행이 관청 안으로 들어갔다고 하기에 나는 정사준의 집에서 묵었다. 순찰사도 와서 함께 이야기했다. 저녁에 들으니 아들들이 초시에 뽑혔다고 한다.

16일 맑음. 이날은 거기서 머물렀다.

17일 맑음. 늦게 낙안으로 향해 고을에 이르니, 이호문, 이지남 등이 와서 폐단이 오로지 수군에 있다고 말했다.

18일 맑음. 종사관 김용이 상경했다. 일찍 떠나 양강역에 이르러 점심을 먹고, 산성으로 올라가 멀리 바라보며 각 포구와 여러 섬들을 점검한 뒤 그길로 흥양으로 향했다. 저물 무렵 고을에 이르러 향소청(유향소 혹은 향소)에서 잤다. 해질녘에 이지화가 거문고를 가져오

---

1 각 도의 역참 일을 맡아보던 종6품 외직. 공문서를 전달하거나 공무로 여행하는 사람의 편의를 도모했다.

고, 영英도 와서 밤새 이야기했다.

19일 맑음. 길을 떠나서 녹도로 가는 길에 도양의 둔전을 살펴보았다.
　　체찰사의 얼굴에 기쁜 빛이 떠돌았다. 녹도에서 잤다.

20일 맑음. 일찍 떠나 배를 타고 체찰사, 부사와 함께 앉아 하루 종일
　　군사 이야기를 했다. 늦게 백사정白沙汀에 이르러 점심을 먹은 뒤에
　　그길로 장흥에 이르러 관청에서 잤다. 김응남이 방문했다.

21일 맑음. 그대로 묵었다. 정경달이 방문했다.

22일 맑음. 늦게 병영에 이르러 수령을 만나 밤 늦게까지 이야기했다.

23일 맑음.

24일 부사와 함께 가리포로 갔더니 우우후 이정충이 먼저 와 있었다.
　　함께 남쪽 망대에 오르니, 좌우로 적들이 다니는 길가의 여러 섬을
　　역력히 헤아릴 수 있었다. 참으로 한 도道의 요충지이다. 그렇지만
　　형세가 외롭기 때문에 부득이 이진梨津으로 옮겨 합친 것이다. 병영
　　으로 돌아왔다. 원공(원균)의 흉악한 행동은 기록하지 않는다.

25일 일찍 출발하여 이진에 이르러 점심을 먹었다. 곧 해남으로 가는
　　도중에 김경록이 술을 가지고 방문했다. 어느새 날이 저물어 횃불
　　을 켜고 갔다. 밤 10시경에야 겨우 고을에 이르렀다.

26일 맑음. 일찍 떠나 우수영에 당도했다. 태평정太平亭에서 자면서 우
　　후 이정충과 함께 이야기했다.

27일 맑음. 체찰사가 진도에서 영(우수영)에 들어왔다.

28일 비가 조금 내렸다. 우수영에서 묵었다.

29일 비가 조금 내렸다. 이른 아침 남녀역男女驛에 이르렀고, 점심을 먹

은 뒤에는 해남현에 도착했다. 소국진을 본영으로 보냈다.

═══════
9월
═══════

1일 잠시 비가 내렸다. 새벽에 망궐례를 드렸다. 일찍 떠나 석제원石梯院 에서 점심을 먹고 밤 10시에 영안에 이르러 향사당鄕社堂[1]에서 잠을 잤다. 정랑正郎 조팽년과 최숙남이 방문했다.

2일 맑음. 영암에서 묵었다.

3일 맑음. 아침에 떠나 나주 신원에서 점심을 먹고, 판관 원종의를 불러 서 고을 안 사정을 물어보았다. 저물 무렵 나주 별관에 이르렀다. 종 억만이 신원에서 인사하러 왔다.

4일 맑음. 나주에서 묵었다. 해질 무렵에 목사 이복남이 술을 들고 와서 권했다. 일추도 술잔을 들고 권했다. 이날 아침에 체찰사와 함께 공자의 사당에 가서 참배했다.

5일 맑음. 나주에서 묵었다.

6일 맑음. 먼저 무안으로 가겠다고 체찰사에게 고하고 길을 떠났다. 고 막원古幕院에 이르러 점심을 먹었다. 나주 감목관 나덕준이 왔는데, 이야기하는 중에 원통한 일이 많았다. 오랫동안 이야기하다가 저물 무렵 무안에 이르러 잤다.

---

1 향촌자치기구로 이용된 청사.

7일 맑음. 감목관 나덕준, 현감 남언상과 함께 민간에 폐단되는 점을 한 시간 정도 이야기했는데, 정대청이 왔다고 하기에 함께 앉아 이야기를 했다. 늦게 떠나 다경포多慶浦에 이르러 영광 군수와 밤 10시까지 이야기했다.

8일 맑음. 아침에 쇠고기 반찬이 있었으나, 세조 임금의 제삿날이라 먹지 않고 내놓았다. 아침을 먹은 후에 길을 떠나 감목관에게 가니 영광과 함께 있었다. 국화 떨기 속에 들어가서 술 두어 잔을 마셨다. 저물 무렵에 동산원東山院에 와서 말에 여물을 먹이고 임치진臨淄鎮에 이르니 8살 된 이공헌의 딸이 그 사촌의 계집종 수경과 함께 방문했다. 공헌을 생각하니 애처로운 마음을 이길 수 없었다. 수경은 부모가 내버린 아이를 이염의 집에서 얻어다 기른 것이다.

9일 일찍이 일어나서 첨사 홍견을 불러다가 적을 방비할 대책을 묻고, 식사 후에 뒷 성에 올라가 형세를 살펴보았다. 동산원으로 돌아와서 점심을 먹은 뒤 함평현에 이르렀다. 도중에 한여경을 만났으나, 말 위에서 서로 보기 어려우므로 함평으로 들어오라고 했다. 현감 손경지는 경차관敬差官[2]을 맞이하러 갔다. 김억추도 함께 함평으로 왔다.

10일 피곤하고 말도 고될 것 같아 함평에서 머물러 잤다. 아침 식사 전에 무안 정대청이 와서 함께 이야기했다. 고을 선비들도 많이 들어

---

2 지방에 파견하여 임시로 일을 보게 하던 벼슬. 주로 전곡의 손실을 조사하고 민정을 살피는 일을 했다.

와서 폐단을 이야기했다. 저녁때 도사都事가 와서 함께 이야기하다가 밤 10시쯤에 헤어졌다.

11일 맑음. 아침을 먹은 뒤 영광으로 가는 도중에 신경덕을 만나서 잠시 이야기했다. 영광에 이르러 군수 김상준이 교서에 숙배한 뒤 함께 이야기했다. 세산월도 와서 술을 마시며 이야기하다 밤이 깊어서야 헤어졌다. 누워서 곤하게 잤다.

12일 비바람이 크게 불었다. 늦게 나서서 10리쯤 되는 냇가에 오니 이광보와 한여경이 술을 가지고 기다리고 있기에 말에서 내려 함께 이야기했다. 비바람이 그치지 않았다. 안세희도 이르렀다. 저문 뒤에 무장茂長에 이르렀다. 여진과 잤다.¹

13일 맑음. 이중익과 이광축이 와서 같이 이야기했다. 이중익이 군색한 말을 많이 하므로 내 옷을 벗어 주었다. 종일 이야기했다.

14일 맑음. 하루 또 묵었다. 여진과 잤다.

15일 맑음. 체찰사가 고을에 이르므로 인사하고 대책을 의논했다. 여진과 잤다.

16일 맑음. 체찰사 일행이 고창에서 점심을 먹고 장성에 와서 잤다.

17일 맑음. 체찰사와 부사는 입암산성笠巖山城으로 가고, 나는 혼자 진원현에 이르러 수령 심윤과 함께 이야기했다. 종사관도 왔다. 저물어 관청에 이르니 두 조카딸이 나와 앉아 있어서 오래 못 본 회포를 풀

---

1 이은상의 번역본에는 여진과의 관계가 누락되어 있다. 원본 일기에는 작은 글씨로 조금 떨어뜨려 기록되어 있다.

었다. 다시 작은 정자로 나와 수령 심윤, 여러 조카들과 밤이 깊도록 이야기했다.

18일 비가 조금 내렸다. 식사 후에 광주에 이르러 수령 최철견과 이야기했다. 비가 굉장히 많이 내렸다. 밤이 이슥한 후에 달빛이 대낮처럼 밝더니 새벽 2시부터 다시 거센 비바람이 일었다.

19일 비바람이 크게 일었다. 아침에 행적行迪이 방문했다. 진원에 있는 종사관의 편지와 윤간, 봉, 해의 문안 편지도 왔다. 이날 아침 광주 목사가 와서 아침을 함께 먹는데, 먼저 술을 먹어 밥을 먹지 않은 채 취해 버렸다. 광주 목사의 별실에 들어가 종일 술에 취했다. 낮에 능성 현감 이계명이 들어와서 곳간을 봉했다. 광주 목사는 체찰사가 파직시켰다고 한다. 최철견의 딸 귀지가 와서 잤다.

20일 비가 크게 쏟아졌다. 아침에 각종 사무를 담당한 아전들의 죄를 논의했다. 늦게 목사를 보고 나서 막 길을 떠나려는 판에 명나라 사람 2명이 이야기하자고 청하므로 술을 먹었다. 길을 떠났으나 종일 비가 내려 멀리 가지 못하고 화순에 이르러 잤다.

21일 비가 개다 오다 했다. 일찍이 능성에 이르러 곧바로 최경루最景樓에 올라가서 연주산連珠山(연주는 능성의 옛 이름)을 바라보았다. 이 고을 수령이 술을 권하기에 잠깐 취하고 헤어졌다.

22일 맑음. 각종 사무를 담당한 아전들의 죄를 논했다. 늦게 이양원에 이르니 해운 판관이 먼저 와 있었다. 내가 떠나는 것을 보고 이야기하기를 청하므로 함께 이야기했다. 저물 무렵에 보성군에 이르렀는데, 몸이 몹시 고단해 곧바로 잤다.

23일 맑음. 그대로 머물렀다. 태조 비 신의왕후 한씨의 제삿날이라 업무를 보지 않았다.

24일 맑음. 일찍이 떠나서 병사兵使[1] 선거이의 집에 이르니 선 병사의 병이 극히 위중했다. 염려스러웠다. 저물 무렵에 낙안에 이르러 갔다.

25일 맑음. 담당 아전과 선중립의 죄를 논했다. 순천에 이르러 수령 우치적과 취해서 이야기했다.

26일 맑음. 일이 있어서 하루 더 머물렀다. 저녁에 이 고을 사람들이 나를 위해 고기와 술을 장만해 가지고 올리겠다고 청했다. 굳이 사양했으나 부사의 간청으로 받아 잠시 마시고 헤어졌다.

27일 맑음. 일찍 떠나서 어머님을 뵈러 갔다.

28일 맑음. 남양 아저씨의 생일날이므로 본영으로 왔다.

29일 맑음. 식사 후에 관청에 나가서 공문들을 서류로 작성했다. 종일 앉아서 사무를 보았다.

30일 맑음. 옷을 담아 둔 농짝을 꺼내 놓고 뒤져 보다가 둘은 고음내로 보내고 하나만 본영에 남겨 두었다. 저녁때 선유사의 군관 신탁이 와서 군대들을 위해서 위로연을 베풀 날짜를 말했다.

---

1 병마절도사, 수군절도사

10월

1일 비가 오고 큰 바람이 불었다. 새벽에 망궐례를 드렸다. 식사 후 어
　　머님을 뵈러 가는 길에 신 사과가 임시로 거처하는 곳에 들러 몹시
　　취해서 돌아왔다.

2일 맑았으나 큰 바람 때문에 배가 움직이지 못했다. 청어잡이 배가 들
　　어왔다.

3일 맑음. 새벽에 어머님을 모시고 일행과 함께 배에 올라 본영으로 돌
　　아와서 종일토록 즐겁게 모시니 참으로 다행이다.

4일 맑음. 식사 후에 객사 관청에 나가서 업무를 보았다. 저녁에 남해가
　　소실을 거느리고 도착했다.

5일 흐림. 남양 아저씨 집안의 제삿날이라 갔다가 왔다. 남해와 이야기
　　했다. 비가 올 징조가 많다. 순천은 석보창石堡倉에서 잤다.

6일 비바람이 크게 일어서 이날은 잔치를 차리지 못하고 이튿날로 연기
　　했다. 늦게 흥양과 순천 우치적이 들어왔다.

7일 맑고 따스했다. 일찍이 어머님을 위한 수연壽宴(장수를 축하하는 잔치)
　　을 베풀고 하루 종일 즐기니 다행이다. 남해는 조상의 제삿날이라
　　먼저 돌아갔다.

8일 맑음. 어머님께서 평안하시니 다행이다. 순천과 작별 술잔을 나누
　　었다.

9일 맑음. 서류를 처리해 보냈다. 종일토록 어머님을 모셨다. 내일 진중
　　으로 돌아가는 것을 어머님이 몹시 서운해 하시는 기색이었다.

10일 맑음. 자정에 뒷방으로 갔다가 새벽 2시에 다락방으로 돌아왔다.
　　정오에 어머님께 하직하고 오후 2시경에 행선했다. 바람따라 돛을
　　달고 밤새도록 노를 재촉해 왔다.
11일 맑음.

정유년

1

———

丁酉年

1597년, 선조 30

4월

1일 맑음. 옥문 밖으로 나왔다.[1] 남문 밖 윤간의 종 집에 이르러[2] 봉, 분, 울, 사행, 원경 등과 한 방에 같이 앉아서 오래도록 이야기했다. 지사 윤자신이 와서 위로하고 비변랑備邊郞(비변사 낭청. 종6품) 이순지가 방문했다. 울적한 마음을 이기기가 더욱 어려웠다. 윤 지사가 돌아갔다가 저녁 식사 후에 술을 가지고 다시 왔다. 기헌도 왔다. 정으로 술잔을 권하며 위로하기에 사양치 못해 억지로 술을 마시고 몹시 취했다. 영공令公 이순신李純信[3]이 술을 가지고 와서 취하며 이야기했다. 영의정 유성룡이 종을 보냈고, 판부사 정탁, 판서 심희수, 찬성 김명원, 참관 이정형, 대사헌 노직, 동지 최원, 동지 곽영 등이 사람을 보내 문안했다. 취해 땀이 몸에 흠씬 배었다.

2일 종일 비가 내렸다. 여러 조카들과 함께 이야기했다. 방업이 음식을 풍성히 장만해 가지고 왔다. 필공筆工을 불러서 붓을 매게 하였다.

---

1 정월 1일부터 3월 30일까지가 빠져 있다. 이 기간 동안 이순신은 원균의 모함을 받아 수군통제사에서 해임되고 서울로 압송되어 하옥되었다.

2 직위가 박탈되고 백의종군(계급 없이 군대를 따라 싸움에 나감)을 명받아 신분이 종과 같이 낮아졌으므로 이순신은 도원수 권율의 진에 도착할 때까지 관노나 종의 집에서 주로 묵었다.

3 직위가 없으므로 자신의 부하였던 이순신李純信을 높여 부른 것이다.

어두워질 무렵에 성으로 들어가서 정승과 이야기하다가 닭이 울어서야 헤어졌다.

3일 맑음. 아침 일찍 남으로 길을 떠났다. 금오랑(금부도사) 이사빈, 서리書吏[4] 이수영, 나장 한언향 등은 먼저 수원부에 이르렀다. 나는 인덕원에서 말을 먹이면서 조용히 누워서 편안히 쉬다가 저물 무렵 수원에 들어가 경기 관찰사 홍이상 밑에서 심부름하는, 이름도 모르는 군사의 집에서 잤다. 신복룡이 우연히 왔다가 내 행색을 보고 술로 위로했다. 부사 유영건이 나와서 보았다.

4일 맑음. 일찍 길을 떠나 독성禿城 아래 이르니 판관 조발이 술을 갖추어 막幕을 치고 기다렸다. 취하도록 술을 마시고 길을 떠나 바로 진위 구로振威舊路를 거쳐 냇가에서 말을 쉬게 한 후 오산 황천상의 집에 이르러 점심을 먹었다. 내 짐이 무겁다고 황이 말을 내어 실어 보내니 고맙기 그지없었다. 수탄水灘을 거쳐 평택 고을의 이내은손李內隱孫의 집에 이르니, 주인의 대접이 매우 은근했다. 자는 방이 아주 좁고 불까지 때서 땀을 흘렸다.

5일 맑음. 해가 뜨자 길을 떠나서 바로 선영先塋에 이르렀다. 두 번이나 산불이 나서 수목이 타 죽어 차마 눈 뜨고 볼 수가 없었다. 산소에 나아가 울며 절하고 한참 동안 일어나지 못했다. 저녁때가 지나서 외가로 내려가 사당에 절하고, 그길로 조카 뇌의 집에 이르러 선대의 사당에 울면서 절했다. 들으니, 남양 아저씨가 세상을 떠났다고

---

4 중앙 관아에 속하여 문서의 기록과 관리를 맡아보던 하급 관리.

한다. 저물 무렵 집에 이르러 장인, 장모님의 신위 앞에 절하고 바로 작은형님과 여필[1]의 부인 되는 제수의 사당에도 다녀온 뒤 잠자리에 들었다. 심회가 편치 않았다.

6일 맑음. 멀고 가까운 친척과 아는 아이들이 모두 모여 와서 오래 못 본 회포를 풀고 갔다.

7일 맑음. 금부도사가 아산으로 오기에 극진히 대접했다. 홍 찰방察訪, 이 별좌別坐, 윤효원이 방문했다. 금부도사는 홍백興伯(변존서)의 집에서 잤다.

8일 맑음. 아침에 자리를 차려 남양 아저씨에게 곡하고 상복을 입었다. 늦게 홍백의 집에 이르러 이야기했다. 강계장이 세상을 떠났다고 하므로 그 집에 가서 조상하고, 돌아오는 길에 홍석견의 집에 들렀다. 늦게 홍백의 집에 가서 금부도사를 대접했다.

9일 맑음. 동네 안에서 각기 술병을 들고 와서 멀리 가는 길을 위로하므로 인정상 거절하지 못하고 몹시 취해 헤어졌다. 홍군우가 노래 부르고 이 별좌도 노래를 부르는데, 나는 노래를 들어도 마음이 즐겁지 않았다. 금부도사는 술을 잘 마시는데 실수하지는 않았다.

10일 맑음. 아침을 먹은 뒤에 홍백의 집에 이르러 금부도사와 함께 이야기했다. 늦게 홍 찰방, 이 별좌 형제, 윤효원 형제가 방문했다. 이언길, 허제가 술을 가지고 왔다.

---

1 이순신의 동생 우신. 결혼한 지 1년도 되지 못해 죽었으며, 아내 온양 조씨 역시 청상과부로 살다가 죽었다.

11일 맑음. 새벽에 꿈이 몹시 심란하여 이루 말할 수가 없었다. 덕德을 불러 대강 이야기하고 또 아들 울에게도 이야기했다. 마음이 매우 언짢아서 취한 듯 미친 듯 마음을 종잡을 수가 없으니 이게 무슨 징조일까. 병드신 어머님을 생각하니 나도 모르게 눈물이 흘렀다. 종을 보내서 어머님의 안후安候를 알아 오도록 했다. 금부도사는 온양으로 돌아갔다.

12일 맑음. 종 태문이 안흥량安興梁에서 와서 편지를 전하는데 "어머님의 근력은 아주 쇠약하시지만, 9일에 위·아래 여러 사람이 무사히 안흥에 닿았다"고 한다. 법성포에 이르러 자고 있을 때 닻이 끌려 떠내려가서 배에 머무른 지 6일 만에 서로 나뉘었다가 무사히 만났다고 한다. 아들 울을 먼저 바닷가로 보냈다.

13일 맑음. 일찍 아침을 먹고 어머님을 마중하려고 바닷가로 가는 길에 홍 찰방 집에 잠깐 들러 이야기하는 동안 울이 종 애수를 들여보내 "아직 배 오는 소식이 없다"고 했다. 또 들으니, 황천상이 술병을 들고 흥백의 집에 왔다고 하므로 홍과 작별하고 흥백의 집에 이르렀더니, 조금 있다가 종 순화가 배에서 와서 어머님의 부고를 전한다. 뛰쳐나가 둥그러지니 하늘의 해조차 캄캄하다. 곧 해암으로 달려가니 배가 이미 와 있었다. 길에서 바라보는, 가슴이 미어지는 슬픔이야 이루 다 어찌 적으랴……. 뒷날 대강 적었다.

14일 맑음. 홍 찰방, 이 별좌 등이 들어와 곡하고 관을 짰는데, 관은 본영에서 준비해 가져온 것으로 조금도 흠난 데가 없다고 한다.

15일 맑음. 늦게 입관했다. 친한 벗 오종수가 진심으로 호상護喪을 정성

껏 해 주니, 뼈가 가루가 되어도 잊기 어렵다. 관에 대해서는 다른 유감이 없으니 이것만은 다행이다. 천안 수령이 들어와서 행상을 준비하고, 전경복이 연일 진심으로 상복 만드는 일을 돌봐 주니 슬프고 감사한 마음을 어찌 말로 다하랴.

16일 궂은비. 배를 끌어 중방포中方浦에 옮겨 대어 영구를 상여에 싣고 집으로 돌아왔다. 마을을 바라보며 찢어지는 아픔이야 어떻게 다 말하랴. 집에 이르러 빈소를 차렸다. 비가 억수같이 쏟아지고 맥이 다 빠진 데다가 남쪽으로 갈 길이 또한 급박하니 부르짖으며 울었다. 다만 어서 죽기를 기다릴 따름이다. 천안이 돌아갔다.

17일 맑음. 금부도사의 서기 이수영이 공주에서 와서 빨리 떠나기를 재촉했다.

18일 하루 종일 비가 내렸다. 몸이 몹시 불편해 머리를 내놓지 못하고 그저 빈소 앞에서 곡만 하다가 종 금수의 집으로 물러 나왔다. 늦게 계원契員들이 내가 있는 곳으로 모여 와서 일을 의논하고 헤어졌다.

19일 맑음. 일찍 길을 떠나며, 어머님 영 앞에 하직을 고하고 울며 부르짖었다. 어찌하랴, 어찌하랴. 천지간에 나와 같은 사정이 또 어디 있으랴. 어서 죽는 것만 같지 못하구나. 뇌의 집에 이르러 선조의 사당에 하직을 아뢰고 그 길로 금곡錦谷 강선전의 집 앞에 이르러 강정, 강영수를 만나 말에서 내려 곡하고, 다시 그길로 보산원寶山院에 닿았다. 천안 군수가 먼저 와서 냇가에서 쉬고 있었다. 임천 군수 한술이 중시重試를 보러 가는 길에 내가 있다는 말을 듣고 들어와서 조문하고 갔다. 회, 면, 울, 해, 분, 완과 주부 변존서 등이 함께 천안까지 따라왔다. 원인남도 왔기에 작별한 뒤 말에 올랐다. 일신역日新驛에 이르러 하룻밤을 잤다. 저녁에 비가 뿌렸다.

20일 맑음. 공주 정천동에서 아침을 먹고 저녁에 이산尼山에 닿으니 고을 수령이 극진히 대접했다. 군청의 관청에서 잤다. 김덕장이 우연히 와서 만났고 도사도 방문했다.

21일 맑음. 일찍 떠나 은원恩院에 이르니, 김익이 우연히 왔다고 한다. 임달영이 곡식을 사기 위해 배로 은진포恩津浦에 왔다고 하는데, 하는 꼴이 몹시 괴상했다. 저녁에 여산礪山 관노의 집에서 잤다. 한밤중에 홀로 앉아 있으려니 슬픈 생각을 견딜 수 없었다.

22일 맑음. 낮에는 삼례參禮 역리驛吏의 집에 이르고, 저녁에는 전주 남문 밖 이의신의 집에서 묵었다. 판관 박근이 방문했고 부윤府尹도 후히 접대했다. 판관이 기름 먹인 두꺼운 종이와 생강 등을 보내주었다.

23일 맑음. 일찍 길을 떠나 오원역烏原驛에서 말도 쉬게 하고 아침도 먹었다. 조금 있다가 도사가 왔다. 저물어 임실현에 이르렀다. 수령이 예사로이 대접했다. 수령은 홍순각이다.

24일 맑음. 일찍 출발해서 남원에 이르렀다. 읍에서 15리쯤 떨어진 곳에서 정철 등을 만났는데, 그들과 남원부 5리 안까지 이르러 작별하고 10리 밖에 있는 이희경의 종 집에 이르렀다. 슬픈 느낌을 어찌 다 말하랴.

25일 비가 올 것 같았다. 아침을 먹은 뒤에 길을 떠나 운봉雲峯 박용의 집에 들어가니 비가 크게 쏟아져서 머리를 내놓을 수 없었다. 거기서 들으니 원수元帥 권율이 벌써 순천으로 갔다고 하므로, 곧 사람을 금부도사에게 보내어 머무르게 했다.[1] 이 고을의 수령 남간은 병으로 나오지 않았다.

26일 흐리고 개지 않았다. 아침을 일찍 먹고 길을 떠나 구례현에 이르니, 금부도사가 먼저 와 있었다. 손인필의 집에 처소를 잡았는데, 이 고을 현감 이원춘이 급히 나와 극진히 대접하고 금부도사도 방문했다. 금부도사에게 술을 권하라고 현감에게 청했더니 대접을 극진히 했다고 한다. 밤에 홀로 앉아 있으니 비통함이 컸다.

27일 맑음. 일찍 떠나 송치松峙 밑에 이르니, 구례 수령이 점심을 지어보냈다. 순천 송원松院에 이르자 이득종, 정선 등이 문안했다. 저녁때 정원명의 집에 이르니, 원수가 내가 온 것을 알고 군관 권승경을 보내 조상하고 또 안부를 물었는데 위문하는 말이 자못 간곡했다. 저녁에 이 고을의 수령이 방문했다. 정사준도 방문해서 원공(원균)의 망령되고 패악한 짓을 말했다.

28일 맑음. 아침에 원수가 또 군관 승경을 보내 문안하며 전하되 "상중에 몸이 피곤할 터이니 회복되는 대로 나오라"고 했다. 그리고 또 "이제 들으니 친근한 군관이 통제영에 있다고 하므로 편지와 공문을 보내서 나오게 하는 바이니, 데리고 가서 간호토록 하라"고 하

---

1 이순신은 도원수 권율의 휘하에서 백의종군을 명받았기 때문에 권율의 진이 있는 곳까지 가야 했다.

면서 편지와 공문을 만들어 왔다. 순천 부사의 소실이 세상을 떠났
다고 한다.

29일 맑음. 신 사과와 응원이 방문했다. 병사兵使 이복남도 원수의 지시
를 들으려고 고을에 들어왔다고 한다. 신 사과와 이야기했다.

30일 아침에는 흐리다가 저물어서 비가 내렸다. 아침 식사 후에 신 사
과와 이야기했다. 그는 병사에게 붙들려 술을 마셨다고 한다. 병사
이복남이 식사 전에 방문해서 원공의 일을 많이 말했다. 전라 감사
박홍로도 원수에게 왔다가 군관을 보내서 안부를 물었다.

5월

1일 비. 신 사과가 머무르며 이야기했다. 순찰사와 병사는 원수 권율이
머물고 있는 정사준의 집에 함께 모여 술을 마시며 즐겁게 논다고
했다.

2일 늦게 갬. 원수는 보성으로 가고, 병사 이복남은 본영으로 갔다. 순
찰사 박홍로는 담양 가는 길에 방문하고 돌아갔다. 부사 우치적도
방문했다. 진흥국이 좌수영에서 와서 눈물을 흘리며 원균의 일을
이야기했다. 이형복, 신홍수도 방문했다. 남원 종 끝돌이가 아산에
서 와서 어머님 영연靈筵(죽은 사람의 영궤와 그에 딸린 모든 것을 차려 놓은
것)이 평안하시다고 하고, 또 유헌이 식구들을 거느리고 무사히 금
곡에 도착했다고 했다. 홀로 빈 관청에 앉아 있으니 슬픈 마음을

견딜 수 없었다.

3일 맑음. 신 사과, 응원, 진홍국이 돌아갔다. 이기남이 방문했다. 아침에 둘째 아들 '울蔚'의 이름을 '열[莐]'로 고쳤다. '莐'의 음은 '열悅'이다. 싹이 처음 트거나 초목이 기운차게 자라는 데 쓰는 글자라, 그 글자의 뜻이 매우 좋다. 늦게 강소작지姜所作只가 와서 곡했다. 오후 4시경에 비가 뿌렸다. 저녁에는 수령이 방문했다.

4일 비. 이날은 어머님 생신이라 슬픔과 애통함을 참을 수 없었다. 닭이 울자 일어나 앉아서 눈물만 흘렸다. 오후에는 비가 몹시 퍼부었다. 정사준이 와서 종일 돌아가지 않았다. 이수원도 왔다.

5일 맑음. 새벽꿈이 매우 어지러웠다. 아침에 부사가 방문했다. 늦게 충청 우후 원유남이 한산으로부터 와서 원공의 못된 짓을 많이 전하고, 또 진중의 장졸들이 모두 배반하므로 장차 일이 어찌 될지 알 수 없다고 했다. 이날은 단오절인데 천리 밖에 멀리 종군하여 어머님 영연을 멀리 떠나 장례도 못 모시니 무슨 죄로 이런 갚음을 당하는고. 나와 같은 사정은 고금을 통해 다시 없을 것이니 가슴이 찢어지는 듯 아프다. 다만, 때를 잘못 만난 것을 한탄할 따름이다.

6일 맑음. 꿈에 돌아가신 두 분 형님을 만났는데, 서로 붙들고 우시면서 하시는 말씀이 "장사를 지내기 전에 천리 밖으로 떠나와 군무에 종사하고 있으니 대체 모든 일을 누가 주장해서 처리한단 말이냐. 통곡한들 어찌하리"라고 하셨다. 이것은 두 형님의 혼령이 천리 밖까지 따라오셔서 이렇게까지 근심하고 애달파 하신 것이니 비통함을 금치 못하겠다. 또 남원의 추수 감독하는 일을 염려하시는데 그것은 무슨 뜻인지 모르겠다. 연일 꿈자리가 사나운 것도 형님들의 혼령이 걱정하여 주는 탓이라 생각하니 슬픔이 한결 더하다. 아침저녁으로 그립고 서러워 마음에 눈물이 엉겨 피가 되건마는, 아득한 저 하늘은 어찌하여 내 사정을 살펴 주지 못하는고. 왜 어서 빨리 죽지 않는지. 늦게 능성 현감 이계명이 또한 상제의 몸으로 기용된 사람인데 방문했다가 돌아갔다. 흥양에 있는 종 우노음금, 박수매, 조택과 순화의 처가 와서 인사했다. 이기윤과 몽생이 왔다. 송정립, 송득운도 왔다가 돌아갔다. 저녁에 정원명이 한산에서 돌아와 흉악한 자(원균)의 못된 짓을 많이 이야기했다. 또 들으니, 부찰사 한효순이 좌수영으로 나와 병을 조리한다고 했다. 우수사 이억기가 편지를 보내 조상했다.

7일 맑음. 아침에 정혜사定惠寺의 중 덕수가 짚신 한 켤레를 바치기에 거절하고 받지 않는데 두세 번 간절히 청하므로 값을 주었고 짚신은 원명에게 주었다. 늦게 송대기와 유몽길이 방문했다. 서산 군수 안괄이 한산에서 와서 음흉한 자(원균)의 일을 많이 말했다. 저녁에 이기남이 왔다. 이원룡이 수영에서 돌아왔다. 안괄이 구례에 갔을 때 조사겸의 수절녀를 사통私通하려 했으나 뜻을 이루지 못했다고 한다. 놀라운 일이다.

8일 맑음. 아침에 승장僧將 수인이 밥 짓는 데 필요한 스님 두우를 데리고 왔다. 종 한경은 일이 있어서 보성으로 보냈다. 흥양의 종 세충이 녹도에서 망아지를 끌고 왔다. 활잡이 이지가 돌아갔다. 이날 새벽꿈에 사나운 범을 때려잡아 껍질을 벗겨 휘둘렀는데 무슨 징조인지 알 수 없다. 조종趙琮이 이름을 연璉으로 고치고 방문했다. 조덕수도 왔다. 낮에 망아지에 안장을 얹어 정상명이 타고 갔다. 음흉한 원균이 편지를 보내어 조상하니, 이것은 원수(권율)의 명령이었다. 이경신이 한산에서 온 뒤 음흉한 원(원균)의 말을 많이 했는데, 곡식을 사라는 구실로 자신이 데리고 온 서리를 육지로 보내 놓고 그 처를 사통하려고 하였는데 그 여인이 순순히 말을 듣지 않고 밖으로 나와 악을 쓴 일이 있었다고 한다. 원이 온갖 계략을 꾸미며 나를 모함하려 드니 이 또한 운수로다. 뇌물로 실어 보내는 짐이 서울 길에 잇닿았으며 그렇게 해서 날이 갈수록 심히 나를 헐뜯으니, 그저 때를 못 만난 것만 한탄할 따름이다.

9일 흐림. 아침에 이형립이 방문했다가 곧 돌아갔다. 이수원이 광양에서 돌아왔다. 순천에 사는 급제자 강승훈이 응모해 왔다. 순천 부사가 좌수영에서 돌아왔다. 종 경이 보성에서 말을 끌고 왔다.

10일 궂은비가 내렸다. 이날은 태종 임금의 제삿날이다. 옛날부터 이날에는 비가 온다고 하는데[자고우自古雨][1] 늦게 큰 비가 왔다. 박줄생이 방문했다. 주인이 보리밥을 지어 내왔다. 장님 임춘경이 운수를 봐 왔다. 부찰사도 조문하는 서장을 보내왔다. 녹도 만호 송여종이 삼과 종이 두 가지를 부의로 보냈다. 전라도 순찰사가 백미와 중품 쌀 각 1곡(10말)에다 콩과 소금도 군관을 시켜 보낸다고 말했다.

---

1 가뭄이 극심하여 기우제를 자주 지냈던 태종은 죽으면서 어떻게든지 비가 오게 하겠다고 했다. 그 후 태종이 죽은 날이면 어김없이 비가 온다고 한다. 이를 '태종우'라고도 한다.

11일 맑음. 김효성이 낙안에서 왔다가 곧 돌아갔다. 체찰사의 군관이 된 광양의 전 현감 김성이 화살대를 구하러 순천에 왔다가 방문해서 근래의 소문을 많이 전했다. 그 소문이란 모두 흉악한 자(원균)의 일이었다. 부찰사가 온다는 통지가 왔다. 장위張渭가 편지를 보냈다. 정원명이 보리밥을 지어서 내왔다. 장님 임춘경이 와서 내 운수에 대한 이야기를 했다. 부찰사가 고을에 이르렀는데, 정사립과 양정언이 와서 부찰사가 방문하겠다고 전했으나 몸이 불편하다고 거절했다.

12일 맑음. 새벽에 이원룡을 보내 부찰사에게 문안했더니, 부찰사도 김덕린을 보내 문안했다. 늦게 이기남과 기윤이 방문해서 도양장으로 돌아간다고 말했다. 아침에 아들 열을 부찰사에게 보냈다. 선흥수가 와서 원공(원균)의 점을 쳤는데, 첫 괘가 수뢰둔水雷屯인데 천풍구天風姤로 변했으니 용用이 체體를 이기는 것이라 크게 흉하다고 했다. 남해 수령 박대남이 조문 편지를 보내고 또 쌀 2(섬), 참기름 2(되), 꿀 5(되), 조 1(섬), 미역 2(동) 등 여러 가지 물품을 보냈다. 저녁에 향사당에 가서 부찰사와 함께 밤이 깊도록 이야기하고 자정에야 숙소로 돌아왔다. 정사립과 양정언이 와서 닭이 운 뒤에 돌아갔다.

13일 맑음. 어젯밤 부찰사의 말이, 상사上使가 보낸 편지에 영공(원균)의 일에 대한 탄식이 많았다고 한다. 늦게 정사준이 떡을 만들어 왔다. 부사 우치적이 노자路資를 보내 주어 참으로 미안스러웠다.

14일 맑음. 아침에 부사가 방문했다가 갔고, 부찰사는 부유富有로 떠났다. 정사준, 정사립, 양정언 등이 와서 모시고 가겠노라고 하므로, 일찍 아침을 먹고 떠나 송치 밑에 이르러 말을 쉬게 하고 혼자 바위 위에 앉아서 한 시간이 넘도록 곤하게 잤다. 운봉의 박용이 왔다. 저물 무렵 찬수강粲水江에 닿은 뒤 말에서 내려 건너가 구례 고을 손인필의 집에 이르니 현감이 즉시 방문했다.

15일 비가 오다 개다 했다. 주인집이 아주 낮고 험하여 파리가 벌 떼같이 꾀니 도무지 밥을 먹을 수가 없었다. 관청의 모정茅亭(짚이나 띠로 지붕을 이은 정자)으로 옮겼더니 남풍이 불어 들어왔다. 수령과 함께 종일 이야기하다가 그곳에서 그대로 잤다.

16일 맑음. 수령과 함께 이야기했다. 저녁에 남원의 탐후인이 돌아와서 전하되 "체찰사 이원익이 내일 곡성에 들러 이 고을(구례)로 들어와서 며칠 머무른 뒤에 진주로 갈 것"이라고 했다. 수령이 점심을 차렸는데 너무나 융숭했다. 대단히 미안스러웠다. 저녁에 정상명이 방문했다.

17일 맑음. 남원 탐후인이 와서 전하되 "원수가 운봉 길로 가지 않고, 양 총병(명나라 장수)을 영접하는 일로 완산(전주)으로 달려갔다"고 했다. 발걸음이 낭패라 민망하다.

18일 맑음. 동풍이 몹시 불었다. 저녁에 김종려 영공이 남원에서 바로 방문했다. 충청 수영의 영리 이엽이 한산에서 왔기에 집에 보내는 편지를 부치기는 했으나, 아침 술에 취해 날뛰니 가증스러웠다.

19일 맑음. 체찰사가 들어온다고 하므로 성안에 머무르고 있기가 미안해서 동문 밖 장세호의 집으로 나갔다. 명협정㝱莢亭에 앉았는데 수령 이원춘이 방문했다. 저녁에 체찰사가 고을로 들어왔다. 오후 4시경에 소나기가 크게 퍼붓다가 오후 6시경에 갰다.

20일 맑음. 늦게 첨지 김경로가 방문해서 무주茂朱 장박지리長朴只里의 농토가 아주 좋다고 말했다. 옥천에 사는 권치중은 김 첨지의 서처남(이복누이의 남편)인데, 장박지리란 곳이 바로 옥천 양산창梁山倉 근처라고 했다. 내가 머무르고 있다는 말을 들은 체찰사가 먼저 공생貢生(향교에 다니는 생도)을 보내고 또 군관 이지각을 보내더니, 조금 있다가 또 사람을 보내어 "진작 상제된 소식을 듣지 못했다가 이제야 듣고 놀라서 애도한다" 하고 군관을 다시 보내 조상하였다. 저녁에 만나 볼 수 있겠는지 묻기에 "저녁에 당연히 가서 뵙겠다"고 대답하고 어두워질 무렵에 가서 뵈니, 체찰사는 소복을 입고 기다리고 있었다. 조용히 일을 이야기하는 중에 체찰사가 개탄해 마지않았다. 밤이 깊도록 이야기하는 중에 "일찍이 임금(선조)의 분부가 있었는데 거기에도 미안스런 말이 많았는 바, 그 뜻을 알지 못하겠다"고 하며 또 말하되, "음흉한 사람(원균)의 무고하는 행동이 심했건마는 임금이 굽어 살피지 못하니 장차 나랏일을 어찌할꼬"[1] 하는 것이었다. 떠나올 때에 남 종사從事가 사람을 보내 안부를 물었으나, 나

---

1 이원익은 이순신의 문제를 결정하기 위한 7차례의 어전 회의 중 3차, 4차, 5차 회의에 참석해 소신껏 이순신을 변호했다. 그러나 이미 원균의 주장에 마음을 두고 있던 선조는 원균에게 유리한 질문을 했으며 참석자들이 자신의 생각에 따르도록 유도했다. 이원익은 이순신의 해임과 하옥이 결정된 6차와 7차 회의에는 임지의 공무 때문에 참석하지 못했는데, 그 회의 소식을 듣고는 즉시 "왜적이 두려워하는 사람은 오직 이순신 한 사람뿐"이라는 상소를 올리고 나라의 앞날을 한탄했다.

는 밤이 깊어서 나가 인사하지 못하노라고 대답했다.

21일 맑음. 서울에서 내려온 박천拍川 유해柳海가 한산으로 가서 공을 세우겠다고 했다. 또 말하기를 "은진현에 이르니 은진 수령이 뱃길에 대한 것을 이야기하더라"고 했다. 유가 또 말하기를 "중한 죄수 이덕룡이란 자를 고소한 사람이 오히려 잡혀 세 차례나 형장을 맞고 다 죽어 간다"고 하니, 참으로 놀라지 않을 수 없었다. 또 과천 좌수座首 안홍제 등이 이 상궁에게 말과 20살짜리 계집종을 바치고 나갔다고 했다. 안女은 본디 죽을 죄도 아닌데 여러 번 매를 맞아 거의 죽게 되었다가 물건을 바치고서 석방이 되었다는 것이다. 안팎이 모두 바치는 물건의 다소에 따라 죄의 경중을 결정한다니, 이러다가는 장차 결말이 어떻게 될지 모르겠다. 이야말로 돈만 있으면 죽은 사람의 넋도 찾아온다는 것인가.

22일 맑음. 남풍이 크게 불었다. 아침에 손인필 부자父子가 방문했다. 유 박천 해海가 승평으로 갔다가 곧 한산으로 간다 하므로 전라, 경상 두 수사와 가리포 등에게 문안 편지를 써 보냈다. 늦게 체찰사의 종사관 김광엽이 진주에서 이 고을로 들어오고, 배백기(백기는 배홍립의 자) 영공도 온다고 사사로운 편지가 왔다. 정회를 펼 수 있을 터이니 다행이다. 혼자 앉아 있노라니 비통함을 더 견디기 어렵다. 어두울 무렵에 배 동지同知(배홍립)와 수령이 방문했다.

23일 아침에 정사룡과 이사순이 방문해서 원공(원균)의 말을 많이 전했다. 배 동지는 늦게 한산으로 돌아갔다. 체찰사가 사람을 보내 부르기에 가서 뵙고 조용히 의논했는데, 시국이 그릇된 것을 무척 분히 여기며 다만 죽을 날만 기다린다고 했다. 내일 초계(권율이 진을 친 곳)로 가겠노라고 하니 체찰사가 이대백이 모은 쌀 2섬을 붙여 주기에 성 밖 주인 장세휘의 집으로 보냈다.

24일 맑음. 종일 동풍이 크게 불었다. 아침에 광양 고응명의 아들 언선이 방문했다가 한산도의 사정을 많이 전했다. 체찰사가 군관 이지각을 보내 안부를 묻고 "경상 우도 연해안의 지도를 그리고 싶으나 그릴 수가 없으니, 본 대로 그려 보내 주면 다행이겠다" 하므로 거절할 수 없어서 간략하게 그려 보냈다. 저녁에 비가 굉장히 쏟아졌다.

25일 비. 아침에 길을 떠나려 하다가 비 때문에 정지하고, 혼자 촌집에 기대어 앉아 있으니 온갖 회포가 그지없다. 슬프고 그리운 생각을 어찌하랴.

26일 종일 큰 비가 내렸다. 비를 맞으면서 길을 막 떠나려 하자 사량 만호 변익성이 무슨 문초받을 일로 이종호에게 잡혀서 체찰사에게로 오므로, 잠깐 서로 만나 보고 나서 그길로 석주관石柱關에 이르니 비가 퍼붓듯이 온다. 말을 쉬게 하고 엎어지고 자빠지며 간신히 악양岳陽 이정란의 집에 이르렀으나 문을 닫고 거절하는 것이었다. 그 집 뒤에 기와집이 있어서 종들이 사방으로 흩어져 거처를 물색해 보았으나 적당한 곳이 없어 잠시 뒤에 돌아왔다. 이정란의 집은 김덕령의 아우 덕린이 빌린 집이다. 나는 열을 시켜 억지로 청해서 들어가 잤다. 행장(여행할 때 쓰는 물건과 차림)이 다 젖었다.

27일 흐리다 개다 했다. 아침에 젖은 옷을 내다 걸어 바람에 말렸다. 늦

게 떠나 두치 최춘룡의 집에 이르니 이종호가 와 있었다. 사량 만
호 변익성이 곤장 20대를 맞고 꼼짝도 못한다고 했다. 유기룡이 방
문했다.

28일 흐렸지만 비는 오지 않았다. 늦게 떠나 하동현에 이르니, 그 고을
의 현감 신진이 만나 보게 된 것을 반갑게 여기며 성안 별사別舍로
맞아들여 간곡한 정을 베풀었다. 그리고 원(원균)의 미친 짓을 많이
말했다. 날이 어두울 때까지 함께 이야기했다. 변익성도 왔다.

29일 흐림. 몸이 몹시 불편했다. 그래서 길을 떠나지 못하고 머무르며
몸조리를 했다. 현감이 정다운 말을 많이 했다. 황 생원이라고 하
는 71세가량의 노인이 하동에 왔다고 한다. 원래는 서울 사람으로
지금은 여러 곳을 떠돌아다닌다고 하는데 만나지 않았다.

6월

1일 비. 일찍 떠나 청수역淸水驛 시냇가 정자에 이르러 말을 쉬게 하고,
저물어 단성 땅과 진주 땅 경계에 있는 박호원의 농사 짓는 종의 집
에 들어갔다. 주인이 반갑게 접대하기는 하나, 잘 방이 좋지 못해
서 간신히 밤을 지냈다. 밤새도록 비가 내렸다. 기름 종이 하나, 장
지 2(축), 백미 1(섬), 참깨 5(말), 들깨 3(말), 꿀 5(되), 소금 5(말), 미
지未紙(밀랍 먹인 종이) 다섯을 하동 수령이 보내 주었다.

2일 비가 오다 개다 했다. 일찍 떠나 단계丹溪 시냇가에서 아침을 먹고

늦게 삼가현에 이르니 현감 신효업이 이미 산성으로 가고 없어 주인 없는 건물에서 잤다. 고을에서 심부름하는 사람이 밥은 지어 먹으라고 하는 것을 종들에게 먹지 말라고 타일렀다.[1] 삼가현 5리 밖 홰나무 정자 아래 앉았노라니 근처에 사는 노순일 형제가 방문했다.

3일 비. 아침에 떠나려다가 비가 오기 때문에 쭈그리고 앉아 어떻게 할까 하고 걱정하는 중에 도원수의 군관 유홍이 흥양에서 와서 길을 이야기하며 떠날 수 없다고 하므로 그대로 묵었다. 아침에 종들이 고을 사람들의 밥을 얻어먹었다고 하기에 종들을 때리고 도로 갚아 주었다.

4일 흐리다가 맑음. 일찍 떠나는데 현감 신효업이 문안 편지와 함께 노자 비용까지 보내왔다. 낮에 합천 땅에 이르러, 고을에서 10리쯤 떨어진 괴목정槐木亭이 있는 곳에서 아침을 먹었다. 날씨가 너무 더워서 한동안 말을 쉬었다가 5리쯤 되는 곳에 이르니 갈림길이 있었다. 한 길은 바로 고을로 들어가는 길이고, 다른 한 길은 초계로 가는 길이다. 강을 건너지 않고 곧바로 10리 남짓 가니 원수(권율)의 진이 보였다. 문보가 기거하는 집에 들어가서 잤다. 개벼루 길을 타고 오는데, 기암절벽은 천 길이나 되고 강물은 굽이굽이 깊으며 길은 험하고 위태롭다. 만일 이같이 험한 곳을 눌러 지킨다면 1만 명이라도 지나가기가 어렵겠다. 여기가 모여곡毛汝谷이다.

---

1 고을 현감이 출타 중이어서 허락을 받지 못했으므로 밥을 짓더라도 관의 기물을 사용해서는 안 된다는 뜻이다.

5일 맑음. 서풍이 크게 불었다. 아침에 초계 수령이 급히 달려왔기에 곧 불러들여서 이야기했다. 식사 후에 중군 이덕필도 달려와서 함께 지난 이야기를 했다. 조금 있다가 심준도 방문했으므로 함께 점심을 먹었다. 거처할 방을 도배했다. 저녁에 이승서가 방문해서 수직守直하던 병졸과 복병들이 도망친 일을 말했다. 이날 아침 구례 사람과 하동 현감 신진이 보내 준 종과 말들을 모두 돌려보냈다.

6일 맑음. 잠잘 방을 새로 도배하고[1] 군관들의 휴식소를 두 칸 만들었다. 늦게 모여곡 주인집의 이웃에 사는 윤감, 문익신이 방문했다. 종 경을 이대백에게 보냈더니 담당 아전이 없어 그냥 왔다고 한다. 이대백도 나를 방문하겠다고 했다. 어두워져서야 집에 들어갔는데 그 집 과부는 다른 집으로 옮겨 갔다

7일 맑고 몹시 더웠다. 원수의 군관 박응사와 유홍 등이 방문했고, 원수의 종사관 황여일이 사람을 보내 문안하므로 곧 답례해 보냈다. 안방에 들어가 잤다.

8일 맑음. 아침에 정상명을 보내 황 종사관에게 안부를 물었다. 늦게 이덕필, 심준과 수령이 그 아우와 함께 방문했으며 원수를 마중 가는 사람들도 10여 명이나 방문했다. 점심 식사 후에 원수가 진에 이르므로 나도 가 보았다. 종사관이 원수 앞에 있었고 나는 원수와 함께 한참 동안 이야기했다. 원수가 박성의 사직서 초본을 보이는데,

---

1 권율의 진이 있는 곳에 이르렀으므로 그곳에서 백의종군하며 머물 준비를 하는 것이다. 이순신은 다시 수군통제사로 임명받기 전까지 이곳에서 44일을 머물렀다.

박성이 원수의 처사가 소탈한 데다가 허술한 곳이 많다고 진술하여 원수는 못마땅해 하면서도 체찰사에게 글을 올렸다는 것이다. 또 복병에 관한 사항 등의 서류를 본 뒤 늦게 돌아와서 몸이 불편하므로 저녁도 먹지 않았다.

9일 흐리며 개지 않았다. 늦게 정상명을 원수에게 보내 문안하고, 다음으로 종사관 황여일에게도 문안했다. 처음으로 노마료怒馬料(군 복무 보수)를 받았다. 숫돌을 캐 왔는데 품질이 영일석延日石(영일에서 나는 고운 돌)보다 낫다고 한다. 윤감, 문익신, 문보 등이 방문했다. 여필의 생일인데, 혼자 진중에 앉아 있으니 온갖 생각으로 복잡하다.

10일 맑음. 아침나절에 가라말(털빛이 온통 검은 말), 워라말(얼룩말), 간자말(이마와 뺨이 흰 말), 유마(징발한 말) 등의 편자가 떨어진 것을 모두 갈아 박았다. 원수의 종사관이 삼척 사람 홍연해를 보내서 문안하고 늦게 방문하겠다고 전했다. 연해는 홍견의 삼촌 조카다. 죽마고우 서철이 합천 땅 동면 율진에 사는데, 내가 왔다는 말을 듣고 또한 방문했다. 아이 때의 이름은 서갈박지徐空朴只인데 음식을 대접해서 보냈다. 저녁에 원수의 종사관 황여일이 방문해서 조용히 이야기하다가, 임진년에 왜적을 무찌른 일에 대해 크게 칭찬해 마지않았다. 또 산성에 험고한 요새를 쌓지 않은 일과 당면한 토벌 방비의 대책이 허술한 것 등을 말했다. 밤이 깊은 줄을 깨닫지 못하고 돌아갈 것을 잊고 이야기했다. 또 내일 원수가 산성을 친히 살펴보러 간다고 말했다.

11일 맑음. 중복이라 쇠라도 녹일 것 같고 땅은 찌는 듯했다. 늦게 명나라 차관差官 경략군문經略軍門에 있는 이문경李文卿이 방문했으므로 부채를 선물로 주어 보냈다. 어제 저녁 종사관과 이야기할 때 변흥 백의 종 춘이 집 편지를 가지고 와서 어머님 영연이 평안하신 줄은 알았지만 쓰라린 회포야 어찌 다 말하랴. 다만 흥백이 나를 만나러 이곳까지 왔다가 그냥 청도로 돌아갔다고 하니 참말로 섭섭하다. 이날 아침에 편지를 써서 흥백에게 보냈다. 아들 열이 곽란을 앓아 밤새도록 신음하므로 말할 수 없이 답답하고 안쓰럽다. 닭이 울어 서야 조금 덜해 잠이 들었다. 이날 아침, 한산도 여러 곳에 가는 편 지 14장을 썼다. 경庚의 어미[1]가 편지를 보냈는데 지내기가 매우 어 렵다고 했다. 도둑이 또 들고 일어났다고 했다. 작은 워라말이 먹 지를 않으니 더위를 먹은 것이다.

12일 맑음. 이른 아침 종 경과 인을 한산도 진으로 보냈다. 전라 우수 사 이억기, 충청 수사 최호, 경상 수사 배설, 가리포 이응표, 녹도 송여종, 여도 김인영, 사도 황세득, 동지 배흥립, 조방장 김완, 거 제 안위, 영등 조계종, 남해 박대남, 하동 신진, 순천 우치적 등에 게 편지했다. 늦게 승장 처영이 방문해서 부채와 짚신을 바치므로 다른 물건으로 갚아 보냈다. 그는 적의 정세도 이야기하고 원공(원 균)의 일도 이야기했다. 오후에 들으니 중군장 이덕필이 군사를 거 느리고 적에게로 갔다고 한다. 무슨 일인지 알 수 없다. 내가 원수

---

1 계사년(1593) 8월 13일, 갑오년(1594) 9월 16일 일기에도 기술되어 있는 인물인데 이순신 과 어떤 관계인지는 분명하지 않다.

에게 가 본즉, 우병사 김응서의 긴급 보고에 "부산의 적은 창원 등지로 떠나려 하고, 서생포의 적은 경주로 진을 옮긴다"고 했으므로 복병군을 보내서 길을 차단하고 우리 군대의 위세를 올리겠다고 한다. 병사의 우후 김자헌이 일이 있어서 원수를 뵈러 왔다. 나도 보았다. 달빛을 이고 돌아왔다.

13일 맑더니 늦게 부슬비가 내리다가 그쳤다. 늦게 병사의 우후 김자헌이 방문해서 한동안 이야기하다가 점심을 대접해 보냈다. 이날 낮에는 왕골을 쪄서 말렸다. 날이 저문 뒤 청주 이희남의 종이 들어와서 "주인이 우병사 부대에 입대했기 때문에 지금 원수의 진 근처에까지 왔는데 날이 저물어서 묵고 있다"고 말했다.

14일 흐렸지만 비는 내리지 않았다. 이른 아침에 이희남이 들어와서 제 누이의 편지를 전해 주는데, 아산의 영연靈筵과 온 가족이 두루 무사하다고 하나 아픈 마음을 어찌 다 말하랴. 아침 식사 후에 이희남이 편지를 가지고 우병사 김응서에게 갔다.

15일 맑다가 흐림. 보름인데, 몸이 군중에 있어서 영위靈位(상가에서 모시는 혼백이나 신위)를 베풀고 고하지 못하니 그리운 정회가 어떠하랴. 초계 수령이 떡을 갖추어 보냈다. 원수의 종사관 황여일이 군관을 보내 말을 전하되 "원수가 오늘 산성으로 가려 한다"고 했다. 나도 뒤따라 큰 시냇가에 이르렀다가, 혹시 다른 의견이 있을까봐 냇가에 앉아서 정상명을 내보내 병이라고 아뢰고 그대로 돌아왔다.

16일 맑음. 종일 혼자 앉아 있었는데 들여다보는 사람 하나 없었다. 열과 이원룡을 불러 변씨 족보를 쓰게 했다. 저녁에 이희남이 한글 편지를 보냈는데 "병사가 보내 주지 않는다"고 했다. 변광조가 방문했다. 열과 정상명이 함께 큰 내에 가서 전마戰馬를 깨끗이 씻겨 왔다.

17일 흐렸지만 비는 내리지 않았다. 서늘한 기운이 감돌기 시작해서 밤이 한결 쓸쓸하다. 새벽에 일어나 앉으니 아픔과 그리움을 어찌 다 말하랴. 아침을 먹은 뒤에 원수에게 갔더니 원공의 정직하지 못한 것에 대해 많이 말하였다. 그리고 비변사에서 내려온 공문을 보이는데, 원균의 장계에는 "수군과 육군이 함께 나가서 안골의 적을 무찌른 후에 수군이 부산 등지로 진군하겠으니, 안골의 적을 먼저 칠 수 없겠습니까" 하였고, 원수의 장계에는 "통제사 원균이 전진하지 않고 오직 안골의 적을 먼저 쳐야 한다고 말하지만 수군의 여러 장수들은 다른 생각을 갖고 있을 뿐더러, 원균은 안으로 들어가 나오지 않을 것이니 절대로 다른 여러 장수들과 합의하지 못할 것이므로 일을 그르칠 것이 뻔합니다"라고 했다. 원수에게 고하여 이희남과 변존서, 윤선각 등에게 함께 공문서로 조사할 것을 독촉하도록 했다. 돌아오는 길에 황 종사관이 묵고 있는 집에 들러 한참 이야기하고, 내 숙소로 와서 이희남의 종을 의령산성으로 보냈다. 청도가 파발(공문을 급히 보내기 위해 설치한 역참)로 공문을 보내 초계 수령에게 보여 주었으니, 실로 양심이 없는 사람이다.

18일 흐렸지만 비는 오지 않았다. 아침에 황 종사관이 종을 보내 문안했다. 늦게 윤감이 떡을 해 왔다. 명나라 사람 섭위葉威가 초계에서 와서 "명나라 사람 주언룡朱彦龍이 일찍이 일본에 사로잡혀 갔다가

296

이번에 처음으로 나왔는데, 곧 적병 10만 명이 사자마沙自麻나 대마도對馬島에 왔을 것이요, 소서행장은 의령을 지나 바로 전라도를 칠 것이요, 가등청정은 경주, 대구 등지로 진을 옮기고 그대로 안동까지 가려 한다"고 말했다. 저물어 원수가 사천에 갈 일을 통지해 왔기에 곧 사복 정상명을 보내 물었더니 원수가 수군에 관한 일 때문에 사천에 간다고 했다.

19일 새벽닭이 세 번 홰를 쳐 울 때 문을 나서서 원수의 진 중에 이르니 날이 훤히 밝았다. 진에 이르니 원수와 종사관이 함께 나와 앉았다. 들어가 보니 원수가 내게 원균의 일을 말하되 "통제사의 일은 도저히 말로 할 수가 없소. 조정에 청하여 '안골과 가덕을 모두 무찌르고 뒤에 수군이 나가서 토벌해야 한다'고 하니 그게 무슨 심사겠소. 밀고 나가지 않으려는 뜻에 불과하기 때문에, 사천으로 가서 세 수사水使를 독촉해 진격하도록 할 작정이오. 통제사는 내가 지휘할 것도 없소"라고 했다. 또 위에서 내려온 분부를 보니 "안골의 적은 경솔히 들어가서 칠 것이 못 된다"고 했다. 원수가 나간 후 황 종사관과 함께 이야기하고 있는데, 얼마 후 초계 수령이 왔다. 작별하고 나오려 할 때 황 종사관이 초계에게 진찬순을 심부름시키지 말라고 당부하니, 원 수부의 병방 군관과 수령이 모두 그렇게 하겠다고 대답했다. 내가 돌아올 때 사로잡혔다가 도망쳐 온 사람이 따라왔다. 이날은 대기가 온통 찌는 듯이 더웠다. 저녁에 작은 워라말이 풀을 조금 먹었다. 낮에 군사 변덕기, 우영리 덕장, 늙어서 그만둔 아전 변경완, 18세의 변경남, 진사 이신길의 아들 이일장이 방문했다. 밤에 소나기가 크게 퍼붓더니 처마의 낙수가 물을 쏟는 것 같았다.

20일 종일 비가 내렸는데, 밤에는 큰 비가 왔다. 늦은 아침에 어릴 때 친구 서철이 방문했다. 윤감, 문익신, 문보, 변유도 방문했다. 오후에 종과 말의 급료를 받아 왔다. 병든 말이 차차 나아졌다.

21일 비가 오다 개다 했다. 새벽꿈에 덕, 율온, 대 등이 보였는데, 나를 보고 퍽 좋아들 했다. 아침에 영덕 현령 권진경이 원수를 보러 왔다가 원수가 이미 사천에 가고 없으므로 나를 방문해서 경상 좌도의 사정을 많이 전했다. 좌병사의 군관이 편지를 가지고 와서 곧 답장을 써 주었다. 황 종사관이 문안하러 보냈다. 저녁때 주부 변존서와 윤선각이 들어와서 이야기했다.

22일 비가 오다 개다 했다. 아침에 초계 수령이 연포軟泡[1]를 끓여 와서 권했지만 오만한 빛이 많았다. 그의 처사가 체모 없음을 말해 무엇하랴. 늦게 이희남이 들어와서 우병사의 편지를 전했다. 낮에 정순신, 정사겸, 윤감, 문익신, 문보 등이 방문하고 이선손도 방문했다.

23일 비가 오다 개다 했다. 아침에 큰 화살을 다시 다듬었다. 늦게 우병사가 편지와 크고 작은 환도를 보냈다. 그런데 가지고 오는 사람이 도중에 물에 떨어뜨려 칼집과 장식을 부수었으니 아깝다. 아침에 나굉의 아들 재흥이 아버지의 편지를 가지고 방문했다. 또 약간의 노자까지 보내 매우 미안했다. 오후에 이방李芳이 방문했는데, 방芳

---

1 얇게 썬 두부를 꼬치에 꽂아 기름에 지진 후 닭국에 넣고 끓인 음식.

은 아산 이몽서의 둘째 아들이다.

24일 이날은 입추다. 새벽안개가 사방에 자욱하여 골짜기를 분간하기 어려웠다. 아침에 수사 권언경의 종 세공과 감손이 와서 무 밭에 대한 일을 아뢰었다. 또, 생원 안극가가 방문해서 세상 사정을 이야기했다. 무 밭을 갈고 심는 일[2]의 감관으로 이원룡, 이희남, 정상명, 문임수 등을 정해 보냈다. 오후에는 합천 군수 오운이 조언형을 보내 안부를 물었다. 날씨가 찌는 듯 더웠다.

25일 맑음. 다시 명령하여 무씨를 뿌리게 했다. 아침 식사 전에 종사관 황여일이 방문해서 수전水戰에 대한 일을 말했다. 또 원수가 오늘이나 내일 안에 진중으로 돌아올 것이라고 했다. 군사 문제를 토론하다가 밤 늦게야 돌아갔다. 저녁에 종 경이 한산에서 돌아왔는데, 보성 군수 안홍국이 탄환에 맞아 죽었다는 소식을 전했다. 너무 놀라서 슬픔을 이기지 못했다. 적은 한 놈도 잡지 못하고 먼저 두 장수를 잃어버리다니 통탄함을 어찌 말하랴. 거제가 사람을 시켜 미역을 실어 보냈다.

26일 맑음. 새벽에 순천의 종 윤복이 나타났기에 곤장 50대를 때렸다. 거제에서 온 사람이 돌아갔다. 늦게 중군장 이덕필과 변홍달, 심준 등이 방문했다. 황 종사관이 개벼루 강가의 정자에 나왔다가 돌아갔다. 어응린, 박몽삼 등이 방문했다. 아산에 있는 종 평세가 들어

---

2 이순신과 백의종군지에 함께 있던 식솔들은 13명이었는데 생활비가 부족했으므로 최대한 자급자족하는 생활을 해야 했다. 무 밭을 갈거나 왕골을 쪄서 말리는 것 등은 자급자족을 위한 방편이었다.

와서 어머님 영연이 평안하시고 각 집 모두 무사한데, 다만 석 달이나 가물어서 농사가 어렵다고 했다. 장일葬日은 7월 27일로 했다가 다시 8월 4일로 택일했다고 한다. 그리운 생각과 슬픈 마음을 어찌 다 말로 하랴. 저녁에 우병사 김응서가 체찰사에게 보고하되 "아산 이방과 청주 이희남이 복병을 하기 싫어 원수의 진 옆에 피해 있다"고 해서 체찰사가 원수에게 공문을 보내왔다. 원수가 크게 노하여 또 공문을 만들어 보냈는데, 병사 김응서의 뜻은 알 수 없었다. 이날 작은 워라말이 죽어 내다 버렸다.

27일 맑음. 아침에 어응린, 박몽삼 등이 돌아갔다. 이희남과 이방 등이 체찰사의 행차가 이르는 곳으로 갔다. 늦게 종사관 황여일이 방문해서 한참 동안 이야기했다. 오후 3시에 소나기가 크게 퍼붓더니 잠깐 사이에 물이 크게 불었다.

28일 맑음. 늦게 황해도 백천에 사는 별장 조신옥과 홍대방이 방문했다. 또 초계 아전이 보낸 편지에는 "원수가 내일 남원으로 간다"고 했다. 이날 새벽에 꿈자리가 몹시 뒤숭숭했다. 종 경이 물건을 사러 가서 돌아오지 않았다.

29일 맑음. 주부 변존서가 마흘방馬訖坊으로 갔다. 종 경이 돌아오고 이희남, 이방 등도 돌아왔다. 중군 이덕필과 심준이 와서 전하는 말이 "심 유격(심유경)이 체포되어 갔는데,[1] 양 총병摠兵이 삼가三嘉에 와서

---

1 왜의 풍신수길이 요구한 사항을 거짓으로 전달해 화의가 이뤄진 것처럼 꾸몄던 심유경은 왜군이 다시 침략해 정유재란이 일어나자 본국인 명나라로 소환되어 국가를 기만했다는 죄로 처형되었다.

결박해 보냈다"고 한다. 문임수가 의령에서 와서 전하기를 "체찰사가 벌써 초계역에 당도했다"고 한다. 새로 과거에 급제한 양간(梁諫)이 황천상의 편지를 가지고 왔다. 변 주부가 마흘방에서 돌아왔다.

30일 맑음. 새벽에 정상명을 시켜 체찰사께 문안을 드리게 하였다. 이 날은 몹시 더워서 대지가 찌는 듯하였다. 저녁때 흥양 신여량, 신제운 등이 방문해서 해안 지방 일대에는 비가 알맞게 내렸다고 전했다.

7월

1일 새벽에 비가 오고 늦게 갰다. 명나라 사람 3명이 왔는데, 부산에 가는 길이라고 했다. 송대립과 송득운이 함께 왔다. 안각도 방문했다. 저녁에 서철, 방덕수와 그의 아들이 와서 잤다. 가을밤 기운이 몹시 서늘하여 슬픔과 그리움을 어찌할 수 없다. 송득운이 원수의 진을 왕래하다 보니 종사관 황여일이 큰 시냇가에서 피리를 듣고 있더라고 했다. 놀라운 일이다. 오늘은 인종의 제삿날이다.

2일 맑음. 아침에 변덕수가 돌아왔다. 늦게 신제운과 평해에 사는 정인서가 종사관의 심부름으로 문안하러 왔다. 오늘이 돌아가신 아버님의 생신인데, 멀리 천 리 밖에 와서 군복을 입고 있으니 이런 일이 또 어디 있을 것인가.

3일 맑음. 새벽에 앉아 있으니 싸늘한 기운이 뼈에 스민다. 비통한 마음이 한결 더하였다. 제사에 쓸 유밀과[1]와 밀가루를 장만했다. 늦게 정읍 군사 이량, 최언환, 건손 3명을 심부름시키라고 보내왔다. 늦게 장준완이 남해에서 와서 전하기를 남해 수령의 병이 중하다는 것이었다. 민망했다. 이윽고 합천 군수 오운이 와서 산성에 관한 일을 이야기했다. 점심을 먹은 뒤 원수의 진중에 가서 종사관 황여일과 이야기했다. 종사관은 전적典籍[2] 박안의와 활을 쏘았다. 이때 좌병사左兵使가 그 군관을 시켜 항복한 왜인 2명을 압송해 보냈는데, 가등청정의 부하라고 했다. 해가 저물어 돌아왔다. 또 들으니 고령 수령이 성주에 갇혔다는 것이었다.

4일 맑음. 아침에 황 종사관이 정인서를 보내 문안했다. 늦게 이방과 유황이 왔다. 자원 입대하는 군인인 흥양의 양점, 찬, 기 등이 왔다. 변여량, 변회보, 황언기 등이 방문했다. 변사중도 변대성 등과 방문했다. 점심 식사 후에 비가 내렸다. 아침을 먹을 때 안극가가 방문했다. 어두워져서 큰 비가 내리기 시작해 밤새 그치지 않았다.

5일 비. 이른 아침에 체찰사 종사관 남이공이 경내를 지나간다고 하면서 초계 수령이 산성에서부터 문 앞을 지나갔다. 늦게 변덕수가 왔다. 변존서는 마흘방으로 갔다.

6일 맑음. 꿈에 윤삼빙을 만났는데 나주로 귀양 간다고 했다. 늦게 이방이 왔다. 빈 방에 홀로 앉아 있으니 그리움과 비통함을 어찌 말

---

1 밀가루나 쌀가루 반죽을 적당한 모양으로 빚어 바싹 말린 후에 기름에 튀겨 꿀과 조청을 바르고 튀밥이나 깨 등을 입힌 과자.

2 성균관에서 학생을 지도하는 일을 맡아보던 정6품 벼슬.

로 다 하랴. 저녁에 바깥채에 나가 앉았다가 변존서가 마흘방에서 돌아오기 때문에 안으로 들어왔다. 안각 형제도 흥백을 따라 함께 왔다. 이날 제사에 쓸 중배끼[3] 5말을 꿀로 만들어 봉해서 시렁 위에 얹었다.

7일 맑음. 오늘은 칠석이다. 슬픔과 그리움을 어찌하랴. 꿈에 원공과 한자리에서 만났는데, 내가 원공 위에 앉아 음식상을 받자 원공이 즐거운 기색을 보이는 것 같았다. 무슨 징조인지 알 수 없다. 박영남이 한산도에서 와 말하기를 "주장主將의 잘못으로 대신 죄책을 받기 위해 원수에게 붙들려 왔다"는 것이었다. 초계가 새로운 물건들을 보내왔다. 아침에 안각 형제가 왔고, 저물녘에는 흥양 박응사와 심준 등이 방문했다. 의령 수령 김전이 고령에서 와 병사의 처사가 엉망인 것을 많이 이야기했다.

8일 맑음. 아침에 이방이 왔기에 식사를 대접해 보냈다. 그에게 들으니 원수가 구례에서 벌써 곤양에 이르렀다는 것이었다. 늦게 집주인 이어해가 최태보와 함께 방문하고 변덕수도 왔다. 저녁에 송대립, 유홍, 박영남이 방문했는데 송, 유 두 사람은 돌아갔다.

9일 맑음. 내일은 열을 아산으로 보내려고 제사에 쓸 물건을 감봉監封했다. 늦게 윤감과 문보 등이 술을 가지고 와서 열과 주부 변존서에게 작별 술을 권하고 돌아갔다. 달빛이 대낮 같아 어머님을 그리는 슬픔으로 울다가 밤이 깊도록 잠들지 못했다.

---

3 유밀과의 하나. 밀가루를 꿀과 기름으로 반죽하여 네모지게 잘라 기름에 지져 만든다.

10일 맑음. 새벽에 열과 변존서를 보낼 일로 앉아 날이 새기를 기다렸다. 일찍 아침을 먹었는데, 정을 스스로 억제하지 못하고 통곡하며 보냈다. 내가 무슨 죄를 지었기에 이 지경에 이르렀는가. 구례에서 온 말을 타고 가니 더욱 염려된다. 열과 변존서 등이 막 떠나자 종사관 황여일이 와서 한참 동안 이야기했다. 늦게 서철이 왔다. 정상명이 종이로 말혁(말안장 양쪽에 장식으로 늘어뜨린 고삐) 만들기를 끝냈다. 저녁에 홀로 빈 방에 앉아 있노라니 많은 생각이 끓어올라 잠을 못 이루고 밤새 뒤척거리기만 했다.

11일 맑음. 열이 어떻게 갔는지 걱정스러웠다. 더위가 극심하여 걱정이 컸다. 늦게 변홍달, 신제운, 임중형 등이 방문했다. 홀로 빈 방에 앉아 있으니 그리운 마음이 더욱 컸다. 비통하고 비통하다. 종 태문이 종 종이終伊와 함께 순천으로 갔다.

12일 맑음. 아침에 합천이 햅쌀과 수박을 보냈다. 점심을 지을 즈음에 방응원, 현응진, 홍우공, 임영립 등이 박명현이 있는 곳에서 와서 함께 식사를 했다. 종 평세가 열을 따라갔다가 돌아왔다. 잘 갔다는 소식을 들으니 다행한 일이다. 그러나 슬프고 한탄스러운 마음이야 어찌 다 말하랴. 이희남이 삿자리 만드는 풀(사철쑥) 100묶음을 베어 왔다.

13일 맑음. 아침에 남해가 편지를 보내고 음식을 많이 보내면서 "전마戰馬를 끌어가겠다"고 하기에 답장을 썼다. 늦게 이태수, 조신옥, 홍대방 등이 방문해서 적을 토벌할 일에 대해 이야기했다. 송대립, 장득홍도 왔다. 장득홍은 자비로 복무한다기에 양식 2말을 내주었다. 이날 칡을 캐어 왔다. 이방도 방문했다. 남해 아전이 심부름꾼 2명을 데리고 왔다.

14일 맑음. 이른 아침에 정상명에게 종 평세, 귀인과 짐말 2필을 주어서 남해로 보냈다. 정상명은 전마를 끌어올 일로 보낸 것이다. 새벽에 꿈을 꾸었는데, 내가 체찰사와 함께 한 곳에 이르니 송장들이 널려 있는데 혹은 밟고 혹은 목을 베기도 했다. 아침을 먹을 때 문인수가 모시조개로 만든 음식과 술안주를 가져왔다. 방응원, 윤선각, 현응진, 홍우공 등과 이야기했다. 우공이 아버지의 병 때문에 종군하고 싶지 않아서 나에게 팔이 아프다고 핑계를 대니 놀라운 일이다. 오후 10시경 황 종사관이 정인서를 보내 문안하고, 또 김해 사람으로 왜적에게 붙었던 김억의 보고서를 보여 주었다. 이에 의하면 "7일에 왜선 500여 척이 부산으로 나오고 9일에 왜선 1,000척이 합세하여 우리 수군과 절영도 앞바다에서 싸웠는데, 우리 전선 5척이 두모포에 표류해 대었고 또 7척은 간 곳이 없다"는 것이었다. 이를 듣고 분함을 이기지 못해 곧 황 종사관이 군대 점호하는 곳으로 달려가 황 종사관과 일을 의논하고, 그대로 앉아 활 쏘는 것을 구경했다. 이윽고 내가 타고 간 말을 홍대방에게 타 보게 했더니 잘 달리는 것이었다. 비가 올 기세였으므로 곧 돌아왔는데, 집에 도착하자마자 비가 쏟아졌다. 오후 8시경에 갰는데 달빛이 훨씬 더 밝았다. 회포를 어찌 다 말하랴.

15일 비가 오다 개다 했다. 늦게 조신옥, 홍배방 등과 여기 있는 윤선각까지 9명을 불러서 떡을 차려 먹었다. 아주 늦게 중군 이덕필이 왔다가 저물어서 돌아갔다. 그 편에 들으니, 수군 20여 척이 적에게 패했다는 것이었다. 그저 통분하고 통분할 뿐이다. 막을 방책이 없음에 한스럽다. 어두워지자 비가 크게 내렸다.

16일 비가 오다 개다 하면서 종일 흐리고 맑지 않았다. 아침을 먹은 뒤에 손응남을 중군 이덕필에게 보내 수군의 소식을 알아보게 했다. 돌아와 중군의 말을 전하는데, 경상 좌병사의 긴급 보고로 보아 불리한 일이 많다고 하면서 자세히 말하지 않더라는 것이다. 한탄스런 일이다. 늦게 변의정이라는 사람이 수박 두 덩이를 가지고 왔다. 그 꼴이 어리석고 용렬해 보인다. 두메에 박혀 사는 사람이라 배우지 못하고 가난해서 저절로 그렇게 되는 것이리라. 이것 또한 소박한 태도이다. 이날 낮에 이희남을 시켜서 칼을 갈게 했는데 아주 잘 들어 적장의 맨머리를 벨 만했다. 소나기가 쏟아졌다. 아들 열이 길 가는데 고생될 것을 생각하니 마음이 놓이지 않았다. 저녁때 영암 송진면에 사는 노비 세남이 서생포에서 발가벗은 몸으로 왔기에 그 까닭을 물으니 7월 4일에 전 병사의 우후가 타고 있던 배의 격군이 되어 5일에 칠천량에 이르러 자고, 6일에 옥포로 들어갔다가, 7일 새벽에 말곳을 거쳐서 다대포에 이르니 왜선 8척이 정박해 있었다고 한다. 이를 보고 여러 배들이 바로 돌격했더니 왜인들은 남김없이 육지로 올라가고 빈 배만 걸려 있었다. 우리 수군들은 그것을 끌어내어 불 지르고, 그길로 부산 절영도 바깥 바다로 향했다. 그때 적선 1,000여 척이 대마도에서 건너오는데, 싸우려고 했더니 왜선들이 흩어져 회피하므로 끝내 잡아 초멸할 수도 없었다. 세남이 탄 배와 다른 배 6척은 배를 제어하지 못하고 서생포 앞바다까지 표류하였는데, 뭍으로 오르려고 할 때 거의 다 살육을 당하고 세남만 혼자서 수풀 속으로 들어가 목숨을 건져 간신히 여기까지 왔다고 한다. 듣고 나니 참으로 놀라운 일이다. 우리나라가 믿을 힘은 오직 수군뿐인데, 수군이 이러하니 다시 더 바라볼 것이 없다. 거듭거듭 생각할수록 분한 가슴이 찢어지는 것만 같다. 또 선장 이엽이 적에게 포박되었다고 하니 더욱 통분하고 탄식할 뿐이다. 손응남이 집으로 돌아갔다.

17일 가끔 비가 내렸다. 아침에 이희남을 황 종사관에게 보내 세남의 말을 모두 전했다. 늦게 초계 수령이 벽견산성에서 방문했다가 돌아갔다. 송대립, 유황, 유홍, 장득홍 등이 방문했다가 해가 저물어 돌아갔다. 변대헌, 정운룡, 득룡, 구종 등은 모두 초계 아전들인데, 어머님 족성族姓의 같은 파派 사람으로서 방문했다. 큰 비가 종일 내렸다. 이름을 적지 않은 사령장을 신여길이 바다 가운데서 잃어버렸으므로 경상 순변사가 신문하여 그 기록을 가져갔다.

18일 맑음. 새벽에 이덕필이 변홍달과 함께 와서 전하는 말이 "16일 새벽에 수군이 기습을 받아 통제사 원균, 전라 우수사 이억기, 충청 수사 최호가 여러 장수들과 함께 해를 입고 수군이 크게 패했다"는 것이었다. 듣자니 통곡이 터짐을 이길 수 없었다. 이윽고 이 원수가 와서 말하기를 "일이 이미 여기까지 이르렀으니 어떻게 할 수가 없다"고 하면서 오후 10시경까지 이야기했으나 어떻게 뜻을 정할 수가 없었다. 내가 "직접 해안 지방으로 가서 듣고 본 뒤에 방책을 정하겠다"고 말했더니, 원수가 그 이상 더 좋아할 수 없었다. 나는 송대립, 유황, 윤선각, 방응원, 현응진, 임영립, 이원룡, 이희남, 홍우공 등을 데리고 길을 떠났다. 삼가현三嘉縣에 이르니 새로 부임한 수령이 나와 기다리고 있었다. 한치겸도 와서 오래 이야기했다.

19일 종일 비가 내렸다. 오는 길에 동산산성에 올라 그 형세를 보니 매우 험준하여 적이 엿볼 수 없을 것 같았다. 그대로 단성현에 머물렀다.

20일 종일 비가 내렸다. 아침에 권문임의 조카 권이청과 수령이 방문했다. 낮에 진주 정개산성 아래의 강정江亭에 이르렀다. 진주 목사가 방문했다. 굴동 이희만의 집에서 잤다.

21일 맑음. 일찍 떠나 곤양군에 이르니 군수 이천추도 고을에 있고 백성들도 많이 제 고장에 있어 혹은 이른 벼를 거두기도 하고 혹은 밀보리 밭을 갈기도 했다. 점심 식사 후 노량에 이르니 거제 수령 안위와 영등포 만호 조계종 등 10여 명이 와서 통곡하고, 피해 나온 군사와 백성들도 울부짖지 않는 이가 없었다. 경상 수사 배설은 도망가고 보이지 않았다. 우후 이의득이 방문했기에 패하던 정황을 물었다. 모든 사람이 울며 말하기를 "대장 원균이 적을 보자 먼저 뭍으로 달아나고 여러 장수들도 그와 같이 뭍으로 달아나 이 지경에 이르렀다"는 것이었다. 대장의 잘못은 차마 입으로 옮길 수가 없고, 그 살점이라도 뜯어 먹고 싶다고들 했다. 거제의 배 위에서 자면서 거제 수령과 새벽 2시경까지 이야기했다. 조금도 눈을 붙이지 못해 눈병을 얻었다.

22일 맑음. 아침에 경상 우수사 배설이 방문해서 원균이 패망한 일을 많이 말했다. 식사 후에 남해 수령 박대남이 있는 곳에 이르니 병세가 위중하여 거의 구할 수 없게 되었다. 전마戰馬 바꿀 일을 다시 이야기했다. 종 평세와 군사 한 명을 데려오겠다고 한다. 오후에 곤양에 이르러 몸이 불편하여 그대로 잤다.

23일 비가 오다 개다 했다. 아침에 노량에서부터 만들던 서류를 송대립에게 주어 먼저 원수부로 보내고 뒤따라 떠나 곤양 십오리원十五里院에 이르니 배백기(배흥립)의 부인이 먼저 도착해 있었다. 말에서 내려 잠깐 쉬고 진주 운곡의 전에 숙박했던 곳에서 잤다. 어두워지면서 비가 내리기 시작해 밤새도록 그치지 않았다. 백기도 와서 잤다.

24일 하루 종일 비가 그치지 않았다. 한치겸, 이안인이 부사에게 돌아갔다. 정鄭의 종 예손이 손孫의 종과 함께 돌아갔다. 식사 후에 이홍훈의 집으로 옮겼다. 방응원이 정성鼎城(정개산성)에서 와서 전하기를 "황 종사관이 산성에 와서 연해안 사정을 보고 들은 대로 전하더라"는 것이다. 군량 2섬, 말먹이 콩 2섬과 말 편자 7벌을 가져왔다. 이날 저녁에 조방장 배경남이 방문했기에 술을 주어 위로했다.

25일 늦게 갰다. 황 종사관이 편지를 보내 문안했다. 조방장 김언공이 방문했다가 원수부로 갔다. 배수립과 이곳 주인 이홍훈이 방문했다. 남해 현령 박대남이 그의 종 용산을 보내서 "내일 들어온다"고 했다. 저녁때 배백기를 병문안하니 고통이 극도로 심했다. 참으로 걱정이다. 송득운을 황 종사관에게 보내 안부를 물었다.

26일 비가 오다 개다 했다. 일찍 아침을 먹고 정성鼎城 밑에 있는 송정松

樓 아래로 가서 황 종사관, 진주 목사와 함께 이야기하다가 늦게 숙소로 돌아왔다.

27일 종일 비가 내렸다. 이른 아침 정성 건너편 손경례의 집으로 옮겨 머물렀다. 늦게 동지 이천과 판관 정제가 체찰사의 전령을 전달했다. 함께 저녁을 먹었다. 이 동지는 배 조방장에게 가서 잤다.

28일 비. 이희량이 방문했다. 초저녁에 동지 이천, 진주 목사, 소촌 찰방 이시경이 함께 와서 밤에 이야기하다가 자정이 지나 돌아갔다. 모두 응전 대책을 의논하는 것이었다.

29일 비가 오다 개다 했다. 아침에 이군거 영공과 함께 밥을 먹고 그를 체찰사에게 보냈다. 늦게 냇가로 나가 군사를 점검하고 말을 달렸는데, 원수가 보낸 군대는 모두 말과 화살이 없으니 소용없었다. 탄식할 일이다. 저녁때 들어오다가 배 동지와 박 남해에게 들렀다. 밤새 큰 비가 내렸다. 찰방 이시경에게 사람을 보내 안부를 물었다.

8월

1일 큰 비가 내려 물이 불었다. 늦게 찰방 이시경, 조신옥, 홍대방 등이 방문했다.

2일 잠시 날이 갰다. 홀로 수루의 마루에 앉았으니 그리운 마음이 어떠하랴. 비통함을 이기지 못했다. 이날 밤 꿈에 임금의 명령을 받들

310

징조가 있었다.

3일 맑음. 이른 아침에 선전관 양호가 뜻밖에 들어와 교서와 유서諭書를 가져왔는데, 내용인즉 삼도통제사를 겸하라는 명령이었다. 숙배한 뒤에 받은 서장書狀을 써서 봉해 올리고, 곧 길을 떠나 바로 두치 가는 길로 들어섰다. 오후 8시쯤 행보역行步驛에 이르러 말을 쉬게 한 다음, 자정이 넘어 길을 떠나 두치에 이르니 먼동이 텄다. 남해 박대남이 길을 잃고 강정으로 잘못 들어갔으므로 말에서 내려 불러왔다. 쌍계동에 이른즉, 사방에 뾰족뾰족한 돌들이 흩어져 있는데 갓 내린 비에 물이 넘쳐 어렵게 건넜다. 석주관石柱關에 이르자 이원춘과 유해가 복병하고 지키다가 나와서 보고 적을 토벌할 일에 대해 이야기했다. 저물어서 구례현에 이르렀는데 경내가 적막했다. 성 북문 밖의 전날 묵었던 주인집에서 잤는데, 주인은 이미 산골로 피란했다. 손인필이 방문했는데 곡식까지 지고 왔으며 손응남은 철 이른 감을 가져왔다.

4일 맑음. 아침을 먹은 뒤 압록강원鴨綠江院에 이르러 점심을 짓고 말의 병도 고쳤다. 고산 현감 최진강이 군인을 인도할 일로 와서 수군의 일에 관하여 이야기했다. 오후에 곡성에 이르니 관청과 민가가 온통 비어 있었다. 이 고을에서 잤다. 남해 박대남은 바로 남원으로 갔다.

5일 맑음. 아침 식사 뒤에 옥과 경계에 이르니 피란 가는 사람들로 길이 찼다. 놀라운 일이다. 말에서 내려 타일렀다. 현縣으로 들어가면서 이기남 부자를 만나 함께 현에 이르니 정사준과 정사립이 마중 나오기에 함께 이야기했다. 고을 수령 홍요좌가 처음에는 병을 핑계 삼아 나오지 않더니 조금 있다가 나왔다. 붙잡아다 처벌하려 했기 때문에 나온 것이다.

6일 맑음. 이날은 옥과에 머물렀다. 오후 8시경 송대립 등이 적을 정탐해 왔다.

7일 맑음. 이른 아침에 떠나 곧바로 순천으로 가는데, 길에서 선전관 원집을 만나 임금의 유지를 받았다. 병사의 군대가 모두 패하여 돌아가는 것이 줄을 이었으므로 말 3필, 활과 화살을 약간 빼앗아 왔다. 곡성의 강정에서 잤다.

8일 새벽에 길을 떠나 아침을 부유창富有倉에서 먹었는데, 병사 이복남이 이미 명령하여 불을 질러 놓았다. 다만 재만 남아 보기에도 처참했다. 광양 수령 구덕령, 나주 판관 원종의, 옥구 수령 김희온 등이 창고 아래 숨어 있다가 내가 왔다는 것을 듣고 급히 달려서 배경남과 함께 구치에 이르렀다. 내가 말에서 내려 즉시 명령을 내리자 한꺼번에 절을 했다. 내가 피해 다니는 것을 들어 책망하니 모두 그 죄를 병사 이복남에게 돌리는 것이었다. 곧 길을 재촉해 순천에 이르니 성 안팎이 인적 하나 없이 쓸쓸했다. 관사와 창고의 곡식, 무기 등이 그대로 있으니, 병사가 처치하지도 않고 달아난 것이다. 탄식할 일이다. 중 혜희가 와서 인사하기에 의병장의 직첩을 만들어 주고, 총통 등은 옮겨 묻었다. 장편전은 군관들에게 나누어 갖도록 분부하고 부府에서 눌러 잤다.

9일 맑음. 일찍 길을 떠나 낙안에 이르니 5리 밖까지 많은 사람들이 보기

312

위해 나왔다. 흩어져 달아난 까닭을 물으니 모든 사람이 말하기를 "병사 이복남이 왜적이 쳐들어온다고 떠들면서 창고에 불을 지르고 달아난 까닭에 백성들도 흩어져 도망가는 것"이라 했다. 관청에 들어가니 인적이 없었다. 순천 부사 우치적, 김제 군수 고봉상 등이 와서 절했다. 늦게 보성 조양에 이르러 김안도의 집에서 잤다.

10일 맑음. 몸이 불편해 김안도의 집에서 묵었다.

11일 맑음. 아침에 양산원의 집으로 옮겨 묵었다. 송희립, 최대서 등이 방문했다.

12일 맑음. 장계의 초안을 잡았다.[1] 그대로 묵었다. 거제와 발포가 방문했다.

13일 맑음. 거제 현령 안위와 발포 만호 소계남이 방문했다가 돌아갔다. 수사 배설과 여러 장수 그리고 피해 나온 사람들이 묵고 있는 곳을 알았다. 우후 이몽구는 오지 않았다. 하동 수령 신진에게 들으니, 진주 정개성과 벽견성도 병사(이복남)가 스스로 외진外陣을 깨뜨려 버렸다는 것이다. 통탄할 일이다.

14일 맑음. 아침에 이몽구에게 곤장 80대를 때렸다. 식사 후에 장계 7통을 봉해 윤선각을 시켜 올려 보냈다. 오후에 어사 임몽정을 만날

---

1 칠천량 해전에서 대패하고 겨우 12척의 배만 남은 수군의 절망적인 상황 때문에 조정에서는 이순신에게 바다를 포기하고 상륙하여 육전에 협력하기를 종용하기도 했다. 이에 답한 이순신의 장계는 다음과 같았다. "임진년 이래 5~6년이 지나는 사이에 왜적이 감히 전라도와 충청도를 바로 점령하지 못한 것은 오직 우리 수군이 바닷목을 지키고 있기 때문입니다. 보잘것없는 신에게는 아직 전선이 12척이나 있습니다. …… 전선의 수가 비록 적기는 하나 신이 죽지 않는 한, 왜적은 감히 우리 수군을 업신여기지 못할 것입니다."

일로 보성군으로 가서 잤다. 밤에는 큰 비가 내렸다.

15일 비. 늦게 활짝 갰다. 식사 후에 열선루列仙樓에 나가 앉아 있으니 선전관 박천봉이 임금의 분부서를 가져왔는데 8월 7일에 작성된 서류였다. 영의정 유성룡은 경기 지방을 순행 중이라 한다. 곧 편지를 받은 것에 대한 장계를 작성했다. 보성의 군기를 점검하여 말 네 마리에 나누어 실었다. 저녁때 흰 달이 다락 위를 비추니 심기가 편안치 못했다.

16일 맑음. 아침에 보성 수령과 군관들을 굴암으로 보내서 피해 달아난 관리들을 찾게 했다. 선전관 박천봉이 돌아가는 편에 나주 목사 배응경과 어사 임몽정에게 편지 답장을 보냈다. 사령들을 박사명에게 보냈더니, 사명의 집은 이미 텅 비어 있더라고 했다. 오후에 궁장弓匠 지이, 태귀생, 선의, 대남 등이 들어왔다. 김희방, 김붕만도 왔다.

17일 맑음. 일찍 아침을 먹고 곧바로 장흥 땅 백사정白沙汀으로 갔다. 점심을 먹은 뒤 군영구미軍營仇未로 가니 벌써 경내에 사람 하나 없었다. 수사 배설은 탈 배도 보내지 않았다. 장흥의 군량 감관과 색리가 군량을 모조리 도둑질하여 나눠 가져가던 참이었는데, 때마침 그때 이르러 잡아다 호되게 곤장을 때렸다. 그대로 눌러 거기서 잤다.

18일 맑음. 회령포에 갔는데, 수사 배설이 뱃멀미를 핑계로 나오지 않았다. 포구 관청에서 잤다.

19일 맑음. 여러 장수들이 교서에 숙배하는데 배설은 받들어 숙배하지 않았다. 건방진 태도가 차마 말할 수 없기에, 영리를 잡아다 곤장을 때렸다. 회령포 만호 민정붕이 전투선에서 받은 물건을 사사로이 피란민 위덕의 등에게 준 죄로 곤장 20대를 쳤다.

20일 맑음. 앞 포구가 좁아서 이진梨津 아래에 있는 창사倉舍로 진을 옮겼다.

21일 맑음. 날이 채 새기도 전에 곽란이 일어나 몹시 앓았다. 몸을 차게 해서 그런가 싶어 소주를 마셨더니 이윽고 인사불성이 되어 깨어나지 못할 뻔했다. 밤을 새웠다.

22일 맑음. 곽란이 더욱 심해져서 기동할 수 없었다.

23일 맑음. 통증이 더욱 심해져서 배에 머무르는 것이 불편하여 육지에서 머물렀다.

24일 맑음. 일찍 도괘에 이르러 아침을 먹고 어란 앞바다에 이르니 가는 곳마다 이미 텅텅 비었다. 바다에서 잤다.

25일 그대로 그곳에 머물렀다. 아침을 먹는데, 놓아먹이던 소를 훔쳐 끌고 가면서 당포唐浦의 보자기가 헛소문을 퍼뜨리되 "왜적이 왔다, 왜적이 왔다"고 하는 것이었다. 나는 이미 그것이 거짓임을 알고 헛소문을 퍼뜨린 두 명을 잡아 곧바로 목 베어 효시하게 하니 군중의 인심이 크게 안정되었다.

26일 맑음. 그대로 어란에 머물렀다. 임준영이 말을 타고 달려와서 적이 이진까지 왔다고 고했다. 우수사가 왔다.

27일 맑음. 그대로 어란 바다 한가운데서 머물렀다.

28일 맑음. 적선 8척이 갑자기 들어오니 여러 배들이 지레 겁을 먹고 달아나려 하고, 경상 수사 배설도 달아나려고 했다. 꼼짝 않고 있다

가 적선이 다가올 때 호각을 불고 깃발을 흔들며 뒤쫓게 하니 적선
이 물러갔다. 갈두葛頭까지 쫓다가 돌아왔다. 저녁에는 장도獐島로
옮겨 머물렀다.

29일 맑음. 아침에 벽파진으로 건너갔다.

30일 맑음. 그대로 벽파진에 머물렀다.

9월

1일 맑음. 그대로 벽파진에 머물렀다.

2일 맑음. 정자에 내려가 앉았는데, 보자기 점세가 제주에서 왔다. 이날
새벽에 배설이 도망갔다.

3일 비가 뿌렸다. 뜸 아래 머리를 웅크리고 앉아 있으니 마음이 복잡
하다.

4일 북풍이 크게 불었는데, 배를 겨우 보전했다. 천행이다.

5일 북풍이 크게 불었다. 배를 부지할 수 없었다.

6일 바람이 자는 듯했으나 물결이 가라앉지 않았다.

7일 바람이 비로소 그쳤다. 탐망探望 군관 임중형이 와서 고하기를 "적
선 55척 중에서 13척이 이미 어란 앞바다에 이르렀는데 그 목적
이 수군에 있는 것이라"고 했다. 그래서 각 배에 엄하게 타일러 경
계하도록 했다. 오후 4시경에 적선 13척이 진 치고 있는 곳으로 향
했다. 우리 배들도 닻을 올리고 바다로 나가 마주 대들면서 공격

하니, 적선들이 배를 돌려 도망쳤다. 먼바다까지 쫓아가는데 바람과 물결이 거세서 벽파진으로 되돌아왔다. 밤 습격이 있을 것 같았다. 밤 10시경 적선이 포를 쏘면서 습격을 해 오자 여러 배가 겁을 먹은 것 같으므로 다시 엄하게 명령을 내렸다. 그리고 내가 탄 배가 먼저 적을 향해 달려들면서 포를 쏘니, 적군은 당해 내지 못하고 자정께 달아났다. 이들은 전에 한산도에서 승리를 얻은 자들이었다.

8일 맑음. 적선이 오지 않았다.

9일 맑음. 오늘은 9일(중양절)이다. 군사들을 먹이려는 참인데, 마침 부찰사의 군량 중 제주 소 5마리가 왔다. 녹도 송여종과 안골포 우수를 시켜 그것을 잡아 군인들에게 먹이고 있을 때 적선 2척이 감보도甘甫島로 곧장 들어와 우리 배의 수를 살피는 것이었다. 영등포 만호 조계종이 뒤쫓았으나 잡지는 못했다.

10일 맑음. 적들이 멀리 도망갔다.

11일 맑음.

12일 비.

13일 맑았으나 북풍이 크게 불었다.

14일 맑았으나 북풍이 크게 불었다. 임준영이 육로를 정탐하고 달려와 "적선 55척이 벌써 어란 앞바다에 들어왔다"고 했다. 사로잡혀 갔다가 도망쳐 온 김중걸의 말도 전했다. "중걸은 이달 6일 달마산達磨山으로 피란 갔다가 왜인에게 사로잡혀서 왜선을 타고 있었는데, 이름은 모르는 김해 사람이 왜장에게 청해서 결박을 풀어 주더니,

밤에 그 김해 사람이 중걸의 귀에다 대고 가만히 말하기를 '왜놈들이 하는 말이, 조선 수군 10여 척이 우리 배를 뒤쫓아 혹은 사살하고 혹은 배에 불 질렀으니 보복하지 않을 수 없다. 여러 배를 모아 수군을 모조리 죽인 뒤 곧바로 경강으로 올라가자'고 하더라"는 것이다. 이 말을 비록 모두 믿기는 어려우나 또한 그럴 수 없는 것도 아니다. 그래서 우수영으로 전령선을 보내 피란민들을 모두 육지로 올라가도록 일렀다.

15일 맑음. 밀물이 들었다. 여러 배를 거느리고 우수영 앞바다로 들어가 잤다. 밤 꿈에 이상한 징조가 많았다.

16일 맑음. 이른 아침에 망군望軍(망보는 군사)이 와서 보고하기를 "무려 200여 척이나 되는 적선이 명량을 거쳐 곧바로 진 치고 있는 곳으로 온다"고 했다. 여러 장수를 불러 명령을 내린 다음 닻을 올리고 바다로 나가니 133척이 우리 배를 에워쌌다. 대장선이 홀로 적선 속으로 들어가 포환과 화살을 비바람같이 마구 쏘아 댔지만 여러 배들이 바라보기만 하면서 진군하지 않아 사태를 헤아릴 수 없게 되었다. 배 위에 있는 군사들은 서로 돌아보며 겁에 질려 있었다. 나는 부드럽게 타이르며 "적이 1,000척이라도 감히 곧바로 우리 배에는 덤벼들지 못할 것이니 조금도 동요하지 말고 사력을 다해 적을 쏘아라" 하고 말했다. 그리고 여러 배를 돌아다보니 이미 1마장가량 물러났고, 우수사 김억추가 탄 배는 멀리 떨어져 가물가물했다. 배를 돌려 바로 중군中軍 김응함의 배로 가서 먼저 목을 베어 효시하고 싶었지만, 내 배가 머리를 돌리면 여러 배가 점점 더 멀리

318

물러나고 적선이 달려들게 되어 사세가 낭패하게 될 것이었다. 중군 영하기令下旗(군령을 내리는 기)와 초요기招搖旗를 세우니 김응함의 배가 가까이 오고 거제 현령 안위의 배도 왔다. 내가 뱃전에 서서 직접 안위를 불러 "네가 군법에 죽고 싶으냐?" 하고 말하고, 다시 불러 "안위야, 군법에 죽으려느냐? 물러가면 살 듯싶으냐?"고 했더니, 안위가 황급히 곧바로 싸우려 했다. 이때 적장의 배와 다른 2척의 적선이 안위의 배에 달라붙고 안위의 격군 7, 8명이 물에 뛰어들어 헤엄을 치니 거의 구하지 못할 것 같았다. 그래서 나는 배를 돌려 바로 안위의 배가 있는 곳으로 갔다. 안위의 군사들이 죽기를 각오한 채로 마구 쏘아 대고 내 배의 군관들도 빗발같이 쏘아 대어 적선 2척을 남김없이 모조리 섬멸하였으니 천행, 천행이다. 우리를 에워쌌던 적선 30척도 부서지니 모든 적들이 당해 내지 못하고 다시는 범접해 오지 못했다. 그곳에 머무르려고 했으나 물이 빠져 배를 정박시키기 어려우므로 건너편 ○포○浦[1]로 진을 옮겼다가 달빛을 타고 다시 당사도로 옮겨 밤을 지냈다.

17일 맑음. 여오을도汝吾乙島에 이르니 피란민들이 무수히 와서 머무르고 있었다. 임치 첨사 홍견은 배에 격군이 없어서 나오지 못한다고 했다.

18일 맑음. 그대로 그곳에 눌러 머물렀다. 임치 첨사가 왔다.

19일 맑음. 일찍 떠나 칠산도를 건너는데, 바람이 순하고 하늘은 맑아

---

1 '포浦' 자 앞의 글자가 빠져 있다.

서 배를 부리기가 아주 좋았다. 법성포 선창에 이르니 적이 벌써 침범해 들어와서 인가에 불을 지르기도 했다. 해질 무렵 홍룡곶으로 돌아가서 바다 가운데서 잤다.

20일 맑고 바람도 순조로웠다. 배를 몰아 고참도古參島에 이르니 피란민들이 무수히 배를 대고 있었다. 이광보와 이지화 부자가 왔다.

21일 맑음. 새벽에 나서서 고군산도古群山島에 이르니 호남 순찰사 박홍로는 내가 왔다는 소식을 듣고서 배를 타고 옥구沃溝로 갔다는 것이다.

22일 맑음.

23일 맑음.

24일 맑음.

25일 맑음.

26일 맑음. 이날 밤에는 원기가 부족해 땀이 흘러 온몸을 적셨다.

27일 맑음. 크게 이긴 것을 보고하는 장계를 가지고 송한이 배를 타고 올라갔다. 정제도 충청 수사에게 군령을 전하기 위해 떠났다. 몸이 불편해 밤새 신음했다.

28일 맑음. 송한과 정제가 바람에 막혀 되돌아왔다.

29일 맑음. 송한 등이 바람이 순조로워 떠나갔다.

10월

1일 맑음

2일 맑음. 아들 회가 집안사람들의 생사를 알아보러 올라갔다. 홀로 배
위에 앉으니 심기가 천만 갈래였다.

3일 맑음. 새벽에 배를 띄워 변산을 거쳐 곧바로 법성포로 내려가는데
바람이 부드러워 따뜻하기가 마치 봄날 같았다. 저물어서 법성포
선창 앞에 이르렀다.

4일 맑음.

5일 맑음.

6일 흐리고 비가 오다가 눈이 내리기도 했다.

7일 구름이 걷히지 않고 비가 오다 개다 했다.

8일 맑고 바람도 순해지는 것 같았다. 새벽에…….

정유년

2

丁酉年

1597년, 선조 30

8월

5일 맑음. ……거느리고 온 군사를 인계할 곳이 없다고 하면서, 압록원에 이르러 병사가 경솔히 퇴각한 것을 원망하는 것이었다. 점심 후에 곡성현에 이르니 고을이 온통…… 말 먹일 것도 구하기 어려웠다. 눌러 잤다.[1]

6일 맑음. 아침을 먹은 뒤에 길을 떠나 옥과 경계에 이르니 순천과 낙안의 피란민들로 길이 가득 찼으며 남녀가 서로 부축하고 가는데 그 모습은 차마 볼 수 없었다. 그들은 울면서 "사또가 다시 오셨으니 이제는 우리가 살았다"고 했다. 길옆에 큰 홰나무가 있기에 앉아서 말을 쉬게 했다. 순천 이기남이 와서 어디서 죽을지 모르겠다고 했다. 옥과현에 이르니 수령은 병을 핑계로 나오지 않았다. 정사준과 정사립이 먼저 와서 관아 문 앞에서 기다리고 있었고, 조응복과 양동립도 나를 따라 이곳으로 왔다. 병을 핑계로 나오지 않은 수령 홍요좌를 붙잡아 곤장을 치려고 했는데 수령이 미리 의도를 알아채고 급히 나왔다.

7일 맑음. 일찍 출발해 바로 순천으로 향하는 도중, 고을을 10리쯤 남

---

1 '……' 부분의 글자가 빠져 있다.

겨 둔 길에서 임금의 분부를 받들고 오는 선전관 원집을 만났다. 길옆에 앉아서 보니, 병사가 거느렸던 군사가 모두 뿔뿔이 흩어졌다고 한다. 이날 닭이 울 무렵에 송대립이 순천 등지로 가서 적의 정세를 정찰해 왔다. 석곡강정石谷江亭에서 잤다.

8일 맑음. 새벽에 출발하여 바로 부유富有로 오다가 중도에서 이형립을 병사에게 보냈다. 부유에 이르니, 병사 이복남이 벌써 부하들을 시켜 불을 질렀기 때문에 재만 남아 있어 보기에 참연했다. 점심 식사 후에 구치에 이르니 조방장 배경남, 나주 판관 원종의, 광양 현감 구덕령이 복병한 곳에 있었다. 저물어 순천부에 이르니 관청과 창고는 그대로였지만 병기 등을 병사가 처치하지 않은 채 달아나 버렸으니, 실로 놀라운 일이었다. 상동 땅에 들어가니 사방이 적막한데, 오직 혜희라는 중이 와서 인사할 뿐이므로 그에게 승병의 직첩을 주었다. 병기 중 장편전은 군관들에게 져 나르도록 하고 총통같이 운반하기가 어려운 것들은 땅에 깊이 묻고 표를 세워 두라고 했다. 그대로 머물러 이곳 상방上房에서 잤다.

9일 일찍 출발해 낙안에 이르니 관청과 창고, 병기들이 모두 타 버렸다. 관리와 백성들도 눈물을 흘리지 않고 말하는 이가 없었다. 이윽고 순천 부사 우치적과 김제 군수 고봉상이 산골에서 내려와 병사의 처지가 앞뒤가 안 맞고 뒤죽박죽임을 말하면서, 하는 짓을 보면 패망할 것이 뻔하다고 했다. 점심 식사 후에 길을 떠나 10리쯤 오니 노인들이 길가에 늘어서서 다투어 술을 바치는데, 받지 않으면 울면서 강제로 권하였다. 저녁에 보성 조양창兆陽倉에 이르니 사람은 한 명도 없고 창고의 곡식은 봉한 채 그대로였다. 군관 4명을 시켜 맡아서 지키게 하고 김안도의 집에서 잤다. 그 집 주인은 벌써 피란 가고 없었다.

10일 맑음. 몸이 몹시 불편해 그대로 머물렀다. 배 동지도 함께 묵었다.

11일 맑음. 아침에 박곡樸谷 양산항의 집으로 옮겼다. 이 집 주인도 이미 바다로 피란 갔고, 곡식은 가득 쌓여 있었다. 늦게 송희립과 최대성이 방문했다.

12일 맑음. 아침에 장계 초고를 수정했다. 늦게 거제, 발포가 들어와 명령을 들었다. 그 편에 배설이 겁내 하던 꼴을 들으니 괘씸함을 이기지 못하겠다. 권세 있는 사람들에게 아첨이나 일삼아 감당치 못할 지위에까지 올라가서 국가의 일을 크게 그르쳤건만, 조정에서는 제대로 살피지를 못하고 있으니 어찌하랴, 어찌하랴. 보성 수령이 왔다.

13일 맑음. 거제 현령 안위와 발포 만호 소계남이 인사하고 돌아갔다. 우후 이몽구가 전령을 받고 들어왔는데, 본영(전라 좌수영)의 군기와 군량을 하나도 옮겨 싣지 않은 일로 곤장 80대를 때려 보냈다. 하동 현감 신진이 와서 "3일에 장군이 떠나간 후 진주의 정개산성과 벽견산성의 군사들도 모두 흩어져 버려 내 손으로 불질러 버렸다"고 했다. 통탄할 일이다.

14일 맑음. 아침에 각 항의 장계 7통을 봉해 윤선각을 시켜 가지고 가게 했다. 저녁에 어사 임몽정과 만나기 위해 보성군에 이르렀다. 이날 밤에 큰 비가 왔다. 열선루에서 잤다.

15일 비가 계속 내리다가 늦게 갰다. 선전관 박천봉이 임금의 분부를 가지고 왔는데, 8월 7일에 작성된 것이었다. 잘 받았다는 장계를 만들었다. 과음으로 잠들지 못했다.

16일 맑음. 선전관 박천봉이 돌아갔다. 활 만드는 이지와 태귀생이 방문했다. 선의와 대남도 왔다. 김희방과 김붕만이 뒤쫓아 왔다.

17일 맑음. 이른 새벽에 길을 떠나 백사정에 이르러 말을 쉬도록 하고 군영구미에 이르니 경내가 벌써 무인지경이다. 수사 배설이 탈 배를 보내지 않았다. 많은 군량을 훔쳐 다른 곳으로 가져간 장흥 사람을 붙들어다가 곤장을 때렸다. 날이 이미 저물어서 그대로 머물러 잤다. 배설이 약속을 어긴 것이 괘씸했다.

18일 맑음. 늦은 아침에 바로 회령포에 간즉, 배설이 멀미를 핑계로 나오지 않았다. 다른 장수들은 보았다.

19일 맑음. 여러 장수들에게 교서와 유서에 숙배하게 했는데, 배설은 하지 않았다. 그 오만한 태도가 말할 수 없기에 이방吏房과 영리營吏를 붙들어다가 곤장을 때렸다. 회령포 만호 민정붕은 위덕의 등에게 술과 음식을 얻어먹고 전투선을 사사로이 내준 까닭에 곤장 20대를 때렸다.

20일 맑음. 포구가 좁아서 이진 아래 창사로 진을 옮겼는데, 몸이 몹시 불편해 음식도 먹지 않고 앓았다.

21일 맑음. 새벽 2시쯤 복통이 일어났다. 몸을 차게 한 까닭인가 싶어 소주를 마셔서 치료하려 했다가 그만 인사불성이 되어 깨어나지 못할 뻔하였다. 토하기를 10여 차례나 하고 밤새도록 고통스러웠다.

22일 맑음. 복통으로 인사불성. 용변도 보지 못했다.

23일 맑음. 병세가 몹시 위중해서 배에서 거처하기가 불편했다. 전쟁 상황도 아닌지라 배에서 내려 포구 밖에서 잤다.

24일 맑음. 아침에 괘도포에 이르러 밥을 먹고 낮에 어란 앞바다로 왔다. 곳곳마다 텅텅 비었다. 바다 한가운데서 잤다.

25일 맑음. 그대로 머물러 있었다. 아침을 먹을 때, 당포의 어부가 피란민의 소 두 마리를 훔쳐 먹으려고 저이 왔다고 거짓으로 외쳤다. 나는 이미 짐작하고 배를 굳게 맨 채 꼼짝도 하지 않으며 그자들을 잡아 오게 했더니, 역시 예상한 그대로였다. 이렇게 하여 군대는 안정시켰으나 배설은 이미 도망쳐 버렸다. 거짓말을 한 두 사람의 목을 베어 효시했다.

26일 맑음. 그대로 어란 바다에 머물렀다. 늦게 임준영이 말을 타고 와서 "적선이 이미 이진에 이르렀다"고 보고했다. 전라 우수사가 왔다. 배의 격군과 기구를 갖추지 못했으니 실로 놀랄 일이다.

27일 맑음. 그대로 머물렀다. 배설이 왔는데 두려워하는 빛이 역력했다. 그래서 내가 불쑥 말하기를 "수사는 어디 다른 곳으로 피해 갔던 것 아니냐?"고 했다.

28일 맑음. 새벽 6시경에 적선 8척이 갑자기 기습해 여러 배들이 겁을 먹고 두려워 물러가려고만 했다. 내가 조금도 동요하지 않고 깃발을 휘두르며 추격을 명령하니, 여러 배들은 피하지 못하고 적선을 뒤쫓아 갈두蝎頭까지 나갔다. 적선이 혼비백산하여 멀리 도주하기에 더는 뒤쫓지 않았다. 뒤따르던 왜선이 무려 50여 척이라고 했다. 저녁에는 장도獐嶋에 진을 쳤다.

29일 맑음. 아침에 벽파진으로 건너가 진을 쳤다.

30일 맑음. 그대로 벽파진에 머물면서 정찰병들을 각지로 나누어 보냈다. 배설은 장차 적이 많이 올 것을 걱정해 도망치려고 했다. 드러나지 않은 것을 먼저 발표하는 것은 장수로서 취할 태도가 아니므로 참고 있을 때 배설이 자신의 머슴 편에 소지所志(청원이 있을 때 관아에 내던 문서)를 냈는데, 병세가 위중해 조리를 하겠다는 것이었다. 육지로 올라가서 조리하라고 처결해 주었더니, 우수영에서 육지로 올라갔다.

9월

1일 맑음. 벽파정에 내려가 앉았다. 점세가 제주에서 소 5마리를 싣고 와서 바쳤다.

2일 맑음. 배설이 도망쳤다.

3일 아침에는 맑더니 저녁에는 비가 뿌렸다. 밤에는 북풍이 불었다.

4일 날이 맑았으나 북풍이 크게 불었다. 배들을 겨우 보전했다.

5일 맑음. 북풍이 크게 불었다.

6일 맑음. 바람은 다소 가라앉았으나 추위가 스며드니 적군들 때문에 걱정스럽다.

7일 맑음. 탐방 군관 임중형이 와서 보고하되 "적선 55척 중에 13척이 이미 어란포 앞바다에 와서 닿았는데, 아마도 그 목적이 우리 수군에 있는 것 같다"고 하므로, 여러 장수들에게 군령을 내려 재삼 단단히 타이르고 경계했다. 오후 4시경에 적선 12척이 과연 싸움을 걸어왔다. 우리 배들이 닻을 올리고 바다로 나가서 적선을 추격하자 적선은 뱃머리를 돌려 도망쳐 버렸다. 먼바다 밖까지 쫓아가다가 바람과 조수가 모두 역류이고, 또 복병선이 있을지도 몰라 더는 뒤쫓아 가지 않았다. 벽파정으로 돌아와서 여러 장수들을 불러 놓고 약속하되 "오늘 밤에는 반드시 적의 야습이 있을 것이니 모든 장수들은 미리 알아서 준비할 것이며, 조금이라도 군령을 어기는 일이 있으면 군법대로 시행하리라" 하고 재삼 경계한 뒤 헤어졌다. 밤 8시경 적이 과연 야습을 해 와 탄환을 많이 쏘며 덤벼들었다. 내가 탄 배가 바로 앞장을 서서 지자포를 쏘니 강산이 온통 흔들렸다. 적들도 감히 범할 수 없음을 알고 네 번씩이나 앞으로 나왔다가 물러갔다 하면서 화포만 요란스럽게 쏘다가 자정이 지나서는 아주 물러갔다.

8일 맑음. 여러 장수들을 불러서 대책을 토의했다. 우수사 김억추는 겨우 만호에나 맞을까 대장 재목은 못 되는 인물인데, 좌의정 김응남이 서로 가까운 사이라고 해서 억지로 임명해 보냈다. 이러하고서 어찌 조정에 사람이 있다고 할 수 있는가. 다만 때를 못 만난 것을 한탄할 뿐이다.

9일 맑음. 오늘은 9일 중양절이다. 일 년 중의 명절이므로 비록 상제 몸이지만 여러 장병들이야 먹지 않을 수 없어 제주에서 온 소 5마

330

리를 녹도 송여종과 안골포 두 만호에게 주어 장병들에게 먹이도록 지시했다. 늦게 적선 2척이 어란에서 감보도甫甫島로 와서 우리 수군의 수효를 정탐하려고 했다. 이에 영등 만호 조계종이 바짝 추격해서 뒤쫓자 적들은 당황해서 배에 실었던 모든 물건을 바다에 던져 버리고 달아났다.

10일 맑음. 적선이 모두 멀리 도망갔다.

11일 흐리고 비가 올 것 같았다. 홀로 배 위에 앉아서 어머님 그리운 생각에 눈물지었다. 천지간에 나 같은 사람이 또 어디 있으랴. 회는 내 심정을 알고 몹시 언짢아했다.

12일 온종일 비가 내렸다. 배 뜸 아래 앉아서 심회를 억제치 못했다.

13일 맑았지만 북풍이 크게 불어서 배가 안정될 수 없었다. 꿈이 이상했다. 임진년 승전할 때의 꿈과 거의 같았다. 이 무슨 징조일까.

14일 맑음. 북풍이 크게 불었다. 벽파정 맞은편에서 연기가 오르기에 배를 보내서 싣고 오니 바로 임준영이었다. 그가 정탐한 결과를 보고하기를 "적선 200여 척 가운데 55척이 먼저 어란으로 들어왔다"고 했다. 그리고 또 하는 말이 "포로로 잡혔다가 도망 온 김중걸이 전하는데, 중걸이 '이달 6일 달야의산達夜依散에서 왜적에게 붙잡혀 왜선에 실렸는데, 다행히 임진년에 포로가 된 김해 사람을 만나 왜장에게 빌어서 결박을 풀고 같은 배에서 지낼 수 있었다"고 했다. 그리고 한밤중에 왜놈들이 깊이 잠들었을 때 그 김해 사람이 귀에다 대고 은밀히 이야기하기를 "왜놈들이 모여서 의논하는 말들이 '조선 수군 10여 척이 우리 배를 추격해서 혹은 쏘아 죽이고 또 배를 불태웠으니 극히 통분한 일이다. 각처의 배를 불러 모아 합세해서 조선 수군을 섬멸해야 한다. 그런 뒤에 곧바로 서울로 올라가자'고 하더라"는 것이다. 이 말을 모두 믿을 수는 없으나, 그러지 않을 수도 없어 곧 전령선을 보내 피란민들을 타일러 육지로 올라가도록 했다.

15일 맑음. 조수潮水를 타고 여러 장수들을 거느리고 가 우수영 앞바다로 진을 옮겼다. 벽파정 뒤에 명량이 있는데, 적은 수의 수군으로는 명량을 등지고 진을 칠 수 없기 때문이었다. 여러 장수들을 불러 모아 약속하되 "병법에 이르기를 '죽으려고 하면 살고 살려고 하면 죽는다必死則生 必生則死' 하였고, 또 이르되 '한 사람이 길목을 지키면 천 명도 두렵게 할 수 있다一夫當逕 足懼千夫'는 말이 있는데, 이는 모두 오늘 우리를 두고 이른 말이다. 너희 여러 장수들이 조금이라도 명령을 어긴다면 군율대로 시행해서 작은 일일망정 용서치 않겠다"고 엄격히 말했다. 이날 밤 신인神人이 꿈에 나타나 가르쳐주기를 "이렇게 하면 크게 이기고, 이렇게 하면 진다"고 했다.

16일 맑음. 이른 아침에 특별 정찰 부대가 보고하기를 "수효를 알 수 없을 정도로 많은 적선이 명량을 거쳐 곧장 우리가 진 치고 있는 곳을 향해 들어온다"고 했다. 곧 여러 배에 명령하여 닻을 올리고 바다로 나가니 330여 척이 우리 배를 에워쌌다. 여러 장수들은 적은 군사로 많은 적을 대적하는 것이라 스스로 낙심하고 모두 도망할 꾀만 내는데, 우수사 김억추가 탄 배는 벌써 2마장 밖에 나가 있었다. 내가 노를 바삐 저어 앞으로 돌진하며 지자, 현자 등 각종 총통을 마구 쏘니 탄환이 마치 폭풍우처럼 쏟아졌다. 군관들이 배 위에 총 총히 들어서서 화살을 빗발처럼 쏘니, 적의 무리가 감히 대들지 못 하고 나왔다 물러갔다 했다. 그러나 우리 배가 여러 겹으로 둘러싸 여서 형세가 어찌 될지 알 수 없었으므로, 온 배에 있는 사람들은 서로 돌아다보며 안색이 질려 있었다. 나는 조용히 타이르되 "적선 이 비록 많다 해도 우리 배를 바로 침범하지는 못할 것이니, 조금 도 흔들리지 말고 다시 힘을 다해서 적을 쏘아라" 하고 명하였다. 여러 장수의 배를 돌아보니 먼바다로 물러가 있고, 배를 돌려 군령 을 내리려고 하니 적들이 더 대들 것 같아 나가지도 돌아서지도 못 할 형편이었다. 호각을 불어 중군中軍에게 군령을 내리는 기旗를 세 우라 지시하고 또 초요기招搖旗를 세웠더니, 중군장 미조항 첨사 김 응함의 배가 점점 내 배 가까이 다가왔는데 거제 현령 안위의 배는 그보다 먼저 다가왔다. 나는 배 위에 서서 친히 안위를 불러 "안위 야, 군법에 죽고 싶으냐? 네가 군법에 죽고 싶으냐? 도망간다고 어 디 가서 살 것이냐?" 하고 꾸짖었다. 안위도 황급히 적선 속으로 돌 입했다. 또 김응함을 불러서 "너는 중군이면서도 멀리 피하고 대장 을 구원하지 않으니 그 죄를 어찌 면할 것이냐? 당장 처형할 것이 로되, 지금은 적세가 급하므로 우선 공을 세우게 한다"고 꾸짖었 다. 그래서 두 배가 적진을 향해 앞서 나가자 적장이 탄 배가 휘하 의 배 2척에 지령하여 일시에 안위의 배에 개미가 붙듯 서로 먼저 올라가려 하니, 안위와 그 배에 탄 군사들이 사력을 다해서 혹은 모난 몽둥이로, 혹은 긴 창으로, 혹은 수마석水磨石 덩어리로 막았다. 배 위의 군사가 지쳐서 기진맥진하므로 나는 뱃머리를 돌려 바로 쫓아 들어가서 빗발치듯 마구 쏘아 댔다. 적선 3척이 거의 다 엎어지고 자빠졌을 때 녹도 만호 송여종과 평산포 대리장수 정응두의 배가 뒤쫓아 와서 협력하여, 적은 한 놈도 몸을 움직이지 못했다. 투항한 왜인 준사俊沙는 안골에 있는 적진으로부터 항복해 온 자인데, 내 배 위에 있다가 바다에 빠져 있는 적을 굽어보더니 그림 무늬 놓은 붉은 비단 옷을 입은 자가 바로 안골에 있던 적장 마다시 馬多時라고 말했다. 내가 무상無上(물 긷는 군사) 김돌손을 시켜 갈고리로 낚아 올린즉, 준사가 좋아 날뛰면서 "그래, 마다시다" 하고 말했다. 곧 명령하여 마다시의 시체를 토막 내 적에게 보이게 하니, 적의 기운이 크게 꺾였다. 적이 다시 범하지 못할 것을 알고 우리 배들이 일제히 북을 울리고 함성을 지르면서 쫓아 들어가 지자, 현자 총통을 쏘니 소리가 산천을 뒤흔들었다. 화살을 빗발처럼 쏘아 적선 31척을 깨뜨리자 적선이 퇴각하고 다시는 우리 수군 가까이에 오지 못했다. 싸움하던 바다에서 그대로 정박하고 싶었지만 물결도 몹시 험하고 바람도 역풍이라 형세 또한 위태롭고 외로워, 당사도로 옮겨서 밤을 지냈다. 이번 싸움은 참으로 천행이었다.

17일 맑음. 어외도에 이르니 무려 300여 척의 피란선이 먼저 와 있었다. 나주 진사 임선, 임환, 임업 등이 방문했다. 우리 수군이 크게 승전한 것을 알고 서로 다투어 치하하며, 양식들을 가지고 와서 군사들에게 주는 것이었다.

18일 맑음. 그대로 어외도에서 머물렀다. 내 배에 탔던 순천 감목관 김탁과 영노 계생이 탄환에 맞아 전사했고 박영남과 봉학, 강진 현감 이극신도 탄환에 맞았지만 중상은 아니었다.

19일 맑음. 일찍이 떠나 배를 탔다. 바람은 부드럽고 물결도 순해 무사히 칠산 바다를 건넜다. 저녁에 법성포에 이르니, 적들이 육지로 들어와 인가 곳곳에 불을 질렀다. 해질 무렵에 홍농 앞바다에 이르러 배를 대고 잤다.

20일 맑음. 새벽에 떠나 바로 위도에 이르니 피란선이 많이 있었다. 황득중과 종 금이를 보내서 종 윤금을 찾아보라 했더니, 과연 위도 밖에 있었으므로 묶어다가 배에 실었다. 이광축과 이광보가 보러 왔고 이지화 부자도 왔다. 해가 저물어 잤다.

21일 맑음. 일찍 떠나서 고군산도에 이르렀다. 호남 순찰이 내가 왔다는 말을 듣고 배를 타고 급히 옥구로 갔다고 한다. 늦게 광풍이 크게 불었다.

22일 맑았으나 북풍이 크게 불었다. 그대로 머물렀다. 나주 목사 배응경, 무장 수령 이람이 방문했다.

23일 맑음. 승첩勝捷(큰 승리)을 아뢰는 장계 초본을 수정했다. 정희열이 왔다.

24일 맑음. 몸이 불편해 신음했다. 김홍원이 방문했다.

25일 맑음. 이날 밤은 몸이 몹시 불편하고, 원기 부실로 땀이 흘러 온몸에 배었다.

26일 맑음. 몸이 불편해 종일 나가지 않았다.

27일 맑음. 송한, 김국, 배세춘 등이 승첩한 장계를 가지고 뱃길로 올라

갔다. 정제는 부찰사에게 보내는 공문을 가지고 충청 수사의 처소
로 함께 갔다.

28일 맑음. 송한과 정제가 바람에 막혀 돌아왔다.

29일 맑음. 장계와 정 판관(정제)이 다시 올라갔다.

10월

1일 맑음. 아들 회를 아산으로 보내서 제 어머니도 보고 집안 여러 사람
의 생사도 알아 오게 했다. 마음이 극히 심란해 편지를 쓸 수 없었
다. 병조의 역자驛子가 공문을 가지고 내려와서, 아산 집이 적들에
게 노략질당해 잿더미가 되어 남은 것이 없다고 전했다.[1]

2일 맑음. 아들 회가 배를 타고 올라갔는데 잘 갈지 모르겠다. 내 마음
을 어찌 다 말하랴.

3일 맑음. 새벽에 배를 띄워서 법성포로 돌아왔다.

4일 맑음. 그대로 법성포에서 머물게 되었다. 임선과 임업 등이 사로잡
혀 있다가 적에게 빌어 임치로 돌아와서 편지를 보냈다.

5일 맑음. 그대로 법성포에서 머물게 되어 마을 집으로 내려가서 잤다.

6일 흐리고 또 이따금 눈비가 흩뿌렸다.

---

1 명량해전에서 대패한 왜군은 그 분풀이로 아산 이순신의 본가에 불을 지르고 노략질을 했
으며, 그 과정에서 막내 아들 면이 죽음을 당했다.

7일 바람이 고르지 않고 비가 오다 개다 했다. 들으니 호남 안팎에 적의 자취가 없다고 한다.

8일 맑고 바람이 순했다. 배를 띄워서 어외도에 이르러 잤다.

9일 맑음. 일찍 떠나 우수영에 이르니, 성 안팎에 인가라고는 하나도 없고 또한 인적도 없어 보기에 참담할 뿐이다. 저녁에 들으니 흉측한 적들이 해남에 진을 쳤다고 한다. 날이 막 어두워질 무렵에 김종려와 정조, 백진남 등이 방문했다.

10일 새벽 2시경에 비가 뿌리고 북풍이 크게 불어서 배를 띄울 수 없어서 그대로 머물렀다. 밤 10시경에 중군장 김응함이 와서 "해남에 있는 적들이 많이 퇴각했다"고 전했다. 이희급의 부친이 적에게 사로잡혔다가 빌어서 놓여 왔다고 한다. 몸이 몹시 불편해 앉았다 누웠다 하면서 밤을 지새웠다. 우우후 이정충이 배에 왔으나 보지 않은 것은 도망쳐서 외도外島에 있었기 때문이다.

11일 맑음. 새벽 2시경에 바람이 자는 것 같아서 비로소 닻을 올리고 바다 가운데 이르러 정탐인 이순, 박담동, 박수환, 태귀생 등을 해남으로 보냈다. 해남에는 연기가 하늘을 뒤덮었다 하니 아마도 적의 무리가 달아나면서 불을 질렀을 것이리라. 낮에 안편도安便島에 이르렀는데 바람도 좋고 날씨도 화창했다. 배에서 내려 제일 높은 산봉우리에 올라가 배를 감추어 둘 만한 곳을 살펴보았다. 동쪽은 바로 앞에 섬이 있어서 멀리까지 바라볼 수 없으나, 북쪽으로는 나주와 영암의 월출산까지 통하였고, 서쪽으로는 비금도飛禽島까지 통하여 시야가 시원했다. 이윽고 중군장 김응함과 우치적이 올라오고 조효남, 안위, 우수가 잇따라 왔다. 날이 저물어 산에서 내려와 언덕에 앉았는데, 조계종이 와서 왜적의 정세를 말하고 또 왜적들이 수군을 몹시 겁낸다고 했다. 이희급의 부친이 와서 적에게 잡혔던 경위를 이야기하는데, 마음이 아파 견딜 수 없었다. 저녁에는 따뜻한 날씨가 마치 봄날 같아 아지랑이가 하늘에 아른거리고 비가 내릴 징조가 보였다. 초저녁에 달빛이 비단결 같아 홀로 뜸집에 앉아 있으니 회포가 만 갈래였다. 밤 10시경에 식은땀이 몸을 적셨다. 자정에 비가 내렸다. 이날 우수사가 군량선에 있는 사람을 붙들어다가 무릎을 몹시 때렸다고 한다. 놀라운 일이었다.

12일 비가 쫙쫙 내리다가 오후 2시쯤에 말짱히 갰다. 아침에 우수사가 제 하인의 무릎을 친 죄를 사과했다. 가리포 이응표, 장흥 전봉 등의 여러 장수가 와서 절하고 종일토록 이야기했다. 정찰선이 4일이 지나도록 오지 않으니 걱정스럽지만, 아마 생각건대 흉측한 적들이 멀리 도망치는 것을 보고 그 뒤를 쫓아가느라고 돌아오지 않는 것이리라. 그대로 발음도에 머물렀다.

13일 맑음. 아침에 조방장 배흥립과 경상 우후 이의득이 방문했다. 이윽고 정찰선이 임준영을 싣고 왔다. 그 편에 적의 정세를 들으니 "해남으로 들어와 웅거했던 적들이 10일에 우리 수군이 내려오는 것을 보고 11일에 모두 도망쳤는데, 해남 향리 송언봉과 신용 등이 적진 속으로 들어가 왜놈을 꾀어 내어 지방 사람들을 많이 죽였다" 하니 통분함을 이길 수가 없다. 그래서 곧 순천 부사 우치적, 금갑 만호 이정표, 제포 만호 주의수, 당포 만호 안이명, 조라 만호 정공

청과 군관 임계형, 정상명, 봉좌, 태귀생, 박수환 등을 해남으로 급히 보냈다. 늦게 언덕으로 내려가 앉아 배 조방장과 장흥 부사 전봉 등과 함께 이야기했다. 이날 우수영 우후 이정충이 뒤떨어진 죄를 다스렸다. 우수사의 군관 배영수가 와서 보고하기를 "수사의 부친이 바깥 바다에서 살아 돌아왔다"고 했다. 이날 새벽꿈에 우의정을 만나 조용히 이야기했다. 낮에 들으니 선전관 네 명이 법성포에 내려와 댔다고 한다. 저녁때 중군 김응함에게 들으니 "섬 안의 누구인지 모르나 산골에 숨어서 소와 말을 잡아 죽인다"고 하므로 황득중과 오수 등을 보내 수색케 했다. 이날 밤, 달빛은 비단결 같고 바람 한 점 없는데, 혼자 뱃전에 앉아 있으려니 심회를 달랠 길이 없었다. 뒤척이다 밤새도록 잠을 이루지 못한 채 하늘을 우러러 탄식할 따름이었다.

14일 맑음. 새벽 2시쯤 꿈을 꾸었는데 내가 말을 타고 언덕 위를 가다가 말이 발을 헛디뎌 냇물 가운데 떨어지긴 했으나 거꾸러지지 않았는데, 끝에 아들 면이 엎드려 나를 감싸 안는 것 같은 형상을 보고 깨었다. 무슨 조짐인지 모르겠다. 늦게 배 조방장과 우후 이의득이 방문했다. 배 조방장의 종이 경상도에서 와서 적의 정세를 전했다. 황득중이 들어와서 보고하기를 "내수사內需司의 종 강막지가 소를 많이 치기 때문에 12마리를 끌어간 것이라"고 했다. 저녁때 천안에서 온 어떤 사람이 편지를 전하는데 미처 봉함을 뜯기도 전에 뼈와 살이 먼저 떨리고 정신이 혼미해졌다. 겉봉을 대강 뜯고 둘째 아들 열의 글씨를 보니 겉면에 "통곡" 두자가 씌어 있어 면의 전사를 알고 간담이 떨어져 목 놓아 통곡했다. 하늘이 어찌 이다지도 인자하지 못하신고. 간담이 타고 찢어지는 듯하다. 내가 죽고 네가 사는 것이 이치에 마땅하거늘, 네가 죽고 내가 살았으니 이런 어긋난 일이 어디 있을 것이냐. 천지가 캄캄하고 해조차도 그 빛이 변했구나. 슬프고 슬프다. 내 아들아, 나를 버리고 너는 어디로 갔느냐. 남달리 영특하기에 하늘이 이 세상에 머물러 두지 않는 것이냐. 내가 지은 죄 때문에 앙화가 네 몸에 미친 것이냐. 내 이제 세상에 목숨을 부지한들 누구에게 의지할 것이냐. 너를 따라 함께 죽어 지하에서 같이 지내고 같이 울고 싶건만 네 형, 네 누이, 네 어미가 의지할 곳 없으니 아직은 참고 연명이야 한다마는 내 마음은 이미 죽고 형상만 남아 있어 울부짖을 뿐이다. 하룻밤을 지내기가 길고 길어 1년 같구나. 밤 9시경에 비가 내렸다.

15일 종일 바람과 비. 누웠다 앉았다 하면서 종일 뒹굴었다. 여러 장수들이 위문하러 오나 내 어찌 얼굴을 들고 대하랴. 임홍, 임중형, 박신 등이 적세를 정탐하기 위해 작은 배를 타고 흥양과 순천 앞바다로 나갔다.

16일 맑음. 우수사와 미조항 첨사 김응함을 해남으로 보냈다. 해남 수령 유형도 보냈다. 내일이 막내아들의 부음을 들은 지 꼭 4일째 되는 날인데, 마음 놓고 울지도 못했으므로 수영에 있는 염한鹽干[1] 강

---

1 섬이나 연해의 주, 군에서 소금을 굽는 일에 종사하는 사람. 이들은 인근에 설치된 소금창고에 일정한 양의 소금을 세금으로 내야 했다.

막지의 집으로 갔다. 밤 10시에 순천 부사 우치적, 우후 이정충, 금갑 이정표, 제포 주의수 등이 해남에서 돌아왔는데, 왜적 13명과 적진에 투항해 들어갔던 송언봉 등의 머리를 베어 왔다.

17일 맑았으나 종일 큰 바람이 불었다. 새벽에 향을 피우고 곡하였으며, 흰 띠를 매었다. 이 비통함을 어찌 참으랴. 우수사가 방문했다.

18일 맑고 바람도 자는 것 같았다. 우수사는 배를 부릴 수가 없어서 바깥 바다에서 잤다. 강막지가 왔다. 임계형, 임준영 등이 들어왔다. 자정에 꿈을 꾸었다.

19일 맑음. 새벽에 고향집의 종 진이 내려왔기에 죽은 아들을 생각해 통곡하는 꿈을 꾼 듯하다. 늦게 조방장과 경상 우후가 방문했다. 진사 백진남, 임계형이 방문했다. 김신웅의 아내, 이인세, 정억부를 붙잡아 왔다. 거제, 안골포, 녹도, 웅천 김충민, 제포, 조라포, 당포, 우우후가 방문하여 적을 잡았다는 공문을 가져와서 바쳤다. 윤건 형제들이 적에게 붙었던 자 2명을 붙잡아 왔다. 어두울 무렵에 코피를 한 되 남짓 흘렸다. 밤에 앉아서 생각하며 눈물지었다. 어찌 다 말하랴. 이제는 영령이라 불효가 여기까지 이를 줄을 어찌 알았으랴. 가슴이 찢어지는 듯한 비통한 마음을 누를 수가 없다.

20일 맑고 바람도 잤다. 이른 아침에 미조항 첨사, 해남, 강진 현감이 해남의 군량을 운반할 일로 돌아간다고 아뢰고, 또 안골 만호 우수도 돌아간다고 아뢰었다. 늦게 김종려, 정수, 백진남이 와서 윤지눌의 고약한 짓을 말했다. 김종려를 소음도 등 13개 섬 염장鹽場(염전)의 감자도감검監煮都監檢(감독 검사관)으로 정해 보냈다. 영속隸屬[1] 사화土化의 모친이 배 안에서 죽었다고 하기에 곧 매장하도록 군관에게 일렀다. 남도포 강응포, 여도 김인영 두 만호가 방문했다가 돌아갔다.

21일 새벽 2시께 비가 오다 눈이 오다 했다. 바람이 몹시 차가운지라 뱃사람들이 떨 것이 염려되어 마음을 안정시킬 수 없었다. 오전 8시부터는 바람과 눈이 크게 일었다. 정상명이 와서 보고하기를 "무안 현감 남언상이 들어왔다"고 한다. 남언상은 본래 수군에 소속된 관원인데, 제 몸만 보존하려는 계책으로 수군에 오지 않고 몸을 산골에 숨긴 지 달포가 넘었다. 그런데 이제 적이 물러간 뒤에야 무거운 벌을 받을까 겁내어 비로소 나타나니, 그 하는 짓이 극히 해괴하다. 늦게 가리포와 배 조방장, 우후 등이 와서 절했다. 종일 바람이 불고 눈이 내렸다. 장흥이 와서 잤다.

22일 아침에 눈이 내리고 늦게 갰다. 장흥과 아침을 같이 먹었다. 오후에 군기직장軍器直長(군의 기물을 다루는 하급 벼슬) 선기룡 등 3명이 유지와 의정부의 방문榜文을 가지고 왔다. 해남 현감 유형이 적에게 붙었던 윤해, 김언경을 결박해 올려 보냈으므로, 나장들 있는 곳에 단단히 가두어 두라고 일렀다. 무안 현감 남언상은 가리포 전투선에 가두었다. 우수사가 황원黃原에서 와서 김득남을 처형했다고 했다. 진사 백진남이 방문했다가 돌아갔다.

---

1 각 군영이나 영명營名이 있는 관아에 속한 영리와 영노 등을 이르던 말.

23일 맑음. 늦게 김종려와 정수가 왔다. 조방장 배경남과 우후 이의득, 우우후 이정충도 왔다. 적량赤梁, 영등 만호 조계종도 뒤따라 왔다 가 저녁에 돌아갔다. 이날 낮에 윤해와 김언경을 처형했다. 대장장 이 허막동을 나주로 보내려고 밤 9시경에 종을 시켜 부른즉, 배가 아프다고 했다. 전마戰馬의 편자를 고쳤다.

24일 맑음. 해남에 있던 왜의 군량 322섬을 실어 왔다. 초저녁에 선전 관 하응서가 유지를 가지고 들어왔는데, 그것은 우후 이몽구를 처 형하라는 것이었다. 그 편에 들으니, 명나라 수군이 강화에 도착했 다고 한다. 밤 10시경에 땀이 나서 등을 적셨는데 자정에야 그쳤 다. 새벽 3시경에 또 선전관과 금부도사가 도착했다고 한다. 날이 훤히 밝은 후에 들어왔는데, 선전관은 권길이고 금부도사는 훈련 주부主簿 홍지수였다. 무안 수령과 목포 방수경, 다경포 만호 윤승 남 등을 잡으러 온 것이다.

25일 맑음. 몸이 몹시 불편했다. 윤연이 부안에서 왔다. 배를 타고 아산 에서 온 종 순화에게서 집안 편지를 받아 보았다. 심회가 편치 못 해 뒤척거리며 혼자 앉아 있었다. 초저녁에 선전관 박희무가 유지 를 가지고 왔는데, 명나라 수군의 배가 정박하기 적합한 곳을 물색 해서 곧 장계하라는 것이었다. 양희우가 장계를 가지고 서울로 갔 다가 돌아왔다. 충청 우후 원유남이 편지와 함께 홍시 한 접을 보 내왔다.

26일 새벽에 비가 뿌렸다. 조방장들이 와서 보았다. 김종려, 백진남, 정 수 등도 방문했다. 이날 밤 식은땀이 온몸을 적셨다. 온돌이 너무 더웠던 까닭이다.

27일 맑음. 영광 군수 전협의 아들 전득우가 군관이 되어 인사하러 왔으나 곧 부친이 있는 곳으로 돌려보냈다. 홍시 100개를 가지고 왔다. 밤에 비가 뿌렸다.

28일 맑음. 아침에 여러 가지 장계를 봉해 피은세에게 보냈다. 늦게 강막지의 집에서 지휘선으로 옮겨 탔다. 저녁에 염장의 도서원都書員[1] 걸산이 큰 사슴을 잡아 바치기에 군관들에게 내주어 나눠 먹게 했다. 밤에는 바람 한 점 없었다.

29일 맑음. 새벽 2시에 첫 나발을 불어 배를 띄우고 목포로 향했다. 비와 우박이 섞여 내리고 동풍이 조금 불었다. 목포에 이르러 보화도에 옮겨 댔는데, 서북풍을 능히 막음직하고 배를 감추기에 아주 적합했다. 그래서 육지로 내려 섬 안을 두루 돌아보니 지형이 아주 좋으므로, 진에 머무르고 집 지을 계획을 세웠다.

30일 맑으나 동풍이 불고 비 올 기세가 많았다. 아침에 집 지을 곳에 내려가 앉으니 여러 장수들이 방문했다. 해남 수령 유형도 와서 적에게 붙었던 자들의 짓을 전했다. 일찍 황득중을 시켜 목수를 데리고 섬 북쪽 산 밑에 가서 집 지을 재목을 찍어 오게 했다. 늦게 적에게 붙었던 해남의 정은부와 김신웅의 계집 등, 왜놈에게 지시하여 사람을 죽인 두 명과 선비의 집 처녀를 강간한 김애남을 모두 목 베어

---

1 군현에서 징세 업무를 담당하는 자들을 '서원'이라고 했으며, 이들을 감독하는 이를 '도서원'이라고 했다.

효시했다. 저녁때 도양장의 벌레 먹은 곡식을 멋대로 나누어 준 일로 양밀에게 곤장 60대를 때렸다.

11월

1일 비. 아침에 사슴 털가죽 두 장이 물에 떠내려왔으므로 명나라 장수에게 보내기로 했다. 이상한 일이다. 오후 2시께 비는 갰으나 북풍이 크게 불어 뱃사람들이 추위에 괴로워했다. 나도 웅크리고 배 밑방에 앉아 있었더니 심기가 편치 않아서 하루가 1년 같았다. 비통함을 어찌 다 말하랴. 저녁에 북풍이 크게 불어 밤새도록 배가 흔들려 안정할 수 없었다. 땀이 나 온몸을 적셨다.

2일 흐렸지만 비는 오지 않았다. 일찍 들으니, 우수사의 전투선이 바람에 떠내려가다가 바위에 걸려 깨졌다고 한다. 분한 일이었다. 병선 군관 당언량에게 곤장 80대를 쳤다. 선창에 내려앉아 다리 놓는 것을 감독했다. 그길로 새 집 짓는 곳으로 올라갔다가 어두워서 배로 내려왔다.

3일 맑음. 일찍 새 집 짓는 곳으로 올라가니 선전관 이길원이 배설을 처단할 일로 들어왔다. 배설은 이미 성주 본가로 갔는데 선전관은 곧장 이리로 왔으니, 사정을 봐 주는 죄가 크다. 녹도의 배로 보냈다.

4일 맑음. 일찍 새 집 짓는 곳으로 올라갔다. 이길원이 머물렀다. 진도 군수 선의문이 왔다.

5일 맑고 따뜻하기가 봄날 같았다. 일찍 새 집 짓는 곳으로 올라갔다가 해가 저물어 배로 내려왔다. 영암 군수 이종성이 와서 밥 30말을 지어 일꾼들을 먹이고, 또 말하되 군량미 200섬과 벼 700섬을 준비했다는 것이다. 이날 보성과 흥양을 시켜 군량 창고 짓는 것을 살피게 했다.

6일 맑음. 일찍 새 집 짓는 곳으로 올라가서 종일 거닐며 해가 지는 줄도 몰랐다. 새 집 지붕을 이고 군량 창고도 세웠다. 전라 우수사 우후는 나무를 찍어 올 일로 황원장으로 갔다.

7일 맑고 따뜻했다. 아침에 해남 의병이 왜인의 머리 1급과 환도 한 자루를 가져와 바쳤다. 이종호와 당언국을 잡아왔기에 거제 배에 가두었다. 늦게 전 홍산 수령 윤영현과 생원 최집이 방문하여 군량 벼 40섬과 쌀 8섬을 바쳤다. 며칠 동안의 양식으로 도움이 될 만했다. 본영 박주생이 왜인의 머리 2급을 베어 왔다. 전 현감 김응인이 방문했다. 이대진의 아들 순생이 윤영현을 따라왔다. 저녁에 새 집의 마루를 놓았다. 여러 수사들이 방문했다. 이날 자정께 면이 죽는 꿈을 꾸고 슬피 울었다. 진도 군수가 돌아갔다.

8일 맑음. 새벽 2시경 꿈속에서 물에 들어가 고기를 잡았다. 이날은 날씨가 따뜻하고 바람도 없었다. 새 방 벽에 흙을 발랐다. 이중화, 이지화 부자가 방문했다. 마루를 만들었다.

9일 맑고 따뜻하기가 마치 봄날 같았다. 우수사가 방문했다. 강진 수령 송상보가 고을로 돌아갔다.

10일 눈비가 섞여 내리고 서북풍이 크게 불어서 간신히 배를 건넜다.

346

이정충이 와서 장흥에 있던 적들이 달아났다고 했다.

11일 맑고 바람도 많이 약해졌다. 식사 후에 새 집에 올라가니 새로 부임한 평산 만호가 임명장을 바쳤다. 그는 하동 수령 신진의 형 신훤이다. 전하는 말이 숭정崇政으로 가자加資[1] 하는 것이 이미 발행되었다고 한다. 장흥과 조방장 배흥립이 방문했다. 저녁에 우후 이정충이 왔다가 오후 8시쯤 돌아갔다.

12일 맑음. 이날 늦게 영암, 나주 사람들에게 타작을 못하게 한 사람들을 잡아 왔기에 주모자를 가려 처형하고 남은 4명은 각 배에 가두었다.

13일 맑음.

14일 맑음. 해남 수령 유형이 와서 윤단중의 무리한 일을 많이 전했다. 또 말하기를 "해남의 아전이 법성포로 피란 갔다가 돌아올 때 바람을 만나 배가 전복되었는데, 바다 가운데서 만났을 때 구조는커녕 오히려 배 안의 물건을 빼앗아 갔다"는 것이었다. 이에 중군 배에 가두었다. 또 김인수는 경상도 수영 배에 가두었다. 내일은 돌아가신 아버지의 제삿날이니 밖에 나가지 말아야겠다.

15일 맑고 따뜻해 마치 봄날 같았다. 식사 후에 새 집으로 올라갔다. 늦게 임환과 윤영현이 방문했다. 밤에 송한이 서울에서 들어왔다.

16일 맑음. 아침에 조방장과 장흥 부사 전봉 그리고 진중에 있는 여러

---

1 관원들의 임기가 찼거나 근무 성적이 좋은 경우 품계를 올려 주던 일. 왕의 즉위나 왕자의 탄생과 같이 나라에 경사스러운 일이 있거나 반란을 평정하는 일이 있을 때 주로 행했다.

장수들이 방문했다. 개인별 전공조사기록을 보니 거제 현령 안위가 통정通政이 되고 그 나머지도 차례로 벼슬을 받았으며, 내게는 은자銀子 20냥을 상금으로 보냈다. 명나라 장수 경리經理 양호楊鎬가 붉은 비단 한 필을 보내면서 "배에다 괘홍掛紅하는 예식을 올리고 싶으나 길이 멀어서 가지 못한다"고 했다. 영의정 유성룡의 답장도 왔다.

17일 비. 양 경리의 차관이 소유문招諭文(적이나 적에게 붙었던 사람들을 용서하는 문서)과 면사첩免死帖(사형을 면해 주는 문서)을 가지고 왔다.

18일 맑고 따뜻하기가 마치 봄날 같았다. 윤영현이 방문했고, 정한기도 왔다. 몸에서 땀이 났다.

19일 흐림. 배 조방장과 장흥이 방문했다.

20일 비바람. 임준영이 와서 완도를 정탐해 보니 적의 배가 없다고 전했다.

21일 맑음. 송응기 등이 산역군山役軍(시체를 묻고 묘를 만드는 일을 하는 군인)을 데리고 해남의 소나무 있는 곳으로 갔다. 밤에 순생이 와서 잤다.

22일 흐리다 개다 했다. 저녁에 김애가 아산에서 돌아왔다. 그는 임금의 유지를 가지고 온 사람으로, 이달 10일 아산 집에 들러서 편지를 가져온 것이다. 밤에 비와 눈이 내리고 바람도 크게 불었다. 장흥에 있던 적이 20일에 달아났다는 보고가 왔다.

23일 바람이 크게 불고 눈도 많이 내렸다. 이날 승첩한 장계를 썼다. 저녁에 얼음이 얼었다고 했다. 아산 집에 편지를 쓰자니 죽은 아들이 생각나서 눈물을 거둘 수가 없었다.

24일 비와 눈이 내렸다. 서북풍이 계속 불었다.

25일 눈.

26일 비와 눈이 내렸다. 추위가 갑절이나 혹독해졌다.

27일 맑음. 장흥의 승첩 장계를 수정했다.

28일 장계를 봉했다. 무안에 사는 진사 김덕수가 군량 벼 15섬을 가져와 바쳤다.

29일 맑음. 마 유격游擊(명나라 장수 마귀麻貴)의 차관 왕재王才가 수로水路로 명나라 군대가 내려온다고 전했다. 전희광과 정황수가 오고 무안 현감도 왔다.

12월

1일 맑고 따뜻했다. 아침에 경상 수사 이입부가 진중에 왔으나, 배가 아파서 늦게 수사를 보고 함께 이야기하며 종일 대책을 의논했다.

2일 맑음. 날씨가 매우 따뜻하여 마치 봄날 같았다. 영암 향병장鄕兵將(지역 사람으로 조직한 군대의 대장) 유장춘이 적을 토벌한 사연을 보고하지 않았으므로 곤장 50대를 때렸다. 윤홍산(윤영현), 김종려, 백진남, 정수 등이 방문했다. 오후 10시쯤 땀이 배었다. 북풍이 크게 불었다.

3일 맑지만 바람이 크게 불었다. 몸이 편치 않았다. 경상 수사가 방문했다.

4일 맑지만 몹시 추웠다. 늦게 김윤명에게 곤장 40대를 쳤다. 장흥 교생

校生 기업基業에게 군량을 훔쳐 실은 죄로 곤장을 쳤다. 거제, 금갑도, 천성이 타작하는 데서 돌아왔다. 무안과 전희광 등도 돌아왔다.

5일 맑음. 아침에 공을 세운 여러 장수들에게 상품과 직첩職帖(벼슬아치의 임명장)을 나누어 주었다. 김돌손이 봉학을 거느리고 함평으로 갔다. 보자기 수색을 책임진 정응남이 새로 만드는 배를 검열할 일로 점세를 데리고 함께 진도로 떠났다. 해남의 독동을 처형했다. 전익산 군수 고종후, 김억창, 광주 박지, 무안 니덕명 등이 왔다. 도원수의 군관이 유지를 가지고 왔는데 "이번에 선전관에게 들으니, 통제사 이순신이 아직도 상제의 예법대로만 지키고[1] 방편을 따르지 않아 다른 여러 장수들이 민망히 여긴다고 하니, 사정은 간절하지만 국사가 한창 바쁘고 옛사람의 말에도 전쟁에 나가 용맹이 없으면 효가 아니라 했으며 전쟁에 나가 용감하다는 것은 소찬素饌(고기나 생선이 들어 있지 않은 반찬)이나 먹어서 기력이 약한 자로서는 능히 하지 못하는 일이라. 『예기禮記』에도 원칙을 지키는 경經이 있고 방편을 따르는 권權이 있어서 꼭 원칙대로만 지킬 수는 없는 것이니, 경卿은 내 뜻을 생각해 소찬 먹는 것을 치우고 방편을 따르도록 하라"는 것이었다. 밀지와 아울러 고기반찬을 하사하셨으니 한층 감개무량했다. 해남의 강간·약탈한 죄인들을 함평이 자세히 심문했다.

---

1 이순신이 모친상 중에 있는 상주로서 유교의 예법에 따라 육식을 하지 않음을 말한다. 부모상을 당한 자는 삼년상을 치를 동안 기름진 음식을 피하고 채소류의 거친 음식을 먹었다. 이에 왕이 전쟁을 하는 위급한 상황이니 그에 맞는 대처를 하라고 이르는 것이다.

6일 나덕준, 정대청의 아우 응청이 방문했다.

7일 맑음.

8일 맑음.

9일 맑음. 종 목년이 들어왔다.

10일 맑음. 해, 열과 진원이 윤간, 이언량과 함께 들어왔다. 배 만드는 곳에 나가 앉아 있었다.

11일 맑음. 경상 수사 이순신과 조방장 배흥립이 방문했으며, 우수사 이시언도 왔다.

12일 맑음.

13일 간간이 눈이 내렸다.

14일 맑음.

15일 맑음.

16일 맑다가 늦게 눈이 내렸다.

17일 눈과 바람이 섞여 내려 날씨가 차가웠다. 조카 해와 작별했다.

18일 눈이 내렸다. 새벽에 조카 해는 어제 취한 술이 채 깨기도 전에 배를 띄워 떠났다. 마음이 편치 못했다.

19일 종일 눈이 내렸다.

20일 진원의 어머니와 윤간이 올라갔다. 우후가 교서에 숙배했다.

21일 눈이 내렸다. 아침에 홍산 수령 윤영현이 목포에서 방문했고, 늦게 배 조방장과 경상 수사가 왔다가 만취하여 돌아갔다.

22일 비와 눈이 섞여 내렸다. 함평 현감 손경지가 들어왔다.

23일 눈이 세 치나 쌓였다. 순찰사 황신이 진에 온다는 기별이 먼저 왔다.

24일 눈이 오다 개다 했다. 아침에 이종호를 순찰사에게 보내 문안했다. 이날 밤에 나덕명이 와서 이야기하는데, 오래 있음을 싫어한다는 사실을 모르니 한심하다. 밤 10시께 집에 편지를 썼다.

25일 눈이 내렸다. 아침에 열이 돌아갔는데, 제 어머니의 병 때문이었다. 늦게 경상 수사와 배 조방장이 왔다. 오후 6시쯤 순찰사가 진중에 와서 군사에 관한 일을 의논했다. 연해의 열아홉 고을은 수군에 전속시키기로 했다. 저녁에 방으로 들어가 조용히 이야기했다.

26일 눈이 내렸다. 방백과 방에 앉아서 군사 방책을 조용히 이야기했다. 늦게 경상 수사와 배 조방장이 방문했다.

27일 눈. 아침 식사 후에 순찰사가 돌아갔다.

28일 맑음. 경상 수사와 배 조방장이 왔다. 비로소 들으니 경상 수사가 가지고 온 물이…….[1]

29일 맑음. 김인수를 놓아 보냈다. 윤[2]은 곤장 30대를 쳐 놓아 보냈다. 영암 좌수는 문초를 받고 놓아 주었다. 저녁때 두우지, 백지, 상지 50을……[3] 왔다. 오후 8시께 5명이 선두에 왔다고 하기에 시골 종을 보냈는데……[4] 그것이 무슨 뜻인지는 모르겠다. 거제의 망령됨

---

1 이 아래로 '扶物來'까지만 보이고 그 다음은 보이지 않는다.

2 이름은 알아볼 수 없다.

3 이 아래도 지워져 알아볼 수 없다.

4 이 아래도 지워져 있다.

을 가히 알겠다…….[5]

30일 눈보라가 치고 몹시 추웠다. 배 조방장이 왔다. 여러 장수들이 모두 왔는데 평산 만호와 영등 정응두는 오지 않았다. 부찰사 홍이상의 군관이 편지를 가지고 왔다. 해가 다 끝나는 그믐밤이라 비통한 마음이 더욱 심했다.

---

5 이 아래도 지워져 알 수 없다.

무술년

戊戌年

1598년, 선조 31

정월

1일 맑음. 늦게 잠깐 눈이 왔다. 경사 수사와 조방장 그리고 여러 장수
　　들이 모두 모였다.
2일 맑음. 명종 비 인순왕후 심씨의 제삿날이라 업무를 보지 않았다. 이
　　날 새로 만든 배의 진수식을 했다. 해남 현감 유형이 왔다가 돌아
　　갔다. 송대립, 송득운, 김붕만이 각 고을로 나갔다. 진도 군수 선의
　　문이 방문했다가 돌아갔다.
3일 맑음. 이언량, 송응기 등이······.[1]
4일 맑음. 무안 현감에게 곤장을 쳤다······.[2]

9월

15일 맑음. 도독都督 진린陣璘(명나라 수군의 총지휘관)과 함께 일제히 행군하
　　여 나로도羅老島에 이르러 잤다.

---

1 아래 글자가 빠져 있다.
2 아래 글자가 빠져 있다.

356

16일 맑음. 나로도에 머무르면서 도독과 술을 마셨다.

17일 맑음. 나로도에 머무르며 진 도독(진린)과 함께 술을 마셨다.

18일 맑음. 오후 2시에 행군하여 방답에 이르러 갔다.

19일 맑음. 아침에 좌수영(여수읍) 앞바다로 옮겨 정박하니, 눈에 보이는 모습이 참담했다. 자정에 달빛을 타고 하개도何介島에 옮겨 대었다가 날이 밝기 전에 다시 행군했다.

20일 맑음. 오전 8시경에 유도柚島에 이르니, 명나라 제독 유정劉綖은 벌써 진격했다. 수륙水陸으로 협공하니 적의 기세가 크게 꺾여 두려워하는 모양이 많았으므로 수군이 드나들며 대포를 쏘았다.

21일 맑음. 아침부터 진격해서 활을 쏘고 화포를 놓으며 종일 싸웠지만 물이 얕아 진격할 수 없었다. 남해의 적이 경쾌선輕快船(가벼운 배)을 타고 들어와서 정탐하려 하므로 허사인 등이 추격했더니, 적들은 육지에 내려 산으로 올라갔다. 그래서 그 배와 여러 가지 물건을 빼앗아서 도독에게 바쳤다.

22일 맑음. 아침에 진격하여 나갔다 들어왔다 하다가 유격游擊(명군의 도독 아래 계급)이 왼편 어깨에 탄환을 맞았으나 다행히 중상은 아니었다. 명나라 군인 11명이 탄환에 맞아 죽었다. 지세포 만호와 옥포 만호도 탄환에 맞았다.

23일 맑음. 도독이 화를 내고 서천 만호와 홍주 대장, 한산 대장에게 각각 곤장 7대를 때렸다. 금갑도, 제포, 회령포 등에게도 모두 곤장을 15대씩 때렸다.

24일 맑음. 진대강陣大綱이 돌아왔다. 원수의 군관이 서류를 가지고 왔다. 충청 병사 이시언의 군관 김정현이 왔다. 남해 가람 김덕유 등 다섯 사람이 나와서 그 고을에 있는 적의 정세를 전했다.

25일 맑음. 진대강이 돌아와서 유 제독(유정)의 편지를 전했다. 이날 육군이 공격을 하려 했으나 기구가 완전치 못했다. 김정현이 왔다.

26일 맑음. 육군의 기구를 아직 갖추지 못했다.[1] 정응룡이 와서 북도北道의 일을 말했다.

27일 아침에 잠시 비가 내리고 서풍이 세게 불었다. 아침에 군문軍門 형개邢玠(명군 총사령관)가 글을 보내 수병水兵이 신속히 진군한 것을 칭찬했다. 식사 후에 진 도독을 만나 조용히 의논했다. 종일 큰 바람이 불었다. 저녁에 신호의愼好義가 와서 잤다.

28일 맑았으나 서풍이 세게 불어 크고 작은 배들이 출입할 수 없었다.

29일 맑음.

30일 맑음. 이날 저녁 유격 왕원주王元周, 유격 복일승福日昇, 파총把摠(명군의 유격 아래 계급) 이천상李天常이 배 100여 척을 거느리고 진에 이르렀다. 이날 밤은 등불이 밝아 적군의 간담이 떨어졌을 것이다.

---

1 9월 22일 전투 이후 유정은 공성전을 위한 사다리와 도구를 준비한다는 이유로 왜교성 공격을 중단했다가 중로군의 패전 소식을 듣자 병력을 후방인 순천으로 철수시켰다.

10월

1일 맑음. 도독이 새벽에 제독 유정에게로 가서 잠깐 서로 이야기했다.

2일 맑음. 오전 6시에 진격했는데, 우리 수군이 먼저 나가서 정오까지
싸워 적을 많이 죽였다. 사도 첨사 황세득이 탄환에 맞아 전사하
고, 이청일도 전사했다. 제포 만호 주의수와 사량 만호 김성옥, 해
남 현감 유형, 진도 군수 선의문, 강진 현감 송상보 등은 탄환에 맞
았으나 죽지는 않았다.

3일 맑음. 도독이 유 제독의 비밀 서신에 따라 초저녁에 나가 싸웠는데,
자정에 이르도록 공격하다가 명나라 사선沙船 19척과 호선號船 20여
척이 불탔다. 도독이 안절부절못하는 모습을 표현할 길이 없었다.
안골 만호 우수가 탄환에 맞았다.

4일 맑음. 이른 아침에 배를 출동해서 적을 공격하며 종일토록 싸웠는
데, 적이 허둥지둥 달아났다.

5일 맑음. 서풍이 세게 불어 배들이 겨우 정박하고 하루를 보냈다.

6일 맑았으나 서풍이 세게 불었다. 도원수가 군관을 보내 편지를 전하
되 "유 제독이 달아나려 한다"[2]고 했다. 통분하고, 통분하다. 나랏
일이 장차 어떻게 될 것인고.

---

2 10월 1일부터 4일까지 이순신과 진린의 조·명 수군연합은 왜교성 총공격에 나섰지만 유정
의 서로군이 호응하지 않아 별다른 효과를 보지 못한 채 물러나고 말았다. 이에 화가 난 진
린은 유정을 찾아가 항의하였고, 출병 초기부터 좋지 않았던 두 사람의 관계는 더욱 악화되
었다. 유정은 곧 병력을 철수시켰고 이로써 서로군과 수로군의 수륙합동작전은 실패로 끝
났다.

7일 맑음. 유 제독의 차관이 와서 도독부에 아뢰었는데 "육군은 잠시 순천으로 물러났다가 다시 가다듬어 진격하겠다"고 한다. 아침에 송한련이 군량 4섬, 조 1섬, 기름 5되, 꿀 3되를 바치고, 김태정은 쌀 2섬 1말을 바쳤다.

8일 맑음.

9일 육군이 이미 철수하였으므로 도독과 함께 배를 거느리고 나가 바닷가 정자에 이르렀다.

10일 좌수영에 이르렀다.

11일 맑음.

12일 나로도에 이르렀다.

11월

8일 도독부를 방문해 위로연을 베풀고 종일 술을 마시다가 어두워서야 돌아왔다. 조금 있다가 도독이 보자고 청하므로 곧 나갔더니 도독이 말하기를 "순천 왜교倭橋의 적들이 초10일 사이에 철수하여 도망한다는 기별이 육지로부터 왔으니 급히 진격해 돌아가는 길을 끊자"고 했다.

9일 도독과 함께 일제히 행군하여 백서량白嶼梁에 이르러 진을 쳤다.

10일 좌수영 앞바다에 이르러 진을 쳤다.

11일 유도柚島에 이르러 진을 쳤다.

360

13일 왜선 10여 척이 장도獐島에 나타났다. 도독과 약속하고 수군을 거느리고 추격하니, 왜선은 후퇴하여 하루 종일 나오지 않았다. 도독과 함께 장도로 돌아와 진을 쳤다.

14일 왜선 두 척이 강화하기 위해 바다 가운데까지 나오니[1], 도독이 왜통역관을 시켜 조용히 왜선을 마중하여 붉은 기와 환도 등의 물건을 받았다. 오후 8시에 왜장이 작은 배를 타고 독부督俯(도독의 진지)로 들어와서 돼지 2마리와 술 2통을 도독에게 바치고 돌아갔다.

15일 이른 아침에 도독에게 가서 잠깐 이야기하고 돌아왔다. 왜선 2척이 강화를 위해 두 번, 세 번 도독의 진중을 드나들었다.

16일 도독이 진문동陣文同을 왜영倭營으로 들여보냈더니, 조금 있다가 왜선 3척이 말 1필, 창과 칼 등을 도독에게 가져다 바쳤다.

17일 어제 복병장 발포 만호 소계남과 당진포 만호 조효열 등이 왜의 중간 배 1척이 군량을 가득 싣고 남해에서 바다를 건너는 것을 한산도 앞바다까지 추격했다. 왜적은 모두 기슭을 타고 육지로 올라가 달아났고, 잡은 왜선과 군량은 명나라 군사에게 빼앗기고 빈손으로 와서 보고했다.

---

1 1598년 9월 18일 풍신수길(도요토미 히데요시)이 죽자 왜는 조선에서 철군하기로 결정한다. 소서행장(고니시 유키나가)이 유정과 강화 협상을 진행하면서 퇴로를 열어 줄 것을 요청하자, 유정은 왜교성을 넘겨받기로 하고 강화를 받아들였다. 그러나 이순신과 진린의 조·명 연합함대는 왜군의 퇴로를 막아섰고, 소서행장은 유정에게 했던 대로 진린과 이순신에게 뇌물을 써서 퇴로를 열어 주기를 간청했다. 진린은 강화에 응했으나, 이순신은 "조각배 한 척도 돌려보내지 않겠다"며 뇌물과 퇴로 허용을 일언지하에 거절했고 진린에게 끝까지 싸울 것을 설득했다.

부록

1. 옥포해전

임진왜란 초기 왜군의 기세에 밀려 많은 군사를 잃은 경상 우수사 원균은 전라 좌수사였던 이순신에게 원군을 요청한다. 이에 조정에 장계를 올려 출전 명령을 받은 이순신은 85척의 배를 이끌고 5월 4일 출정한다. 다음 날 당포에서 원균의 전함 6척과 합세한 그는 5월 7일 옥포 해안에 흩어져 있던 왜선 30여 척을 동서로 포위해 기습공격을 감행한다. 놀란 왜적은 급히 도주하기 시작했으나 좁은 포구를 빠져나오기는 어려웠다. 맹렬한 포격 끝에 왜선 26척이 격파당했고 몇 척의 왜선만이 겨우 빠져나갔다. 이는 조선군이 해전에서 거둔 첫 승리였다. 조선군은 달아나는 적을 추격해 영등포(거제시 장목면)를 거쳐 합포(마산시 합포구)에서 5척, 다음 날 적진포(통영시 광도면)에서 11척을 불태우고 9일 본영으로 돌아왔다. 이순신은 이날의 전공으로 가선대부에 올랐다.

2. 당포해전

1592년 6월 1일 정오 무렵 이순신 함대는 삼천포 앞바다를 거쳐 사량도에 이르렀다. 2일 아침, 함대는 "당포에 적선들이 정박하고 있다"는 정보를 입수하고 당포로 진출하였다. 그곳에는 왜적의 지휘선 및 대전함 9척과 중소 전함 12척이 정박해 있었으며, 당포에 상륙한 병사들이 민가를 약탈하고 있었다. 이순신은 거북선을 정면으로 돌진시켜 적 선단을 좌우로 양단시킨 뒤, 전 함대를 동원해 적선을 공격했다. 선두의 거북선은 총통 사격으로 적선을 격파하고 선체로 충돌을 일으켜 적선을 격침했다. 판옥선들도 총통과 화살로 적선을 집중 사격하고, 쇠갈고리로 적선을 끌어당긴 후 발화통(시한폭탄의 일종)을 던져 폭파시켰다. 조선 함대가 공세를 계속하여 왜군의 대소 전함 21척을 모조리 격침시키자, 일본 수군은 마침내 내륙으로 달아났다.

3. 당항포해전

1592년 6월 5일 전라 좌수사 이순신과 전라 우수사 이억기, 경상 우수사 원균이 지휘하는 50여 척의 선단은 왜선들이 고성의 당항포에 정박해 있다는 정보를 입수했다. 이에 조선 수군은 당항포 포구까지 20여 리의 긴 해협을 따라 일렬종대로 진입하였다. 당항포 포구에는 왜군의 전함 26척이 정박 중이었다. 왜군은 조선 수군이 포구로 접근하자 조총으로 사격하며 전투태세를 취하였다.

이순신은 왜군의 육지 탈출을 봉쇄하기 위해 그들을 바다 가운데로 유인했다. 조선 수군 선단이 철수하는 척하자 일본군은 그 뒤를 추격했다. 왜군 선단이 포구 밖으로 나오자 조선 수군은 신속히 진형을 바꾸어 퇴로를 차단했고, 판옥선에 탄 군사들이 불화살을 쏘아 누각선을 불태웠다. 당황한 적장은 우왕좌왕하다가 조선군의 화살에 사살되고 말았다. 전의를 상실한 왜 수군 대다수가 당항포에서 격침되었다. 일부 함선은 포구 안으로 도피했으나 이튿날 새벽 탈출을 시도하다 해협 입구를 지키고 있던 조선 수군에 의해 모두 격침되었다. 조선 수군은 당항포해전에서 적선 26척과 승선 병력 전원을 수장시키는 큰 전과를 거두었다.

하지만 왜 수군은 여기서 그치지 않고 1594년 3월, 31척의 함선을 이끌고 당항포에 다시 몰려왔다. 삼도수군통제사에 임명된 이순신은 한산도에서 왜적의 동향을 살피던 중 이를 감지했다. 그는 삼도 수군을 먼저 견내량과 증도 근해에 배치하여 왜선의 퇴로를 막고, 조방장 어영담에게 군사 31명을 주어 왜선을 치게 한 뒤 당항포 근해에 있던 왜선 10척을 격퍼했다. 이어서 전군이 일제히 공격하여 포구에 정박해 있던 나머지 21척을 모두 불태웠다. 동일한 지역에서 왜선을 크게 무찌른 당항포해전은 이순신의 치밀한 작전 계획에 의한 결과였다.

4. 한산도해전

1592년 7월 한산도 앞바다에서 전라 좌수사 이순신, 경상 우수사 원균, 전라 우수사 이억기 등이 왜 수군의 주력 부대를 무찌른 해전이다. 이 해전은 진주성대첩, 행주대첩과 더불어 임진왜란 3대첩의 하나로 불린다.

1592년 4월 조선을 침범한 왜군은 남해·서해로 침범하던 중 옥포·당포·당항포·율포 등지에서 연전연패했다. 그러자 수군의 유능한 장수였던 협판안치脇坂安治(와키자카 야스하루)는 정예병력을 늘려 73척을 이끌고 거제도 등지를 침범하였다. 수군 장수였던 구귀가륭九鬼嘉隆(구키 요시타카)도 42척을 거느리고 뒤를 따랐다.

왜 수군의 동향을 탐지한 이순신은 7월 5일 이억기와 함께 전라좌우도의 전선 48척을 본영이 있는 여수 앞바다에 집결시키고 합동 훈련을 실시했다. 다음 날 이순신이 이끄는 함대는 노량으로 출정해 원균이 이끌고 온 배 7척과 합세했는데 이때 삼도의 전함은 모두 55척이었다.

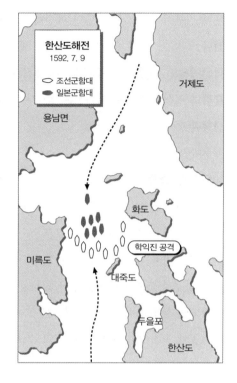

한산도해전
1592. 7. 9

○ 조선군함대
● 일본군함대

거제도

용남면

화도

학익진 공격

미륵도

대죽도

두을포

한산도

이순신은 견내량 주변이 좁고 암초가 많아서 판옥선의 활동이 자유롭지 못한 것을 확인하고, 한산도 앞바다로 유인해 격멸할 계획을 세웠다. 먼저 판옥선 5, 6척을 보내 왜 수군을 공격하고 왜 수군이 반격해 오면 한산도 쪽으로 물러나면서 그들을 유인했다. 왜군은 이를 전혀 눈치채지 못하고 의기양양하게 공격해 왔고, 싸울 기회를 포착한 이순신은 학익진(거북선이 선두에서 공격하고 판옥선이 뒤를 따라오다가 적군의 배가 있는 곳에 이르면 따라오던 판옥선이 학의 날개 모양으로 양쪽으로 넓게 퍼져 진형을 갖추고 공격하는 방법)을 짜서 공격하도록 하였다.

여러 장수들과 군사들이 각종 총통을 쏘면서 돌진한 결과, 중위장 권준이 층각대선 1척을 나포하는 것을 비롯해 47척을 격침하고 12척을 나포하였다. 왜병 400여 명은 당황하여 한산도로 도주했다가 뒷날 겨우 탈출하였다. 이 승리로 왜 수군이 대부분 격파되어 수륙병진계획이 좌절되었고, 이후 육지에서 왜적들이 잇달아 패전함으로써 조선군에게 용기를 북돋아 주었다. 나아가 조선 수군이 남해안의 제해권을 확보함으로써 이미 상륙한 적군에게도 큰 위협을 주었다. 이 해전과 하루 뒤에 벌어진 안골포해전을 승리로 이끈 전공으로 이순신은 정헌대부, 이억기와 원균은 가의대부로 승진했다.

5. 부산포해전

1592년 9월 1일 조선 수군이 왜선 100여 척을 무찌른 전투이다. 임진왜란이 일어난 뒤 바다에서 연전연승한 이순신은 8월 24일 전라좌우도의 전선을 거느리고 왜군의 소굴이 되어 버린 부산포에 출전한다. 이어 29일 낙동강 하구를 거쳐 9월 1일 부산포로 향하며 화준구미·다대포·서평포·절영도 등지에서 적선 24척을 불태우고 부산포 앞바다에 이른다.

그곳에 도착하자 선창 동편에 왜 수군의 전함 470여 척이 줄지어 서 있었으며, 왜군들은 언덕을 이용해 대응할 태세를 보였다. 양 함대의 전선 수를 비교하면 약 3대 1의 비율로 조선 수군이 열세였고, 함대가 해상에 완전히 노출되어 있어 지리 조건도 불리했다. 그러나 160여 척의 조선 수군은 이순신의 명령과 함께 장사진(긴 뱀과 같이 한 줄로 길게 늘어선 군대의 진)을 이루어 공격을 개시했다. 우부장 녹도 만호 정운, 구선돌격장 이언량, 전부장 이순신, 중위장 권준 등이 선봉에서 군사들을 독려하여 100여 척을 불태우고 격침시켰다. 이 전투에서 조선 수군의 피해는 녹도 만호 정운을 비롯해 전사 6인, 부상자 25인뿐이었다.

6. 명량해전

1597년(선조 30) 9월 16일 이순신이 명량에서 일본 수군을 대파한 해전이다. 백의종군 이후 다시 삼도수군통제사로 임명된 이순신은 휘하 군사들의 전열을 재정비했다. 그러나 당시 군중에 남아 있던 쓸 만한 전선은 겨우 13척에 불과했다.

이 당시 왜군은 한산도를 지나 남해안 일대를 침범하면서 육군의 육상 진출과 동시에 서해로 진

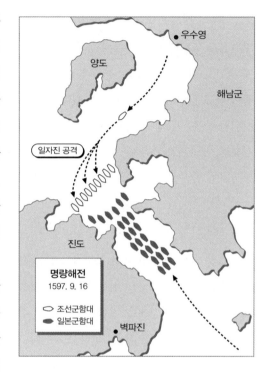

출을 도모하였다. 이순신은 서해 진출의 교두보인 명량을 지키기 위해 이진 · 어란포 등지를 거쳐 8월 29일 벽파진으로 이동했다. 왜군은 벽파진에 있는 조선 수군에 여러 차례 야간 기습 작전을 전개하였다. 그러나 우리 측의 철저한 경계망에 걸려 실패했다. 적의 정세를 탐지한 이순신은 명량을 등 뒤에 두고 싸우는 것은 매우 불리하다고 판단하고 9월 15일 수군을 우수영으로 옮겼다.

다음 날 아침 왜군이 명량으로 진입하자 이순신은 출전 명령을 내리고

최선두에 섰다. 당시 명량의 조류는 물의 높이가 변하지 않는 정조 시기였고, 왜군의 전선은 133척으로 확인되었다. 이순신이 명량으로 들어서면서 일자진을 형성해 일본 수군의 수로 통과를 저지하려 하자, 일대 혼전이 전개되었다. 잠시 후 조류가 서서히 남동류로 바뀌기 시작했고, 왜군은 이순신이 타고 있던 전선을 포위하려 했다. 이순신은 뒤에 처져 있는 거제 현령 안위와 중군 김응함 등에게 적진으로 돌진하게 했다.

조류가 바뀌자 소수의 전선이 활동하는 조선 수군에 비해 많은 전선을 거느리고 있는 왜군은 상대적으로 불리해졌다. 협수로의 불규칙한 조류 분포로 인해 각 군의 진형이 붕괴되었다. 전투의 기세를 잡은 조선 수군은 총통과 불화살을 쏘면서 맹렬하게 공격했다. 녹도 만호 송여종과 평산포 대장 정응두 등이 적선 31척을 분파하자 일본 수군은 도주하기 시작했다.

해전을 벌일 당시 이순신은 열세한 병력을 적들에게 들키지 않기 위해 어민들의 배 100여 척을 전함으로 위장해 뒤에서 성원하게 했고, 철쇄를 협수로에 깔아 적선을 전복시켰다고도 한다. 이순신은 협수로의 조건을 최대한 이용해 10배 이상의 적을 물리치고 왜군의 서해 진출을 차단함으로써 정유재란이 조선군에게 유리하게 전개될 수 있는 교두보를 마련했다.

7. 노량해전

정유재란 때인 1598년(선조 31) 11월 18일과 19일 이틀 사이에 이순신과 진린陳璘이 이끄는 조 · 명 연합함대가 노량 앞바다에서 왜군을 크게 무찌른 해전이다. 하지만 이 해전 중에 이순신은 전사한다.

이순신과 진린의 조 · 명 연합수군에 퇴로가 막힌 소서행장小西行長(고니시 유키나가)은 진린에게 뇌물을 바치고 통신선 1척을 빠져 나가게 했다. 통신선을 보내 남해·부산 등지에 있는 왜 수군에게 원군을 지원받아 조·명 연합수군을 협공하면서 퇴각하려는 생각이었던 것이다. 이에 위기를 느낀 진린은 통신선이 빠져나간 사실을 이순신에게 알렸고, 왜군의 전략을 간파한 이순신은 진린 및 휘하의 장수들과 논의해 왜군을 격멸하기로 결정한다.

11월 18일 밤 이순신의 예견대로 노량 수로와 왜교 등지에는 500여 척의 왜선이 집결해 협공할 위세를 보였다. 200여 척의 조·명 연합수군을 거느린 이순신은 곧 전투태세에 들어갔다. 19일 새벽, 싸움은 막바지에 이르렀고, 왜군의 전함 200여 척이 불에 타거나 부서지고 패잔선 50여 척만이 겨우 달아났다. 이순신은 관음포로 도주하는 마지막 왜군을 추격하던 중에 총환을 맞고 쓰러지면서 "싸움이 급하니 내가 죽었다는 말을 하지 말라前方急愼勿言我死"는 유언을 남기고 숨을 거둔다.

이 해전에서 명나라 장수 등자룡과 가리포 첨사 이영남, 낙안 군수 방덕룡 등이 전사하였다. 한편 순천 왜교에서 봉쇄당하고 있던 소서행장의 왜군들은 남해도 남쪽을 지나 퇴각해 부산에 집결, 철수했다. 이 해전을 끝으로 왜군과의 7년 전쟁은 막을 내렸다.

『난중일기』에 대하여

『난중일기』는 이순신이 전라 좌수사로 부임한 1592년(선조 25) 1월 1일부터 전사 이틀 전인 1598년(선조 31) 11월 17일까지 2,539일 7년간의 병영 생활을 기록한 한 개인의 일기이자 공적인 일기이다.

『난중일기』에는 탁월한 영웅이기 이전에 한 인간이었던 이순신의 감성이 꾸밈없이 나타나 있다. 또한 주변에서 벌어지는 일상적인 내용들이 주를 이루고 있는데, 공직자로서 민족과 국가의 장래를 근심하는 충의정신이 뚜렷하게 읽히는 한편, 그의 개인적 소회와 소소한 인간미를 느낄 수 있다.

• 『난중일기』의 체제와 내용

이순신이 직접 쓴 『난중일기』의 친필 초고본은 국보 제76호로 지정되어 현재 아산 현충사에 소장되어 있으며, 친필 초고본 외에 『이충무공전서』에 수록된 판본이 있다. 초고본 일기는 7권 8책으로 1592년(임진년) 5월 1일부터 1598년(무술년) 9월 17일까지 기록되어 있으며, 이 외에 장계 · 등본 · 별책 · 부록 등이 첨부되어 있다. 일기의 내용 중에는 빠진 부분이 많은데, 『이충무공전서』를 편찬한 뒤에 없어진 것이 아닌가 추정된다. 『이충무공전서』는 1795년(정조 19)에 왕명을 받은 윤행임이 편집 · 간행한 것으로, 교유·도설·세보·연표·시문·잡저·장계·난중일기·부록 등의 편목으로 구성되어 있다. 여기에 수록된 『난중일기』는 제5권부터 제8권에 해당하는데, 초고본에 없는 1592년(임진년) 1월 1일부터 4월 22일까지, 1595년(을미년) 1월 1일부터 12월 20일까지, 1598년(무술년) 10월 8일부터 12일까지의 일기가 첨부되어 있다. 본래 일기에는 특별한 이름이 붙어 있지 않았으나, 『이충무공전서』의 편찬자가 편의상 '난중일기'라는 이름을 붙인 뒤부터 그렇게 불리게 되었다.

친필 초고와 전서에 수록된 일기를 비교해 보면 상당한 차이가 발견되는데, 그것은 친필 초고를 정자로 베껴 판각할 때 글의 내용을 다수 생략했기 때문인 듯하다. 따라서 『난중일기』의 전모를 알기 위해서는 친필 초고를 표준으로 삼고, 초고에서 손실된 부분은 『이충무공전서』에 수록되어 있는 것으로 보충해야 한다.

전체 7책의 일기 내용을 정리하면 다음과 같다.

제1책: 『임진일기』27매(1592년 5월 1일~5월 4일, 5월 29일~6월 10일,
　　　　8월 24일~8월 28일,　1593년 2월 1일~3월 22일)

제2책: 『계사일기』30매(1593년 5월 1일~9월 15일)

제3책: 『갑오일기』52매(1594년 1월 28일~11월 18일)

제4책: 『병신일기』41매(1596년 1월 1일~10월 11일)

제5책: 『정유일기』27매(1597년 4월 1일~10월 28일)

제6책: 『정유·무술일기』20매(1597년 8월 4일~1598년 1월 4일)

제7책: 『무술일기』8매(1598년 9월 15일~10월 7일)

그밖에 장계·등본·별책·부록 끝에 1598년 11월 8일부터 17일까지 최후 10일간의 일기가 1장으로 되어 있다.

그런데 제5책과 제6책의 『정유일기』 중에 8월 4일부터 10월 8일까지의 일기는 중복되어 있고, 기사의 가감과 간지의 착오 등이 수정되어 있다. 내용상으로는 제6책의 기사가 좀 더 상세한데, 무슨 이유로 어느 시기에 다시 썼는지에 대해서는 정확하게 알 수 없다. 다만 앞 책의 간지干支가 잘못 적혀 있다는 점과 내용 중 뒤의 것이 좀 더 자세한 것으로 보아, 시간적 여유를 가지고 기억을 더듬으면서 다시 작성한 것이 아닌가 생각된다.

• 『난중일기』의 성격과 의미

『난중일기』는 작자 자신이 행동하고 느꼈던 모든 체험을 직접 서술하는 태도를 견지하고 있다. 자신의 삶을 공적인 자아뿐 아니라 사적인 자아까지 포괄하여 나타냄으로써, 실전을 경험한 장수이자 최대의 공로자였던 이순신이 어떤 심정으로 난국에 대처할 수 있었는지를 말해 주고 있다. 이에 따라 『난중일기』의 성격과 의미를 다음과 같이 정리해 볼 수 있다.

첫째, 임진왜란 7년 동안의 상황을 가장 구체적으로 기술한 일기로서, 전란戰亂 전반을 살펴볼 수 있는 사료이자 나라의 위급을 구해 낸 영웅의 인간상을 연구할 수 있는 자료이다.

둘째, 당시의 상황을 생생하게 알 수 있는 진중일기陣中日記로 이순신의 엄격하고 자상한 진중 생활과 국정에 대한 솔직한 감회, 전쟁 비망록, 군사 비밀계책, 가족·친지·부하·내외 요인들의 왕래, 상벌 사항, 정치·군사에 대한 서신 교환 등의 내용이 기록되어 있어 단순한 전쟁사 이상의 가치를 지닌다.

셋째, 당시의 정치·경제·사회·군사 등 여러 부문 및 수군 연구에 도움을 준다. 일기에는 민중의 애환과 전쟁 중에 혼란했던 사회 현실이 그대로 녹아 있어 당대의 현실을 밝히는 사료로서 가치가 높다.

넷째, 충무공의 꾸밈없는 충·효·의·신을 보여주는 글이라는 점에서 후세인들에게 소중한 본보기가 된다.

다섯째, 간결하고도 진실성이 넘치는 문장과 함께 그 인품을 짐작케 하는 웅혼한 필치는 문학작품으로서도 뛰어난 가치를 지닌다.

무엇보다도 『난중일기』는 이순신의 철저한 기록정신에서 나온 결과물이다. 당시의 전투 상황과 전략·전술을 섬세하게 서술함으로써 전쟁사의 이해는 물론, 민중의 동향을 살필 수 있는 사회사적 자료로서의 가치도 크다. 이순신이 일기를 남기지 않았다면 후대는 물론, 그 자신이 전쟁을 수행하는 과정에서도 시행착오를 거듭했을 것임이 분명하다. 『난중일기』를 통해 우리는 시공간을 넘어 임진왜란의 상황과 전투 장면을 재현할 수 있고, 이순신의 대비책과 승리의 요인을 확인할 수 있다.

임진왜란 이전의 이순신

: 『난중일기』에는 기록되어 있지 않은 이순신의 삶

이순신李舜臣은 1545년(인종 1) 4월 28일(음력 3월 8일)에 서울 중구 건천동에서 덕수 이씨 정과 초계 변씨 사이의 4남 1녀 중 셋째 아들로 태어났다. 명문 집안에서 태어났지만 할아버지 백록百祿이 중종대 기묘사화에 연루되어 고충을 겪은 후 아버지 정이 벼슬을 외면하고 살았기 때문에 살림이 넉넉지 못했다. 정은 식솔들을 데리고 서울을 떠나 아내 변씨의 친정이 있는 아산의 백암리(현충사가 있는 방화산 기슭)로 이주한다. 그곳에서 성장한 이순신은 21세가 되던 해 이웃 동네에 살던 전 군수 방진方辰의 딸과 혼인해 3남 1녀를 두었다.

여느 양반가의 자식들과 마찬가지로 두 형과 함께 일찍부터 유학을 공부해 온 이순신은 22세 때부터 무술을 익히기 시작한다. 문文을 숭상하고 무武를 천시하는 시대적 정서와 조류를 잘 알고 있었으면서도 무를 택한 것을 보면 그의 생각이 남달랐음을 짐작하게 한다. 그가 남긴 여러 문장을 보면 학문도 상당한 수준이었음을 알 수 있는데, 이는 그가 학문에 전혀 뜻이 없거나 공부에 능력이 닿지 않아 무를 택한 것이 아니라는 것을 반증한다.

28세에 첫 번째로 무과에 응시한 이순신은 달리던 말에서 떨어져 낙방했다. 말에서 떨어진 후에 그는 조용히 한 발로 일어나 마당가에 있는 버들가지로 상처를 싸매고 나옴으로써 이를 지켜보던 사람들을 놀라게 하기도 했다. 그는 포기하지 않고 4년 후에 다시 도전하여 32세 때 병과에 4등으로 급제했고, 그해 12월에 한남 삼수三水 동구비보童仇非堡의 권관에 임명되었다. 3년의 임기를 오지에서 보낸 그는 35세에 서울로 돌아와 훈련원 봉사로 재직한다. 이때 상관으로 있던 병조정랑 서익徐益이 부당한 인사 청탁을 제의하는데 이를 거절함으로써 서익에게 사사로운 감정의 앙금을 남기고 만다.

더 나은 자리를 얻기 위해 권력에 줄을 대거나 상관에게 아부하지 않고 묵묵히 자신의 업무만을 감내하던 이순신은 서울 생활 8개월 만에 다시 지방으로 발령을 받는다. 해미에 있는 충청 병사의 군관으로 일하게 된 그는 보좌관 생활 9개월 만에 전남 고흥읍의 발포 만호로 수군과 첫 인연을 맺는다. 그러나 발포 훈련원 봉사 시절 상관이었던 서익이 검열관으로 내려와 이순신을 모함하는 내용의 장계를 올렸고 이순신은 변론의 여지없이 파면당한다.

다행히 이듬해 5월 복직되었으나 한동안 일 없이 지내다가 다시 훈련원 봉사에 임명된다. 이때 당시 이조판서였던 율곡 이이가 자신을 한번 찾아오라는 뜻을 이순신에게 넌지시 전하였으나 그는 두 번 생각하지 않고 거절한다. 같은 덕수 이씨 문중의 사람이 찾아가는 것은 옳은 일이 아니라는 것이 이유였다. 강직하고 사려 깊은 그의 성품을 엿볼 수 있는 대목이다. 그래서 자연히 승진도 더디고 공로도 인정받기 어려웠다.

훈련원에서 14개월을 보낸 그는 함경도 남병사의 군관으로 북청에 부임했다가 3개월 만인 10월에 경흥 건원보(함경북도 경원군)의 권관에 임명되었다. 1583년 10월에는 여진족 추장 울지내를 잡는 공을 세웠으나, 포상은커녕 알아주는 이조차 없었다. 오히려 이 일로 안해 북병사 김우서의 모함을 받았다.

같은 해 11월 15일 아버지가 돌아가셨으나 변방에서 근무하던 그에게는 이듬해 1월에야 부고가 전해졌다. 이순신은 곧 고향으로 돌아와 삼년상을 치렀다. 탈상을 마치자 사복시 주부에 임명되었다가 16일 만에 조신보(함경북도 경흥군) 만호로 임명되었는데, 이 일은 서애 유성룡의 추천으로 이루어졌다. 이듬해 8월에는 녹둔도(두만강 입구의 작은 섬)의 둔전관을 겸하였다. 그러나 여진족의 침입으로 많은 사상자와 포로가 생기자 지휘관으로서 책임을 물어 백의종군을 명받는다. 그의 생애 첫 번째 백의종군(벼슬 없이 군에 합류함)이었다.

1588년 1월 백의종군이 해제되었고, 윤6월에 서울로 돌아와 지내다가 이듬해 2월 전라 감사 이광의 부름을 받는다. 군관 겸 조방장 자리였는데 이것이 그에게는 상관에게 인정받는 첫 무대가 되었다. 12월에는 정읍 현감에 임명되는데 이때서야 비로소 한 집안의 가장으로서 어머니를 비롯해 식솔들과 어린 조카들까지 제대로 건사할 수 있게 되었다. 또한 이 시기에 고사리진(평북 강계군)과 만포진의 첨절제사에 임명되었지만, 대간臺諫의 반대로 무산되었다.

이순신이 진도 군수로 발령받은 것은 임진왜란이 일어나기 1년 전인 1591년 2월이었다. 임지에 도착하기도 전에 그는 가리포(완도) 첨사, 전라 좌수사 등 더 높은 자리에 올랐는데, 이것은 유성룡이 조정 대신들의 반대를 무릅쓰고 강력하게 그를 추천했기 때문이었다. 그리하여 그는 2월 13일 여수의 전라좌수영에 부임하게 된다.

언제 어느 자리에 가든 자신의 임무에 충실했던 이순신은, 부임과 동시에 자신의 관내를 순시해 현재의 상황을 면밀히 파악하고 병영의 업무와 체계를 반듯이 했다. 특별한 전란의 기미가 보이지 않을 때에도 병기를 세심히 점검하고 군사 훈련을 게을리하지 않았다. 또한 부서진 병선을 수리하고 필요한 수만큼 새로 지었으며 총포 등의 무기를 확충했다. 특히 해전에 병선이 얼마나 중요한지 잘 알고 있었던 그는 배 만드는 기술이 뛰어났던 나대용에게 거북선의 건조를 권면하였다.

그러던 중 1592년 4월 13일 임진왜란이 발발했다. 이순신은 이해 1월 1일부터 노량해전에서 전사하기 직전인 1598년 11월 17일까지 7년 동안 병영 생활을 하면서 몸소 보고 듣고 행한 것을 그대로 일기에 적었다. 이것이 후에 『난중일기』로 알려지게 되었다. 이후 그의 행적은 『난중일기』에 기록된 바대로이다.

『난중일기』로 본 이순신

『난중일기』가 우리에게 중요한 것은 이 일기가 그 시대 그 자신의 기록으로 머물러 있지 않다는 데 있다. 우리는 이 일기를 통하여 시간과 공간을 초월한 이순신의 리더십을 본받고 현실의 당면한 문제를 어떻게 풀어 갈 것인가에 대한 넓은 시야와 실제적이고도 적극적인 행동 양식을 얻어낼 수 있다. 이순신이야말로 고난의 시대에 자기 앞에 던져진 절체절명의 과업을 훌륭히 수행해 냈기 때문이다.

이순신은 좋은 가문의 뒷받침이나 정가의 두터운 인맥 혹은 선천적으로 출중한 능력을 타고난 영웅이 아니었다. 게다가 그에게는 한 가정이 아니라 가계 전체를 이끌어야 할 막중한 책임이 부과되어 있었다. 그러나 그는 이런 모든 상황을 거부하거나 피하지 않고 받아들이면서 치열하게 극복해 나갔다. 이로써 이순신은 세계 해전사에 길이 남을 탁월한 전략가이자 당당하게 고난에 맞서며 지혜롭게 위기를 극복한 지도자로 평가받는다. 『난중일기』는 이러한 이순신의 면모를 다각도로 깊이 있게 담아내고 있다.

가족에 대한 깊은 관심과 애정

『난중일기』에는 가족에 대한 이순신의 관심과 애정이 상세히 나타나 있다. 그는 아산에 계신 노모의 문안을 위해 수시로 사령을 보냈으며, 며칠 간 어머니의 동정을 듣지 못하면 답답하고 초조해 했다. 또한 막내아들 면 이 죽자 창자가 끊어질 듯한 고통을 느끼는 아비의 심정을 고스란히 그대 로 드러내기도 했는데(1597년 10월 14일), 자식에 대한 사랑 역시 여느 부모 와 다를 바가 없었다.

이순신은 예를 실천하는 데에도 매우 적극적이었는데 국기일인 경우에 는 말할 것도 없고 친지의 제사도 거르지 않고 조상에게 예를 다하였다. 이 처럼 그는 전란 중 최전방을 지키는 장수로서의 위용을 유지하면서도 전통 에 따른 인간의 도리를 지켜 행했다.

그런가 하면 그의 내면 한구석에는 여전히 떨쳐 내지 못한 불안감과 인 간적인 유약함이 잠재되어 있기도 했다. 그래서 꿈 내용을 해석하려고 하 거나 스스로 점을 쳐서 앞날을 예측하려고 했다. 자신의 생사와 조국의 흥 망을 걸고 싸우는 최전선에서 아무리 의연하게 충의를 다져도 완벽하게 무 장되지 않는 정신의 한계가 있었던 것이다. 이런 그의 인간적인 고독과 불 안이 어머니의 안위를 걱정하고 처자식을 그리워하는 심경으로 나타났다.

그는 가족에 대한 사랑과 국가에 대한 충성을 상충되는 것으로 여기지 않았으며, 어느 한쪽도 소홀히 하지 않았다. 이는 흔히 유교적 전통 속에 있는 장수들에게 강조되어 왔던 덕목이나 면모와는 전혀 다른 면이다.

맡은 바를 철저히 수행했던 수장

이순신은 멀리 있는 가족들을 늘 마음 깊이 염려하고 어머니께 도리를 다하지 못함을 안타까워했지만, 국가로부터 받은 자신의 본분을 망각하지 않았다. 국가 보위를 무엇보다 우선시했고 사사로운 정을 앞세우지 않았으며 자신의 몸 역시 아끼지 않았다. 특히 두 차례에 걸쳐 억울하게 누명을 쓰고 백의종군했음에도 불구하고, 이에 대한 어떠한 불만도 토로하지 않고 그것을 묵묵히 인정하고 따랐으며 자신의 자리에서 늘 최선을 다했다.

치밀한 정보 수집력과 뛰어난 판단력

이순신이 왜군의 침략을 예견하고 전쟁을 철저히 대비했음은 잘 알려진 사실이다. 정세 판단에 뛰어났던 그는 싸움에 앞서 지형과 조류, 적의 정보를 치밀하게 조사 · 분석하고, 피란민과 포로들로부터 끊임없이 정보를 수집했다. 그리하여 이순신의 함대는 기습 공격을 감행할 때마다 적에게 큰 타격을 입혔지만, 왜적에게는 단 한 차례의 기습도 허용하지 않았다.

모함으로 인해 백의종군하다 다시 삼도수군통제사로 임명되어 복귀하는 여정까지도 그는 작전 기간으로 사용했다. 적과 충돌할 위험을 무릅쓰고, 무려 300여 킬로미터에 이르는 전라도 내륙 지방을 순회하며 전선을 옮기고 흩어진 병사를 모았으며 무기와 군량을 확보했다. 또한 각 고을 현감과 자리를 함께하면서 이들에게 자신감을 불어넣었을 뿐만 아니라 무너진 행정력도 복원하였다.

신중한 태도와 크나큰 사명감

이순신은 자신의 손에 장병들의 생사와 국가의 안위가 달려 있다는 사실을 확고히 인식하고 있었다. 그는 확인되지 않은 풍문에 동요하지 않았다. 풍신수길豊臣秀吉(도요토미 히데요시)이 죽었다는 소문을 듣고도 기뻐하기보다는 직접 확인하기 전까지는 믿을 것이 못 된다고 하면서 신중한 태도를 유지했다(1596년 4월 19일). 삼도수군통제사로 다시 부임한 그는 1597년 8월 20일에 이진에 진을 설치했다. 그런데 어란 앞바다에 이르렀을 때, '왜적이 출몰했다'는 소문이 퍼졌다. 그는 이때에도 부화뇌동하지 말 것을 강조하면서 소문을 퍼뜨린 자의 목을 베어 효시함으로써 동요를 가라앉혔다(1597년 8월 25일). 이러한 태도는 그가 심리전의 중요성을 누구보다 잘 알고 있었음을 보여 준다.

선두에서 군사들의 모범이 된 지휘관

병사들이 두려움에 떠는 상황에서 장수가 진두지휘하지 않는다면 전쟁이 어떻게 전개될 것인지는 불 보듯 뻔한 일이다. 이순신은 항상 선두에서 군사들을 독려하며 지휘했다. 이순신의 침착하고 위엄 있는 진두지휘는 전쟁을 새로운 방향으로 전환시키는 계기가 되었다. 명량해전 당시를 기록한 일기는 이 같은 상황을 좀 더 자세히 보여 준다.

"여러 장수들을 불러 명령을 내린 다음 닻을 올리고 바다로 나가니 133척이 우리 배를 에워쌌다. 대장선이 홀로 적선 속으로 들어가 포환과 화살을 비바람같이 쏘아 댔지만 여러 배들이 바라보기만 하면서 진군하지 않아 사태를 헤아릴 수 없게 되었다. 배 위에 있는 군사들은 서로 돌아보며 겁에 질려 있었다. 나는 부드럽게 타이르며 '적이 1,000척이라도 감히 곧바로 우리 배에는 덤벼들지 못할 것이니 조금도 동요하지 말고 사력을 다해 적을 쏘아라' 하고 말했다. …… 내가 뱃전에 서서 직접 안위를 불러 '네가 군법에 죽고 싶으냐?' 하고 말하고, 다시 불러 '안위야, 군법에 죽으려느냐? 물러가면 살 듯싶으냐?'고 했더니 안위가 황급히 곧바로 싸우려 했다."(1597년 9월 16일)

그는 "죽으려고 하면 살고 살려고 하면 죽는다" "한 사람이 길목을 지키면 천 명도 두렵게 할 수 있다"고 하면서 전쟁에 임하는 장졸들의 자세가 어떠해야 하는지를 몸소 보여 주었다.

자애로움과 엄격함을 동시에 지닌 장수

1592년 5월 3일의 일기를 보면 집으로 도망간 수군을 잡아다가 목을 베고 효시한 일이 기록되어 있다. 또한 두 번이나 군율을 어긴 발포 진무 최이와, 도망친 수군에게 뇌물을 받고 잡아들이지 않았던 군관 두 명 역시 처형을 당했다. 어느 누구도 전쟁을 예견하지 못했던 때였지만, 이순신은 군령 체계의 확립을 철저히 하고 기강이 해이해지는 것을 용서하지 않았다. 평상시에도 본영과 각 진지의 지휘관들에게 활쏘기 시험을 수시로 실시하였고 군복무 회피를 방지하기 위해 군사들의 인원 점검 역시 게을리하지 않았다.

이와 같은 단호함을 유지하는 반면, 그는 병사들의 고충과 애환을 모른 체하지 않았다. 부하의 죽음에 대해 "애통함을 어찌 다 말하랴"(1594년 4월 9일), "학질을 앓아 몹시 말라 있었다. 매우 딱했다"(1596년 4월 10일)라고 하는 등 따뜻한 관심과 배려를 잊지 않았다. 병졸들의 노고를 풀어 주자는 생각에서 씨름대회를 열고 술과 음식을 내어 함께 즐기기도 했다. 이렇듯 이순신은 원칙을 충실히 지키면서도 인간적인 자애로움과 아량을 베푼 보기 드문 장수였다.

신하의 도리인 충을 다한 장수

"안팎이 모두 바치는 물건의 다소에 따라 죄의 경중을 결정한다니, 이러다가는 장차 결말이 어떻게 될지 모르겠다. 이야말로 돈만 있으면 죽은 사람의 넋도 찾아온다는 것인가."(1597년 5월 21일)

"권세 있는 사람들에게 아첨이나 일삼아 감당치 못할 지위에까지 올라가서 국가의 일을 크게 그르쳤건만, 조정에서는 제대로 살피지를 못하고 있으니 어찌하랴, 어찌하랴."(1597년 8월 12일)

위 일기는 형벌의 기강과 국정의 난맥상을 구체적이고 사실적으로 묘사하고 있다. 이순신은 공사를 막론하고 이로움보다 의로움을 추구하는 사람이었다. 국가 역시 의로 운영되어야 한다고 그는 믿고 있었다. 모함을 당했을 때도 그는 상황을 탓하며 적당히 안주할 변명거리를 찾거나, 원망이나 냉소에 빠져 국정에 등을 돌리지 않았다. 이순신은 어떤 상황에 처해도 중심을 잃지 않고 자신의 할 바를 다했다. 이것은 그가 자신에게 주어진 인간의 도리, 즉 신하로서 지녀야 할 충忠의 본질을 인식하고 무인武人으로서 장수의 도를 알고 있었기 때문이다.

문무를 겸비한 지식인

『난중일기』와 더불어 그가 직접 지은 시조를 보면 이순신이 문무를 겸비한 당대의 뛰어난 지식인이었다는 사실을 알 수 있다. 전란 중에도 꾸준히 일기를 남겨 놓은 것에서 알 수 있듯이 그는 칼과 투구만큼이나 붓과 벼루를 가까이했다.

이순신은 성실하고 정확하며 정직한 기록자였다. 전쟁에 직접 참여하는 장수인 만큼 그의 생각과 행동은 많은 부분이 전투와 관련되어 있다. 우선 수군이라는 특수성에 의한 것이기는 하지만, 기상 변화에 대한 묘사가 매우 구체적이다. 이순신은 그날그날의 날씨에 매우 민감했으며, 날씨만 적는 한이 있더라도 전장의 피곤을 이유로 일기를 빠뜨리지 않았다.

또한 아주 사적이고 감정적인 내용을 적는 데도 솔직했다. 가족이나 군졸들에 관련된 소회와 번뇌도 그러하지만, 특히 인간적으로나 정치적으로 대립하는 처지에 있었던 원균에 대한 감정 역시 진솔하게 적고 있다. 그러나 무엇보다도 공인으로서 국가 위기 상황에서 느끼는 갈등과 염려뿐 아니라, 평안한 삶에 대한 희구와 어머니에 대한 사랑, 가족에 대한 그리움을 간직한 평범한 인간의 모습을 읽을 수 있다는 점에서 주목할 만하다.

다음은 그의 사후에 작성된 한 사관史官의 논평인데, 짧은 글이지만 이순신의 인간적 면모를 종합하여 보여 주고 있다.

"이순신은 충성스럽고 용맹한 사람이었으며, 더욱이 재능과 지략이 뛰어났다. 군기가 엄하면서도 사졸들을 사랑하였기 때문에 모든 사람이 기꺼이 그를 따랐다. …… 그의 죽음이 알려지자 호남 지방의 사람들이 모두 통곡하여 노파와 아이들까지도 슬피 울지 않는 자가 없었다. 그의 높은 충성심과 몸을 잊고 전사한 의리는 비록 옛날의 어진 장수라 하더라도 이보다 더할 수 없다."(『선조실록』, 권106, 1598년 11월 27일)

▌『난중일기』 체제와 국내 주요 사건 일지 ▌

서기(나이)	난중일기	주요 사건	비고
1592(48)	1월 1일~30일		
	2월 1일~29일		
	3월 1일~29일		
	4월 1일~22일 略 23일~30일	12일: 거북선 완성 13일: 임진왜란 발발	28일: 탄금대전투 패배 29일: 광해군 세자 책봉
	5월 1일~29일 略 5일~28일	7일: 옥포·합포해전 8일: 적진포해전 29일: 노량·사천해전	2일: 서울 함락 23일: 가선대부로 승진
	6월1일~10일 略 11일~8월 23일	6월 2일: 당포해전 6월 5일: 당항포해전 6월 7일: 율포해전 7월 8일: 한산도·견내량해전 7월 10일: 안골포해전	6월 7일: 자헌대부로 승진 6월 11일: 선조 의주 피신 6월 15일: 평양 함락
	8월 24일~28일 略 24일~12월 30일	명(심유경) 왜군과 화친 시작 9월1일: 부산포해전	10월 5일: 1차 진주성전투
1593(49)	略 1월 1일~30일		9일: 평양 수복
	2월 1일~30일	15일~22일: 웅천해전	12일: 행주대첩 20일: 명나라군대 합세
	3월 1일~22일 略 23일~4월 30일	명 장군 심유경이 서울에서 화의 시작	3월 20일: 권율 도원수로 임명 4월 20일: 서울 수복
	5월 1일~30일	명 장군 심유경이 왜군 본영에서 풍신수길과 화의 시작	
	6월 1일~29일		6월 15일: 2차 진주성전투
	7월 1일~29일	15일: 여수에서 한산도로 본영 이동	
	8월 1일~30일	1일: 삼도수군통제사 임명	왜군과 화친 성립 (전쟁 소강 상태)
	9월 1일~15일 略 16일~12월 30일		
1594(50)	1월 1일~30일		
	2월 1일~29일 略 23일~27일	훈련도감 설치	

388

1594(50)	3월 1일~30일	4일: 당항포해전	29일: 진관체제로 전환
	4월 1일~29일		
	5월 1일~30일		
	6월 1일~29일		
	7월 1일~29일		
	8월 1일~30일		
	9월 1일~29일	29일: 1차 장문포해전	
	10월 1일~30일	1일: 영등포해전 합동작전 4일: 2차 장문포해전	
	11월 1일~28일 略 29일~12월 30일		
1595(51)	1월 1일~30일		
	2월 1일~30일	우수영 시찰	
	3월 1일~29일		
	4월 1일~30일		
	5월 1일~29일		
	6월 1일~30일	왜장 소서행장 웅천에 주둔	
	7월 1일~29일	왜군 거제도에서 퇴각	
	8월 1일~29일	각처 진 순시	
	9월 1일~30일		
	10월 1일~29일		
	11월 1일~30일		
	12월 1일~20일 略 21일~30일		
1596(52)	1월 1일~30일		
	2월 1일~30일		권율 도원수 복직
	3월 1일~29일	투병(~4월까지)	
	4월 1일~30일		
	5월 1일~30일		
	6월 1일~29일		
	7월 1일~30일		
	8월 1일~29일		
	윤8월 1일~29일	한산도에서 무과 시험	
	9월 1일~30일		

1596(52)	10월 1일~11일 略 12일~30일	10월 7일: 본영에서 모친 수연	
1597(53)	略 1월 1일~3월 30일	14일: 정유재란 발발 2월 25일: 이순신 해임 3월 4일: 하옥	3월: 명군 재출병
	4월 1일~30일	1일: 사면 5일: 아산 도착	13일: 모친상
	5월 1일~29일		3일: 차남 개명
	6월 1일~30일		
	7월 1일~29일	16일: 원균 칠천량·고성 대패 23일: 삼노수군통제사 재임명	16일: 원균 전사
	8월 1일~30일	3일: 삼도수군통제사 교서 받음 20일: 해남 이진에 진 설치 29일: 진도 벽파진으로 진 이동	
	9월 1일~29일	16일: 명량해전	명군 직산에서 대패
	10월 1일~8일	목포 보화도(고하도)를 본영으로 삼음	왜군이 명량해전에서 대패한 분풀이로 아산 이순신 본가에 방화
	8월 5일~30일		8월 5일부터 10월 8일까지 기사 중복
	9월 1일~29일	14일: 막내아들 면 사망	
	10월 1일~30일		
	11월 1일~29일		
	12월 1일~30일		
1598(54)	1월 1일~4일 略 5일~9월 14일	2월: 본영을 해남 우수영에서 완도 고금도로 이동 3월: 고금도로 침입한 왜군 격퇴 7월: 절이도해전 8월: 흥양해전	7월 16일: 명의 도독 진린 합류 8월 18일: 풍신수길 사망
	9월 15일~30일	육군과 순천 공략 왜군 철수 개시(풍신수길 유언)	
	10월 1일~12일 略 13일~11월 7일	1~4일: 순천 왜성 전투	
	11월 8일~17일	19일: 노량해전 19일: 전사	간지 누락